목차

감수사   5
머리말   6
일러두기   9

1부 역易의 뜻과 역사

1장 역의 뜻
1. 우주의 변화는 음양의 운동이다   15
2. 삼재三才의 상호영향   16
3. 주역과 생명영위활동   18
4. 삼역三易   20
5. 역易의 뜻   23
6. 역·역경·주역의 차이점   27
7. 사서삼경에서 차지하는 주역의 위치   29

2장 주역의 생성역사
1. 팔괘八卦의 생성   37
2. 괘사와 효사를 지음   40
3. 십익十翼을 지음으로써 완성된 주역   45
4. 공자이후의 역 개괄   50

2부 소성괘와 대성괘

1장 소성괘
1. 태극   60
2. 팔괘   63
3. 선천팔괘 방위도   72
4. 후천팔괘 방위도   75
5. 팔괘의 요약   78

2장 대성괘大成卦(64괘)
1. 방도·직도·원도   98
2. 서괘 18절도   103
3. 대성괘 읽는 법   107
4. 효의 명칭   109

3부 괘를 해석함

1장 괘와의 관계
1. 본괘·지괘·호괘   116
2. 배합괘·도전괘·착종괘   138

2장 중정응비와 주효
1. 중中과 응應   142
2. 정正과 비比   147
3. 주효主爻   154
4. 효의 지위   156

4부 주역의 구성

1장 주역의 구성체계
1. 경經과 전傳   159
2. 주역 64괘의 순서 체계   161

2장 주역책 보는 법
1. 괘   167
2. 경문   169
3. 보기   174

5부 설시법과 주역용어

1장 주역과 점
1. 복卜과 점占 ... 191
2. 주역은 점서인가? ... 192
3. 점은 판결하는 것이다 ... 194
4. 설시법 ... 196
5. 척전법 ... 212

2장 경문해석에 필요한 용어
1. 원형이정 ... 215
2. 구와 육 ... 219
3. 동과 정의 의미 ... 221
4. 길흉·회린·이해 ... 222
5. 선왕·대인·후·상·군자 ... 224
6. 기타 혼동하기 쉬운 용어 ... 226

6부 오행과 간지

1장 오행五行이란
1. 오행의 성질 ... 236
2. 오행의 상생相生 ... 240
3. 오행의 상극相剋 ... 244
4. 팔괘를 오행에 배속함 ... 246
5. 오행과 신체 ... 248
6. 괘 기운의 쇠왕(卦氣衰旺) ... 252

2장 간지干支
1. 간지의 개요 ... 253
2. 간지의 오행배속 ... 255

7부 하도와 낙서

1장 하도
1. 하도 ... 261
2. 태극 하도 ... 268

2장 낙서
1. 낙서의 유래 ... 278
2. 낙서의 수리 ... 279
3. 낙서의 오행 ... 284

3장 선천팔괘에서 후천팔괘로
1. 건괘 문언전 구오의 이론 ... 286
2. 후천팔괘와 낙서 ... 289

부록

1장 용어의 고찰
1. 음양의 상대성 ... 293
2. 주역에서의 중에 대한 용례 ... 296
3. 대연수와 책수 ... 301
4. 12월괘 ... 307
5. 역법과 때의 변화 ... 309

2장 도본
1. 고하도古河圖 ... 312
2. 하도의 선형旋形무늬 ... 313
3. 태극하도太極河圖 ... 314
4. 대성태극하도大成太極河圖 ... 315
5. 고낙서古洛書 ... 316
6. 대성낙서大成洛書 ... 317
7. 삼태극도三太極圖 ... 318
8. 복희 64괘 방원도 ... 319
9. 일정팔회도一貞八悔圖 ... 320
10. 36궁도宮圖 ... 321
11. 24절기방위도節氣方位圖 ... 322
12. 호괘원도互卦圓圖 ... 323
13. 64괘 차서 - 주역책의 괘명순 ... 324
14. 64괘 차서 - 선천팔괘 생성순 ... 325
15. 64괘 차서 - 팔궁괘차도 ... 326
16. 찾아보기 ... 327
※ 참고문헌 ... 332

저자 乾元 尹相喆

- 성균관대학교 철학 박사
- 87년부터 대산선생 문하에서 四書 및 易經 등을 수학
  『대산주역강해』·『대산주역점해』·『미래를 여는 주역』·
  『주역전의대전역해』 등의 편집위원.
- 저서에 『후천을 연 대한민국』, 『세종대왕이 만난 우리별자리』,
  『시의적절 주역이야기』, 『팔자의 시크릿』, 『주역점 비결』, 『천상열차분야지도 그 비밀을
  밝히다』, 『이름, 호와 함께 빛나다』, 번역에 『하락리수』, 『오행대의』, 『천문류초』,
  『매화역수』, 『황극경세皇極經世』, 『초씨역림焦氏易林』 등이 있음

교양주역시리즈[2] 주역입문

- 4판 1쇄 발행   2024년 12월 6일
- 저자   윤상철   • 편집   이연실
- 교정   조용현 김시연 박순영
- 발행인 윤상철   • 발행처 대유학당 since1993
- 출판등록 2002년 4월 17일   제305-2002-000028호
- 주소 서울 성동구 아차산로 17길 48 skv1 센터 1동 814호
- 전화 02-2249-5630   010-9727-5630
- 블로그 http : //blog.naver.com/daeyoudang
- 유튜브   대유학당 TV
- ISBN 978-89-6369-161-9 04190
- 정가 20,000원
- 여러분이 지불하신 책값은 좋은 책을 만드는데 쓰입니다.
- 이 책의 내용에 대한 재사용은 저작권자와 대유학당의 동의를 받아야만 가능합니다.
- 문의사항(오탈자 포함)은 저자 또는 대유학당의 홈페이지에 남겨 주세요.

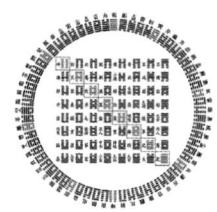

監修辭

　매사에 기초가 중요하듯이 학문도 입문이 중요한 것이다. 그러므로 사서삼경 중에 처음 배우는 대학을 입덕지문入德之門이라 했다. 여러 해 강의를 해보았지만, 기초적인 입문을 다소 소홀히 했기 때문에, 수강자들이 어렵다고 호소하는 말을 종종 들어왔다.

　그런데 이번 덕산德山 김수길金秀吉과 건원乾元 윤상철尹相喆군이 주역을 기초적으로 알기 쉽게 풀이한 입문을 출간하는 것이 좋겠다고 하며 원고를 가져왔다. 입문에 대해 써온 글을 보니, 그런 정도라면 누구나 쉽게 접할 수 있고, 또 주역을 이해하는데 쉬울 것 같았다.

　다시 말하면 주역 계사전에 언급한 태극·양의·삼재·사상·팔괘와 하도·낙서 등은, 주역에 언급한 말이지만, 모두가 그러한 말이 있는 것만 알았지 실제 그 진정한 뜻을 모르고 있었던 것이 사실이다. 사실 주역 계사전을 배우지 않고는, 그러한 철학적인 내용이 있었던 것을 알 수도 없는 것이다. 그리고 오행은 주역에는 직접적으로 언급되지 않았지만, 주역이 동양철학의 최고봉이라면 은연중 그 안에 오행·간지 등 기본이 있게 마련이고, 실제로도 하도와 낙서에 근원을 두고 철학적 사고로 발전한 것이다.

　이러한 여러 가지를 자세히 해설함과 동시에, 소성괘 및 대성괘의 순서·성격·괘변, 하도에서 모든 음양의 운동이 시발되었고 만물이 발생하는 원리가 들어있다는 것 등등, 초입자가 쉽게 주역의 문으로 들어갈 수 있도록 그림과 더불어 적절하게 설명했다고 생각하며 감수사를 갈음한다.

　　　　　　　　　　　　　　　　　丁丑 新春에 屯山書齋에서
　　　　　　　　　　　　　　　　　　　大山 金 碩 鎭

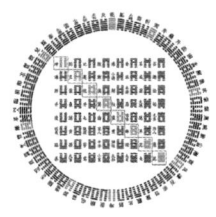 # 머리말

97년 초에 주역입문을 발간한 후로 20년이 지났다. 2004년에 전면적인 수정을 해서 출간했고, 이제 조금 더 보충해서 새로이 인쇄하게 되었다. 그동안 주역입문을 아껴주신 독자분들께 감사드리며, 새로이 입문하려는 초학자의 좋은 길잡이가 되었으면 하는 바람이다.

흥사단에서 10여 년간 대산大山선생님의 강의를 듣는 동안 참으로 많은 계층의 사람들을 접하게 되었다. 흥사단의 주역강의 시간에서만은, 그분들의 사회적인 직위와 추구하는 목적에 상관없이 "어떻게 하면 주역의 본질에 접근할 수 있겠는가?" 하는 것이 주된 관심이었다.

그분들의 질문에 같이 생각하고 토론하면서, "아! 이런 면을 잘 모르는 구나. 맞아! 이런 문제에 대해서 한 번 깊이 연구를 해봐야지" 하는 생각들을 갖게 되었다. 그때그때 생각했던 것을 정리하고, 또 미진한 것은 항상 가슴속에 화두처럼 간직하고 다닌 기억이 있다.

그러다가 그동안 생각했던 원고를 정리하고, 또 다른 책을 참고로 하면서 주역의 입문편을 쓰게 되었다. 그동안 미처 생각지 못했던 내용도 있고, 또 어떤 내용을 어떻게 실으면 쉽게 이해할 수 있을까, 하는 생각에 출간이 지연되었다. 주역을 쉽게 정리한다고 했는데, 더 어렵게 만든 것이 아닌가 하는 의심이 들었다.

그렇지만 용기를 내어 대산선생님께 감수를 부탁드렸더니, "잘 정리된 내용이다"는 의외의 칭찬을 들었다. 덕산 대사형께서는 입문편에 너무 여러 내용이 들어갔다고 간략히 줄이는 게 좋지않겠냐고 하셨지만, 하나라도 더 넣고 싶은 마음이었다. 그러다가 생각밖에 내용이 많아져서, 독자 여러분에게 오히려 해가 되지 않았나 하는 걱정도 든다. 급하게 요점만 보고 싶은 분은, 2부 1장의 1절 '태극'과 5절 '팔괘의 요약', 그리고 2장의 4절 '효의 명칭'만 보고 주역책을 읽으셔도 될 것이다.

주역은 우주 삼라만상의 발생하고 소멸하는 이치를 음과 양의 두 부호로 표시한 학문이다. 여러 가지 복잡하게 전개되는 현실을 음과 양의 두 운동으로 보고, 이 음양의 운동을 64괘라는 틀 안에 정형화시킨 것이다. 세상에 많은 일이 발생하고, 많은 물건들이 있지만 이를 유형별로 나누면 64개로 축약된다는 뜻이다. 사람들을 모아 나라를 건국하는 일은 사괘(䷆)에 속하고, 건국한 후에 논공행상을 하고 일할 사람을 적재적소에 배치하는 일은 비괘(䷇)에 속한다…. 또 물건을 삶는 솥은 정괘(䷱)에 속하고, 쌀이나 곡식을 먹기 좋게 도정하는 절구는 소과괘(䷽)에 속한다는 등, 세상의 모든 일과 물건의 형상 및 도구가 다 64괘로 정형화되는 것이다.

그래서 어떤 일을 할 때는, 이것이 64괘 중에 어떤 괘에 속하고 그 괘의 속성은 어떠하니, 어떻게 처신해야겠다는 대답이 나오고, 필요한 물건을 만들 때는 64괘 중에 해당하는 속성의 괘를 찾아 응용하여 만들 수 있는 것이다. 주역(계사전)에서는 괘의 형상을 보고 수렵·농경·교역·의상·승선·승마·방범·도정·무기·가옥·매장·문서사회 등 12사회를 이끌어 내어 사회를 발전시켰다고 한다. 이는 주역의 괘상을 보고 발명을 했다는 뜻도 되고, 인류를 발전시킨 12단계의 사회를 주역의 괘상안으로 정형화시켜 볼 수도 있다는 뜻이다.

현대과학의 첨단이라고 하는 천체물리학·유전자공학 등에서도 주역의 개념이 많은 도움을 주고 있다고 한다. 뿐만 아니라 물질문명에 자칫 잃기 쉬운 자연과의 조화, 인간의 존엄성 상실 등에 대한 답을 주역에서 찾는 학자나 모임이 많아졌다. 이렇듯 주역은 현대사회의 문제를 해결할 수 있는 철학적이고도 구체적인 요소를 제공한다. 어찌 이것뿐이겠는가? 주역을 배우면 배울수록 시대와 공간을 초월하는 우주관과 아울러 지극히 현실적인 학문이라는 것을 피부로 느낄 것이다.

아무튼 이 책을 읽고 주역의 개념에 보다 쉽게 접근했으면 한다. 그래서 각자 처한 환경에서 그 환경에 적절한 주역의 지혜를 이용할 수 있게 되기를 바란다. 한 10년을 더 공부하고 썼어야 하는데, 그렇지 못하고 쉽게 쓴 것에 대해 독자 여러분의 질정을 바란다.

　　　　　　　　　　甲辰年 立冬에 乾元 尹相喆은 삼가 씁니다.

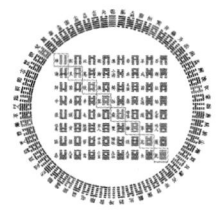

일러두기

『주역입문』은 97년 초에 처음 발간되었고, 7년이 지난 2004년 전면 개정하여 『주역입문2』로 나왔다가, 2017년에 순서변경과 내용교정을 했고, 2024년에 한 번 더 고쳐서 내게 되었다. 주역을 공부하고자 한다면 이 책을 네 번 정도 가볍게 읽어보는 것을 권한다. 주역을 공부하기 어려운 이유는, 정규 교육과정에서 만나 본 적이 없는 용어와 내용이기 때문이다.

이 책은 주역을 이해하기 위한 입문서이다. 일반적으로 원문으로 된 주역책은 물론이고, 번역되고 해설된 주역책도 읽기가 어려운 경우가 많다. 그것은 주역의 역사와 용어에 대한 개념이 제대로 서있지 않기 때문이다. 주역책이 어떻게 생겼고, 어떤 구성으로 되어 있으며, 어떤 내용으로 되어 있는지를 알고 읽기 시작한다면 보다 쉽게 주역의 문으로 들어갈 수 있을 것이다. 이러한 문제를 풀기 위해서 이 책은 다음과 같은 구성을 택했다.

❶ 이 책은 총 7부와 부록의 여덟 부분으로 구성되어 있다.
❷ 1부는 역의 개념과 다른 학문과의 관계 및 만들어진 역사를 서술식으로 기술하여, 주역이 보편적이고도 실질적인 학문이라는 것을 밝혔다.
❸ 2부는 소성괘와 대성괘에 대해서 만들어지는 순서와 성질 및 명칭에 대해서 도면과 더불어 상세히 기술하여, 주역의 괘를 이해하는데 도움이 되도록 하였다.
❹ 3부는 괘를 해석하는 데 필요한 용어와 방법에 대해서 기술하여, 주역 경문을 이해하는데 도움이 되도록 하였다.
❺ 4부는 주역의 전체 구성 및 주역책에 쓰여 있는 순서를 그림과 함께 기

술하여, 주역책을 처음 접하는 사람에게 도움이 되도록 하였다.

❻ 5부에서는 주역점인 동시에 괘를 짓는 법인 설시법에 대해서 기술하여, 주역이 상象 수數 리理를 갖춘 학문임을 밝히고, 아울러 주역점을 활용할 수 있도록 하였다. 경문 해석에 필요한 용어를 정리하였다.

❼ 6부는 오행과 간지에 대해서 간략히 요점만을 기술하였다.

❽ 7에서는 하도와 낙서가 왜 주역의 근원이 되는가에 대해서 기술하여, 하도와 낙서가 그려진 이유와 우주의 운행에 대해서 설명하였다.

❾ 부록에서는 주역에 쓰이는 용어를 심도있게 정리함과 동시에, 주역의 개념을 이해할 수 있는 도본을 실었다. 도본은 하도와 낙서, 60괘방원도와 차서도 등으로 구성하여 차후에 주역을 응용하는데 도움이 되도록 하였다.

제1부 역易의 뜻과 역사

1부 역易의 뜻과 역사

1장 역의 뜻
  1. 우주의 변화는 음양의 운동이다   15
  2. 삼재三才의 상호영향   16
  3. 주역과 생명영위활동   18
  4. 삼역三易   20
  5. 역易의 뜻   23
  6. 역·역경·주역의 차이점   27
  7. 사서삼경에서 차지하는 주역의 위치   29

2장 주역의 생성역사
  1. 팔괘八卦의 생성   37
  2. 괘사와 효사를 지음   40
  3. 십익十翼을 지음으로써 완성된 주역   45
  4. 공자이후의 역 개괄   50

1장 | 역의 뜻

역에서는 세상의 모든 일이 음과 양의 관계로 이해된다. 양은 밖으로 발산하고 팽창하는 작용을 하고 음은 안으로 응축하고 수렴하는 작용을 한다. 이러한 음과 양의 두 운동에 따라 온 세상에 음과 양이 퍼지는데, 다만 시간과 지역에 따라 많고 적음이 생기고, 양이 성행하느냐 음이 성행하느냐에 따라 삼라만상의 생장소멸이 진행된다.

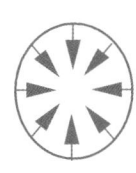

❖ 양의 발산작용   음의 수렴작용

우주는 음과 양이 변화하며 순환운동을 함으로써, 음과 양이 많고 적은 장소를 만드는 동시에, 낮과 밤을 만들고 사계절을 만든다. 그저 그렇게 순환할 뿐, 특정한 장소나 시간에 음 또는 양을 더하고 덜어 변화를 하고자 하는 뜻은 없다.

다만 세상을 사는 각 개인에게 각기 합당하고 합당하지 않은 자리가 있고, 자신에게 좋은 때와 좋지 않은 때가 있으며, 자신을 도와주는 환경이 있고 미워하는 환경이 있게 되므로, 자신이 처한 경우에 따라 길함과 흉함이 있게 된다.

고대인은 바로 이 음양의 순환과정을 깨달아 낮과 밤의 운행을 알게 되고, 사계절 24절후의 변화를 알게 되었으며, 남쪽은 따뜻하여 동물과 식물이 많고, 북쪽은 추워서 살기가 힘들다는 것도 알게 되었다. 그래서 이 예측 능력을 활용하여 자신의 생활주기를 적용시켜 나갔던 것이며, 이러한 지혜가 바로 천지의 운행과 변화에 통하는 학문인 역易으로 발전하게 된 것이다.

1. 우주의 변화는 음양의 운동이다.

> 우주의 변화는 한 번은 음이 성행하고 한 번은 양이 성행하는 과정의 반복이다.

우주 속에 벌어지는 자연현상을 한마디로 한다면, 한 번은 양이 성행하고 한 번은 음이 성행하는 과정의 연속적인 순환이라고 할 수 있다.

하루로 치면 양이 성행하면 낮이 되어 밝아지고, 음이 성행하면 밤이 되어 어두워지는 것이며, 1년으로 치면 양이 성행하면 봄·여름이 되어 만물이 성장하고, 음이 성행하면 가을·겨울이 되어서 만물이 수렴하는 것이다. 우주의 주기로 보면 양이 성행하면 우주가 탄생하여 만물이 생겨나는 것이고 음이 성행하면 우주가 소멸하여 만물이 사라지는 것이다. 사람도 양이 성행하면 태어나 성장기를 맞이하는 것이고, 음이 성행하면 쇠퇴기가 와서 늙어 죽게 된다.

이렇게 낮과 밤, 사계절의 변화, 나아가 만물과 우주의 생장소멸에 이르기까지, 모두 음과 양의 순환운동 법칙을 지키는 것이다.[1]

---

[1] 우주에 발생한 최초의 운동은, 입자들이 서로 잡아당기고 밀쳐내는 원시적인 힘에 의해서 시작되었다. 이러한 운동을 크게 나누면 음기운은 안으로 응축하는 운동을 하고, 양기운은 밖으로 팽창하는 운동을 하며, 그 중심부에는 음양으로도 분화되지 않은 씨알이 핵으로서 자리하고 있다. 현재 이러한 음양의 운동이 태극운동의 형태로 휘어진 것은 입자의 크기가 달라 중력의 세기에 따라 휨현상이 일어났기 때문이라고 생각한다.

음기운은 안으로 응축하고 양기운은 밖으로 팽창하는 모습	⇨	중력의 세기에 따라 응축하고 팽창하는 운동이 휨현상을 일으킨 태극의 모습

2. 삼재三才의 상호영향

> 우주를 구성하고 있는 기본단위인 삼재(三才:천지인)는 서로 영향을 주고받으며 변화한다. 그 과정을 64괘라는 틀 속에 넣은 것이 바로 역易이기 때문에, 역을 앎으로써 세상의 변화를 알게 되는 것이다.

이 세상의 모든 것은 서로 영향을 미치게 된다. 하늘에서 비가 내리는 것을 예로 들어보자. 천둥치고 번개 치며 비를 내리면, 땅은 빗물을 받아서 만물을 기르고, 동시에 수증기로 하늘로 올려 보내서 구름을 만든다. 여기서 해와 구름과 비는 하늘의 작용이고, 만물을 기르고 수증기를 올려 보내는 것은 땅의 작용이며, 하늘과 땅이 주는 환경에서 삶을 영위해 나가는 것은 만물의 작용이다. 하늘을 천天이라 하고, 땅을 지地라고 하며, 만물을 사람이 대표한다고 해서 인人이라고 한다. 그리고 이 셋이 우주를 구성하는 가장 중요한 요소라고 해서 삼재三才라고 하는 것이다.

우주는 이 셋으로 대별되기 때문에 하늘과 땅 그리고 사람(만물)을, 우주를 구성하고 운행하는 세 가지의 기본재료라는 뜻으로 삼재三才라고 한다.[2]

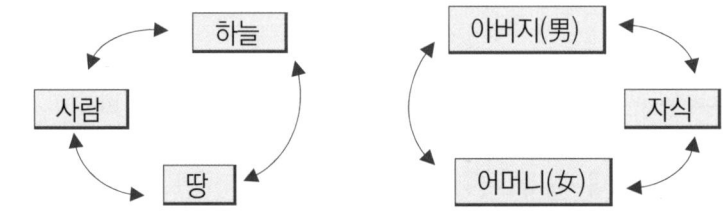

---

[2] '삼재'라는 용어는 공자께서 쓰신 「계사전」에 처음 등장한다. 우주만물을 이루는 음양의 흐름은 가장 근본이 되는 도道이니 천도天道이고, 천도를 이어 음양의 형체인 강유剛柔로 나타나는 것이 지도地道이며, 천도와 지도 사이에서 생명체로써 자리하는 것이 인도人道이다. 이 삼도三道를 구성하는 본질을 천지인天地人 삼재三才라 하며, 흔히 원(○:天)·방(□:地)·각(△:人)으로 표시한다.

이 삼재를 남자와 여자가 결혼해서 자식을 낳게 되는 것에 비유할 수도 있다. 남녀가 결혼해서 서로 영향을 주고받게 되며, 그 산물로 태어난 자식은 부모의 영향을 받아 성장할 뿐만 아니라, 부모에게 영향을 주어 부모를 변화시킨다.

이렇게 주고받는 과정은 점점 더 큰 영향으로 발전하여 순환하게 되며, 부모와 자식이 당당하고 동등한 가족의 구성원이 되면서 가정을 만들어가는 것이다.3

이러한 상호교감작용을 끊임없이 되풀이 하는 것이 자연의 도이며, 그 과정을 64괘라는 틀 속에 넣은 것이 역易이기 때문에, 역易 안에 우주삼라만상의 변화가 존재하게 되는 것이다.

---

3 하늘이 봄으로 운행을 하면 땅도 봄이 되어 만물이 태어나고 싹이 나게 하며, 여름으로 운행하면 땅도 여름이 되어서 만물을 무성하게 기르며, 가을로 운행하면 결실을 맺고 수확하게 되며, 겨울로 운행하면 저장하고 보존하게 한다. 하늘의 운행에 따라 땅이 생장수장을 하며 만물을 길러내고 간직하는 것이다. 이를 컴퓨터에 비유하면, 하늘은 컴퓨터를 운용하는 프로그램이고, 땅은 컴퓨터기계이며, 사람은 컴퓨터를 이용해 산출되는 각종자료에 해당한다고 볼 수 있다.

3. 주역과 생명활동

> 음과 양이라는 상대적이면서도 상호보완적인 두 개념을 써서 우주의 모든 현상을 풀이함으로써, 순응과 개척을 통해 인간의 활동영역을 넓히려는 학문이 바로 주역이다.

새벽과 저녁은 똑같이 어둡지만, 새벽에는 일하러 밖으로 나가고 저녁에는 집으로 들어와 쉬게 된다. 이렇게 하는 이유는, 하루는 낮과 밤으로 이루졌는데, 새벽을 지나면 점점 더 밝아져서 낮이 되고, 저녁을 지나면 점점 어두워져서 밤이 된다는 것을 아는 까닭이다.

또 개구리나 벌레들도 봄에는 좀 춥더라도 숨어있던 구멍으로부터 나오고, 가을에는 추위를 피해 들어갈 생각을 한다. 이렇게 행동하는 것은, 한 해에는 사계절이 있어 봄이 지나면 여름이 오고 가을이 지나면 겨울이 온다는 것을 느낄 수 있기 때문이다.

사람은 우주의 대도大道가 운행하는 가운데 태어나서 당당히 삼재三才의 일원이 되었다. 우주의 운행에 따라 자신의 삶을 영위해야, 삶이 당당할 수 있고 오래갈 수 있는 것이다. 양이 성행하는 낮이 되면 사람도 밖으로 나가 일을 벌이며 열심히 팽창발산작용을 하고, 음이 성행하는 밤이 되면 일하던 것을 걷어 들이고 들어와 하루를 반성하며 내일을 설계하는 응축수렴작용을 한다.

마찬가지로 봄·여름이 오면 한 해의 일에 대해 씨를 뿌리고 부지런히 가꾸는 양의 팽창발산작용을 하고, 가을·겨울이 오면 한해의 일이 잘 결실되도록 갈무리 작업을 한다. 또 태어나서부터 젊어서는 밖으로 다니면서 일을 확산하고, 나이 들고 늙어서는 일을 줄여나가며 인생의 결실을 다진다. 이것이 바로 한 번은 음으로 수렴하고 한 번은 양으로 발산하는 대자연의 도를 실천해서 우주와 하나가 되는 것이고, 동시에 우주와 서로 돕는 관계로 병립竝立하는 길이다.

자연을 연구하여 그 법칙에 순응하며 살되, 필요에 따라 어두운 밤에 불을 밝히고 추운 겨울에 온상을 사용하듯이, 자연을 필요에 맞게 활용한다. 이렇게 순응과 개척을 통해 인간의 활동영역을 넓히며, 음과 양이라는 상대적이면서도 보완적인 두 개념을 써서 우주 안의 모든 현상을 풀이하려는 학문이 바로 주역이다. 역은 자연을 그대로 본받은 틀이므로, 자연의 운행질서와 그 근본원리가 담겨져 있다. 따라서 역을 이해하고 연구함으로써, 삼라만상이 전개되는 시작과 끝을 알 수 있으며, 그 안에서 삶을 영위하는 인간과의 관계를 살펴서, 보다 발전적이고도 지혜로운 삶을 살 수 있는 것이다.

온 세상의 밤을 대낮같이 밝힌다든지, 사계절의 운행을 뒤집는 행위 등 큰 변화는 인간이 바꾸기도 힘들 뿐 아니라, 바꾼다 하더라도 큰 무리가 따른다. 큰 변화는 자연의 도에 해당하기 때문이다. 그러나 지역적이고 단시간적인 변화는 인간의 편의에 의해서 활용할 수도 있는 것이다.

4. 삼역三易

> 역은 그 존재하는 형태에 따라 천역·서역·인역의 세 가지로 나뉜다.

1) 천역天易·서역書易·인역人易

천역은 우주대자연(天地日月 등)의 운행법칙 자체를 말하며, 이러한 운행법칙을 글로써 기록한 것이 서역이고, 이 천역과 서역을 본받아 사람이 살아가는 규범이 인역이다.

크게 보면, 인간의 일은 우주 대자연 가운데 하나이므로 천역에 속한다고 볼 수 있다.[4] 천역과 인역의 일을 기록한 것이 서역이지만, 서역을 배워 사람들이 그 행동규범을 옳게 가지니, 이 셋은 삼재(三才:天地人)의 작용과 마찬가지로 상호보완 한다고 볼 수 있다. 그러므로 하나의 일을 자연의 현상으로 보느냐(天易), 사람의 일로 보느냐(人易), 이러한 사실을 기록한 글로 보느냐(書易)하는 관점의 차이라고 할 수 있다.

2) 연산역·귀장역·주역

연산역은 하나라 때 만들어진 역으로 산이 중요하다고 해서 간괘(☶)부터 시작했고, 귀장역은 은나라 때 만들어진 역으로 땅이 중요하다고 해서 곤괘(☷)부터 시작했으나 두 역 모두 지금은 전해지지 않는다.

복희씨 때부터 하夏나라 때까지 쓰인 역은, 간괘(☶:산을 형상)를 시작으로 64괘가 전개되는 역으로 연산역連山易이었다고 한다. 모든 것이 산에서 시작하고 산으로 돌아간다고 믿었던 고대인에게 자연스러운 발상으로, 특히

---

[4] 천역은 인위적으로 만들지 않은 자연의 역으로, 태극에서 양의가 나오고, 양의에서 사상·팔괘가 나오는 우주대자연의 역을 말한다. 그 우주대자연의 역을 괘로써 모사하고 문장으로 설명해 엮은 것이 서역이다.

산악지대에서는 해가 동쪽 산위에서 떠서 서쪽 산위로 지며, 달이 서쪽 산위에서 떠서 동쪽 산위로 지는 것에서 그 합당한 이유를 찾을 수 있을 것이다.

그 후에 건국한 하나라[5]는 이미 중국 대부분의 땅(九州)을 치수사업을 통해 활용할 수 있었으므로, 농사를 짓는 평야가 더욱 중요하였을 것이다. 따라서 이 때는 평평한 땅을 중시하여 만물이 땅으로 돌아간다는 사상을 갖게 되었고, 여기서 나온 역이 곤괘(☷:땅을 형상)를 시작으로 64괘가 전개되는 귀장역歸藏易이다.[6]

또 주역은 주나라 때 만들어진 역으로 하늘과 땅이 중요하다고 해서 건괘(☰)와 곤괘(☷)부터 시작했고, 지금 쓰고 배우는 역이 주역이다.

3) 변역變易·교역交易·간이簡易(혹은 불역不易)

세상의 모든 일은 변화하고 있고(변역), 변화에 적응하기 위해 서로 교류하며(교역), 이러한 변화는 일정한 규칙에 의해 이루어지며(불역), 그러한 규칙은 너무 쉽고 간단해서 누구나 따라할 수 있다(간이)는 것이다.

변역 : 음효(--) 변해서 양효(—) 되고, 양효가 변해서 음효가 된다는 뜻이다. 점을 쳐서 동효動爻가 나오면 효의 음양을 바꾸는 것으로, 태괘(☱) 초효(제일 아래효)가 동하면 변역을 해서 승괘(☷)로 만드는 것이다.

교역 : 사귀어 바꾼다는 뜻으로 효와 효를 바꾸는 것이다. 태괘(☱)의 초효와 상효(제일 위에 있는효)를 바꾸어서 고괘(☶)를 만드는 것이다.

간이 : 주역에서 발생하는 변역 교역 등 운행법칙은 '쉽게 주장하고(이) 간단하게 따른다(간)'의 두 원칙만 존재한다는 것이다. 예를 들어서 태양이 낮

---

[5] 하夏나라 : 우禹임금이 순舜임금을 이어 왕이 되면서 세워진 나라. 중국 전역을 휩쓸었던 9년간의 대홍수를 오행의 치수법으로 잘 다스려 그 공으로 왕위를 물려받았다.

[6] 동한東漢의 학자인 환담桓譚의 『신론新論』에 의하면 "연산역은 8만자이고 귀장역은 4300자로, 하나라 역(연산역)은 번거롭고 은나라 역(귀장역)은 간략하다"고 하였고, 『춘추좌전春秋左傳』이나 『국어國語』에 『주역』 이외의 점법이 4가지가 있는데, 이것이 연산역이나 귀장역이 아닌가 하는 추측도 있다.

을 주장하면 땅과 만물이 낮의 활동(움직이고, 성장하고, 자랑하고, 등등)을 하고, 밤을 주장하면 땅과 만물이 밤의 활동(그쳐 있고, 줄어들고, 움츠리고, 등등)을 하는 것이다.

　불역 : 주역이 교역하고 변역하는 변화의 원칙은 '간이'의 원칙에서 바뀌지 않는다는 뜻으로, 간이와 비슷한 개념이다.

5. 역易의 뜻

> 음양의 변화를 가장 잘 표현하는 뜻을 가진 글자가 역易 자이다. 또 역에는 변역變易·교역交易과 불역不易 그리고 간이簡易의 세 측면이 있음으로써, 우주의 변화에 영구하게 적응할 수 있다.

주역은 우주를 음양이라는 거대한 두 기운의 작용으로 보는 음양의 학문이다. 즉 현재의 상황이 음이 지배하는 상황이냐 양이 지배하는 상황이냐를 따지고, 지금의 내 처지는 음과 양 중에서 어느 쪽이 지배하는 때가 좋은가를 판단하며, 앞으로 그 변화는 언제쯤 올 것인가에 따라 상대적인 길흉을 논하여 나의 행동을 결정하는 것이다.

예를 들어 농부가 밭을 갈러 나가야 할 때도, 양이 지배하는 낮인가 혹은 음이 지배하는 밤인가를 살펴야 한다. 낮이라면 밭을 가는데 유리할 것이고, 밤이라면 불리할 것이다. 또 낮이라도 이제 막 시작되는 낮인가 아니면 밤에 가까운 오후의 낮인가를 살펴야 한다. 이제 막 시작되는 낮이라면 밭을 갈 충분한 시간이 있으니 유리할 것이고, 오후의 낮이라면 곧 밤이 되어 밭을 갈기가 어려우므로 불리할 것이다. 또 밤일 경우라도 곧 새벽이 되는 밤이라면 차차 좋아지게 될 것이다.

바로 이 음양의 변화를 가장 잘 표현하는 글자로, 가장 잘 변화한다는 뜻과 영구불변하다는 뜻 등을 포함한 글자인 「역易」자를 택해서 사용했던 것이다.

1) 「역易」자를 택한 이유

① 일월설日月說

낮과 밤으로 그 운행을 달리하는 해와 달의 두 글자를 합성해서 만들었다

는 견해이다. 해와 달은 낮과 밤을 주관하여 만물을 변화시키기도 하지만, 해는 항상 둥글고 달은 초승이나 그믐에는 이지러지고 보름에는 둥글게 되어 스스로 변화하므로, 해의 항구성과 달의 변화를 나타내기 위해 「역易」자를 썼다는 견해이다.

역易자에서 '日'은 항구불변한 해(日)를, '勿'은 이지러지고 둥글어지며 변화하는 달(月)을 나타낸다.

② **석척설**蜥蜴說

잘 변화한다는 의미에서 도마뱀(蜥蜴:카멜레온 등)에서 따왔다는 설이다. '역易' 자에서 '日'은 머리와 눈을, '勿'은 몸통과 다리를 상형한 것이다. 도마뱀에서 역易이라는 글자를 따왔다는 견해는 주위의 상황에 따라 변화하여 적응한다는 뜻과, 그렇게 변화하지만 도마뱀이라는 본체는 변하지 않는다는 영구성을 나타낸다.[7]

③ 그 밖의 설

이밖에도 갑골문이나 금문金文에서는 우(⊙+丁)의 형태를 띠는데, 해가 막 떠올라 나뭇가지 위에 걸친 형태라고 한다. 이 형태는 또 해가 질 때의 뜻도 갖고 있으므로 음양의 상대성을 뜻한다.

또 해(日)와 물勿자가 합성되었다는 설은, 해가 있을 때 힘써 일한다(勿)는 뜻을 살린 설로, 자연에 순응하면서 능동적으로 힘써 노력한다는 뜻이 있다. 주周자 역시 갑골문甲骨文에서는 田(田과 ==의 합성)으로 표시되는데, 밖의 '전田'자는 구획정리가 잘된 밭을 뜻하고, 그 안에 있는 '작은 점(==)'은 밭에서 열심히 일하는 농부의 모습을 나타내므로, 역易자와 합해서 자연에 순응

---

[7] 도마뱀은 언정蝘蜓 또는 수궁守宮으로 불리는데 항상 벽이나 천정에 붙어 살면서 다른 데로 옮기지 않는다. 또 단사丹砂를 먹여 키운 다음 이를 찧어 여자의 몸에 바르면 붉은 점같이 되는데, 남자와 성교를 갖지 않는 한 종신토록 소멸하지 않으므로, 여자의 정조를 나타내는 상징이기도 하다. 따라서 같은 도마뱀류를 부를 때도 언정이나 수궁이라고 할 때는 변화하지 않는다는 뜻을, 변색룡이라고 할 때는 때에 따라 변화를 잘한다는 뜻을 따온 것이다.

하며 힘써 노력한다는 뜻이 된다.

2) 변역·교역과 불역 그리고 간이

해와 달의 운행에 따른 낮과 밤 그리고 추위와 더위, 동물과 식물의 태어나고 죽음, 부귀와 권력 등의 부침浮沈 등, 자연 안의 모든 현상은 천변만화하여 잠시라도 그대로 있는 것이 없다.

이렇게 변화하는 측면을 변역과 교역의 두 가지 개념으로 나누어 볼 수 있다. 즉 변역이라고 할 때는 음과 양이 유행한다는 뜻으로, 음이 변해서 양이 되면 양이 성한 시기이고, 양이 변해서 음이 되면 음이 성한 때라는 '시간적'인 변화이며, 교역이라고 할 때는 이미 정해진 공간에서 서로 자리바꿈을 한다는 뜻으로,8 교역이 잘 되면 환경이 좋아져서 구성원이 편안해지고 잘 못되면 좋지 않은 환경으로 바뀌는 '공간적'인 변화이다.

그리고 이러한 변역과 교역의 현상 속에는 일정한 질서와 변하지 않는 법칙이 있어, 그러한 이법理法에 따라 변화가 이루어지므로 이러한 불변의 이법을 강조하여 불역不易이라고 하며, 그것은 너무나 쉽고 간단한 자연의 법칙이라서 누구나 쉽게 주장하고 따라할 수 있다 하여 간이簡易라고 하는 것이다.

64개의 괘로 우주의 모든 변화를 나타내는 주역에서(변역과 교역), 64괘의 틀과 각 괘가 여섯 효씩으로 구성되어 있음은 변치 않는다(불역)고 생각하면 된다. 즉 64괘 중에서 어떠한 괘가 나오고, 또 어떤 효가 변해서 다른 괘로 변한다(효가 동해서 변하든지, 다른 효가 와서 바뀌든지)는 측면이 변역과

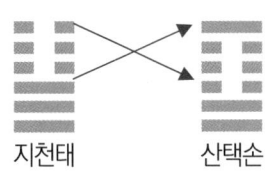

8 산택손괘 단전에 '손하익상損下益上(아래를 덜어 위를 더해줌)'이라고 한 것은, 지천태괘에서 아래에 있는 삼효와 위에 있는 상효를 교역해서 산택손괘가 되었다는 뜻이다.

교역이고, 이러한 천변만화의 변화 속에서도 역의 체인 64괘와 여섯 효라는 틀은 바뀌지 않는다는 것이 불역의 개념이다.

또 변역·교역과 불역은 인위적으로 가꾸고 바꾼 현상이 아니라 극히 자연적인 섭리이므로, 누구나 쉽게 알고 간단히 따를 수 있다고 하여 간이簡易라고 하는 것이다.

다시 말해서 역은 변역·교역의 측면이 있으므로 만물의 생성生成하고 변화變化하는 과정을 담을 수 있으며, 불역의 측면이 있으므로 항구한 도가 있어 영원불멸할 수 있으며, 간이의 측면이 있으므로 쉽게 배워 적응할 수 있는 것이다. 역은 이 세 가지 측면을 모두 안고 있으므로 우주만물의 변화에 응할 수 있게 된다.

6. 역易과 역경易經 그리고 주역周易의 차이점

> 역은 우주가 운행하는 세상을 64개로 나눠볼 수 있다고 해서 64개의 괘라고 하는 부호로 표시한 것을 말하고, 역경은 역에 괘사와 효사를 포함한 것을 높여서 부르는 것이며, 주역은 역경에 공자의 십익까지도 포함해서 부르는 통칭이다.

'역易'이라고 하면 5,000여 년 전 문자가 없었던 시기에 음효(--)와 양효(—)등 부호만 그어놓은 괘9를 말하는 것이고, '경經'이라고 하면 문왕이 쓴 괘사와 주공이 쓴 효사를 뜻하며, '역경易經'이라고 하면 복희씨의 괘와, 문왕의 괘사 및 주공의 효사를 합한 것을 말한다.10

특히 '주나라 주'자를 써서 '주역周易'이라고 할 때는, 문왕과 주공에 의해서 완성된 주나라의 역이라는 의미이다. 주나라 이래로 가장 널리 통용되며 현재까지 발달되어 왔기 때문에, 역이라고 하면 주역을 뜻하게 되었으며, 사서삼경四書三經에서 말하는 역경易經도 바로 주역을 뜻한다. 서양에서는 변화를 강조하여 『변화의 책 : Book of Changes』이라고 부른다.

1) 주역은 무엇인가?

주역은 말 그대로 주周나라의 역易이다. 고대에는 각 시대별로 그리고 나라별로 각기 고유한 역이 있었다. 자신을 둘러싸고 있는 모든 환경에서 신비로움과 두려움을 느꼈던 고대인은, 한편으로는 자연을 두려워하여 숭배하였

---

9 팔괘 및 복희 64괘

10 『역경』 또는 『주역』에는 복희씨의 괘와 문왕의 괘사 및 주공의 효사만 포함하지만, 공자께서 십익十翼을 지은 이후는 십익까지 포함하여(특히 단전·상전·문언전 등) 한 책으로 삼고 있다. 『주역』이 12편으로 되어 있다고 하는 것도, 역경을 「상경」과 「하경」의 두 편으로 나눈 것과, 공자의 십익 10편을 합해서 부르는 말이다.

고, 다른 한편으로는 자연을 극복하려는 노력을 하였다. 그래서 신의 의사를 묻는 점복占卜 등 주술이 먼저 나왔고, 단순한 점복에 자연을 관찰하고 응용하는 과정을 합하여, 보다 체계적이고 현실적인 부호를 만들게 되었는데, 이것이 바로 역이라는 틀이다. 이러한 역을 종합화하고 문자화한 것이 주나라의 역이며, 3000여 년이 지난 지금까지 전해져 사용되고 있다.11

周易 주역周易의 글자 뜻을 보면, 「주周」는 「두루 주, 나라이름 주」이므로, 보편적이며 천지사방을 포함한다는 공간적인 의미와 주나라 때라는 시간적인 뜻이 있다.12

「역易」은 「바꿀 역, 쉬울 이」의 뜻이 있으므로, 때에 따라서 변화하고 장소에 따라 변화한다는 시간적 공간적 의미와 누구나 쉽게 알 수 있다는 보편적 의미가 있다. 따라서 주역이라는 글자 속에는 '주나라의 역'이라는 뜻 외에도, '시간과 공간을 초월하여 누구나 알기 쉬운 우주진리'라는 뜻이 들어있는 것이다.

---

11 주나라 바로 이전의 국가인 은殷나라에서는 정치와 군사 등 거의 모든 중요한 일에 거북점(卜)을 쳐서 결정하였다. 점치는 일을 맡아 행하는 관리인 복관卜官을 두고, 거북의 등껍데기나 동물의 뼈를 불에 구워 거기서 생기는 금(균열龜裂)의 색깔이나 모양 크기 명암 등으로 길흉을 판단하였다. 지금도 사물이 갈라져 틈이 생기는 것을, 거북의 등껍데기가 갈라져 나온 금이라는 뜻으로 균열(龜裂)이라고 한다.

12 '周주'자와 '易역'자가 모두 8획으로 되어 있어 8×8=64괘가 되었다는 우스개 말이 전할 정도로 주역은 8괘와 밀접한 관련이 있다.

7. 사서삼경에서 차지하는 주역의 위치

> 『주역』은 사서삼경의 최고 경전으로서, 유학을 통합해서 볼 수 있는 뿌리이자 궁극적인 귀착지가 된다.

『주역』은 사서삼경의 최고 경전이며 유학의 궁극적인 근원이다. 주역을 배우지 않고는 유학을 통합적으로 정리하고 해석할 수 없기 때문에, 사서와 『시경·서경』을 배운 후 마지막으로 배우는 것이다. 여기서는 유학의 경전을 배우는 순서를 언급함으로써, 『주역』의 위치를 설명하고자 한다.

1) 사서를 배우기 전에 『소학』을 배운다

예전에는 『천자문』·『소학』·『계몽편』·『동몽선습』·『통감절요』 등을 배우게 한 후에, 사서와 삼경을 가르쳤다. 특히 뼈와 힘줄이 굳기 전에 사람의 도리를 알아야 된다는 뜻에서, 여덟 살이 되면 필수적으로 『소학小學』을 가르쳤다.

즉 "물뿌리고, 비질하며, 예하고 대답하고, 묻는 말에 조리 있게 대답하는 것(쇄소응대灑掃應對), 어른 앞에 나아가는 법, 어른에게서 물러나는 법(진퇴지절進退之節)"과 "부모를 사랑하는 것, 어른을 존경하는 것, 스승을 높이는 것, 벗을 사귀는 것"을 배움으로써, 어려서부터 사람의 도리가 몸에 배도록 한 것이다.

2) 사서 중에 『대학大學』을 먼저 배운다

『대학大學』의 첫 머리에 "대학의 도는 밝은 덕을 밝히며(대학지도大學之道는 재명명덕在明明德하며) 백성을 친근히(새롭게) 하며(재친(신)민在親(新)民하며), 지극한 선에 그치는데 있느니라(재지어지선在止於至善이니라)."

즉 사람이 하느님으로부터 밝은 덕을 받고 태어났지만, 욕심에 가려 때가 묻게 되니, 그것을 닦아 본성을 회복해야 한다(재명명덕). 자신을 깨끗이 하여 새로워진 뒤에, 남을 새롭게 만들어주어야 하며(재신민), 그런 뒤에야 온 세상이 깨끗해져서 지극히 선한데 그치게 된다(재지어지선)고 했다.

그래야 "사물에 이르러 그 사물의 이치를 알아내고, 그것으로 인해 정성스레 마음을 바로하게 되는(격물格物 치지致知 성의誠意 정심正心)" 것이고, "마음을 바로 해 몸을 닦아서 자신을 수양하니, 집안을 다스리고 나라를 다스릴 수 있게 되어, 온 세상이 평안해짐(수신修身 제가齊家 치국治國 평천하平天下)"을 이루게 되는 것이다.

그래서 『대학』에는 「명덕明德·친민親民·지어지선止於至善」을 세 개의 큰 벼리가 된다하여 「삼강령三綱領」이라 하고, 「격물·치지·성의·정심」과 「수신·제가·치국·평천하」는 여덟 개의 조리가 되는 항목으로 「팔조목八條目」이라 하여, 『대학』의 근간으로 삼고 있는 것이다.

「삼강령」과 「팔조목」을 가르치는 『대학』을 배우다 보면, 온갖 사물의 이치를 알아내는데(格物致知)에 몰두하다 자칫 정신이 산만해질 수 있다 하여, 정신을 모으는 『중용』을 배운다.13

3) 『대학』을 배운 후 『중용:中庸』을 배운다14

"하늘이 명한 것은 성품이 되고(천명지위성天命之謂性이요), 성품을 따르는 것이 도가 되며(솔성지위도率性之謂道요), 도를 닦는 것이 가르침이니라(수도

---

13 『대학』은 『중용』과 함께 『예기禮記』 중의 한 편이었는데, 송宋나라 이후 따로 떨어져 독립된 것을 주자朱子가 사서四書의 하나로 삼았다.
『대학』의 저자가 증자라고 알려진 것은, 주자가 경經 1장과 전傳 10장으로 나누고, "경은 공자의 말씀을 증자曾子가 기술한 것이고, 전은 증자의 말씀을 그 제자들이 전술傳述한 것이다."라고 한데서 연유한다. 또 정자程子는 "초학初學이 덕德에 들어서는 문"이라고 하고, 주자는 "『대학』은 대인大人의 학學"이라고 하여 평가를 달리하였다.

14 『대학』과 『중용』의 공부순서에 대해서 주자朱子는 "『중용』은 읽기 어려운 책이므로, 『대학』과 『논어, 맹자』를 보고 나서 『중용』을 읽으라."고 했고, 대산선생은 "『대학』이 외적인 선善을 주장하고 있다면, 『중용』은 내적인 성誠을 강조하고 있어 서로 표리가 되므로, 『대학』을 먼저하고 그 다음에 『중용』을 읽는 것이 좋다"고 견해를 달리했다.

지위교修道之謂敎니라).”고 하여, 『중용』은 첫머리부터 성性·도道·교敎를 말함으로써 도를 닦는 근본을 가르쳤다. 그러니까 하늘이 준 성품(性)대로 잘 가는 길이 도(道:길)인데, 그 길(도)이 사심에 의해 패이고 무너지기 쉬우므로, 잘 갈 수 있도록 또는 잘못된 길을 옳은 길로 인도해 주는 것이 가르침(교)이라는 것이다. 『중용』에서 말하는 '성'은 『대학』의 '명덕'과 같다. 즉 천성대로 살다가 어떤 환경을 살았냐에 따라 성품이 조금씩 바뀌는 데, 이것이 '덕'이다. 조금씩 변질된 덕을 닦고 닦아서 밝게 만든 것이 명덕이고, 명덕을 얻게 되면 천성을 회복하게 되는 것이다.

"기뻐하고 성내고 슬퍼하고 즐거워하는 것이 드러나지 않은 것을 중이라 이르고(희노애락지미발喜怒哀樂之未發을 위지중謂之中이요), 발해서 다 중절을 지키는 것을 화라고 하니(발이개중절發而皆中節을 위지화謂之和니),… 중화를 이루면 천지도 본 위치를 지키며(치중화致中和면 천지天地 위언位焉하며) 만물이 길러진다(만물萬物이 육언育焉이니라)."고 하여 '중中'을 강조한 것이 『중용』이다.[15]

이렇게 정신을 모으는 공부를 하다보면 정신은 집중되지만, 속으로는 모든 것을 다 알지라도 밖으로 표현을 제대로 못하니, 발표력을 기르라고 『맹자』를 배운다.

4) 『중용』을 배운 후 『맹자:孟子』를 배운다

"맹자가 양혜왕을 찾아 뵈니(맹자孟子 견양혜왕見梁惠王하신대), 왕이 말하

---

[15] 『중용』도 『예기』의 한편으로 되어 있었으나, 한漢나라 때부터 독립된 것으로 보여진다. 송宋나라의 정명도程明道·정이천程伊川형제가 이를 높이 평가했고, 주자朱子가 중용장구中庸章句를 짓고 사서의 하나로 삼았다. 사마천司馬遷의 『사기史記』에 공자의 손자인 자사子思에 의해 지어졌다는 기록이 있은 후로, 자사가 저자로 알려졌다.
『중용』은 총 33장이며, 전반은 중용中庸 후반은 성誠에 대한 내용으로 구성되었다. 중용이란 뜻은 「기울어짐이나 치우침, 지나침이나 모자람이 없고(中), 언제나 변함없이 한결같음(庸)을 말한다. 또 성이란 거짓이나 꾸밈이 없으며, 잠시라도 쉬거나 멈춤이 없는 정성을 뜻한다.

길 '선생이 천리 길을 멀다않고 오셨으니(왕왈王曰 수叟 불원천리이래不遠千里而來하시니), 앞으로 내 나라를 이롭게 하여주시겠습니까(역장유이리오국호亦將有以利吾國乎잇가?)'"하니, "맹자가 '왕은 하필 이익을 말씀하십니까(맹자孟子 대왈對曰 왕王은 하필왈리何必曰利잇고)? 오직 인과 의가 있을 뿐입니다(亦有仁義而已矣니이다)'."라고, 처음부터 대화체로 토론체로 시작했다.

양혜왕이 "나라를 이롭게 하여주겠느냐?"란 말을 받아 "인의仁義"를 주청함으로써, 눈앞에 있는 인욕人慾을 채우기 위한 패도霸道 보다는, 하늘의 이치(천리天理)를 따라서 왕도王道를 행하여야 한다고 말한 맹자의 사자후獅子喉다. 이러한 토론식의 대화체로 되어있기 때문에, "『맹자』 7편을 읽은 사람하고는 말도 말라"는 이야기가 전한다.

『맹자』16를 배우면, 표현력은 길러졌지만 말만 앞세울 염려가 있으므로, 예의규범을 배워 실질행동에 힘쓰라고 『논어』를 가르치게 된다.

5) 『맹자』를 배운 후 『논어論語』를 배운다17

공자 말씀에 "배우고 때로 익히면 또한 기쁘지 아니한가(자왈子曰 학이시습지學而時習之면 불역열호不亦說乎아)? 벗이 먼데서 나를 알고 찾아오면 또한 즐겁지 아니한가(유붕有朋이 자원방래自遠方來면 불역락호不亦樂乎아)? 사람들이 나를 알아주지 않더라도 언짢게 여기지 않으면 또한 군자가 아닌가(인부지이불온人不知而不慍이면 불역군자호不亦君子乎아)?"로 시작하여, '배움(학), 벗을 사귐(붕), 주변의 평가에 연연하지 않고 묵묵히 도리를 실천함(군자)'의 위기지학爲己之學, 즉 자신의 몸과 마음을 다스리는 공부를 말했다.

---

16 『맹자』는 맹자의 언행과 사상을 기록한 7편으로 된 책이다. 맹자는 기백과 언변이 뛰어난 데다, 인의仁義의 도를 강조하고 왕도王道와 패도霸道를 명확히 구분하여, 「호연지기浩然之氣, 대장부론大丈夫論」을 짓고 사단설四端說을 확립했다.

17 사서는 공자의 『논어』, 증자의 『대학』, 자사의 『중용』, 그리고 맹자의 『맹자』로 알려진 것이 통설이다. 이것은 유학의 학통과 밀접한 관계가 있다. 즉 공자의 학통은 증자에게 전해지고, 증자의 학통은 공자의 손자인 자사에게 전해졌으며, 자사의 학통은 그 문인門人을 통해 맹자에게 전해졌고, 이 네 분에 의해 사서가 완성되었기 때문이다.

안연顏淵이 인仁을 물으니, "자기의 사사로움을 이겨, 하느님이 부여한 예로 돌아가는 것이 인을 행하는 것이다(극기복례克己復禮 위인爲仁)"이라고 하시며, "하루라도 극기복례를 잘하면 천하가 인仁으로 돌아간다(일일극기복례一日克己復禮면 천하天下 귀인언歸仁焉)."라고 인仁의 실천을 강조했다.

『논어』18를 배우면 점잖아지고 행동을 옳게 하나, 너무 예의범절에 매이면 고지식하게 되므로, 흥을 낼 줄 아는 사람이 되라고 『시경』을 배운다.

6) 삼경 중에 『시경:詩經』을 먼저 배운다

"껑껑거리며 우는 저 물수리가(관관저구關關雎鳩)/ 하수의 물가에 있도다(재하지주在河之洲로다)/ 요조숙녀는(요조숙녀窈窕淑女)/ 군자의 좋은 배필이로다(군자호구君子好逑로다)."라고, 물새가 짝지어 노니는 모습을 이끌어, 군자와 숙녀가 사귀는데 비유하여 읊으며 마음 속에 있는 흥을 풀었다.

이렇게 『시경』19을 배우며, '흥야라 부야라'하고 흥에 겨워 있으면, 자칫 나라나 정치는 생각도 안하게 된다. 그래서 정치하는 법인 『서경』을 가르쳐서 배운 사람으로서의 책무를 일깨운다.

7) 『시경』을 배우고 난 후에 『서경:書經』을 배운다

"요임금의 치덕을 상고해 보면(왈약계고제요曰若稽古帝堯한대), 문명의 불

---

18 『논어』는 사서四書의 으뜸이 되는 책으로, 공자와 그 제자들의 언행을, 증자曾子와 유자有子 및 그 문하생들이 기록한 책이다.
한漢나라 때는 『노논어魯論語, 고논어古論語, 제논어齊論語』가 있었으나, 『노논어』만이 전해진다. 논論에는 논의議議한다는 뜻이 있고, 어語에는 답술答述이라는 뜻이 있다. 총 20편으로 인생전반에 걸친 교훈이 간결하고 평이하게 기록되어 있다.

19 『시경』은 풍風(민요)·아雅(궁중의 아악 및 귀족사회의 시)·송頌(先王과 聖賢을 비롯한 조상을 추앙한 시)의 세부분으로 되어 있는 세계에서 가장 오래된 시집이다.
천 여 년 동안(주나라 초부터 전국시대까지) 여러 사람이 쓴 것으로, 총 3천여 편이 있었으나, 공자께서 덜고 깎아 300여 편으로 줄이셨다(國風 160편, 小雅 80편, 大雅 31편, 頌 40편).

을 놓으신 방훈이시다(왈방훈曰放勳이시니). 경건하시고 밝으시며 교양 있으시고 사려 깊으시며 편안하고 안락하시며(흠명문사안안欽明文思安安하시며) 진실로 공손하시고 참으로 겸손하셔서(윤공극양允恭克讓하사), 발하신 환호 빛이 사방으로 퍼져 나갔으며(광피사표光被四表하시며), 하늘에 닿고 땅에 닿았다(격우상하格于上下하시니라)."로 시작한다.

정치하는 덕을 후세에 전하기 위해 선왕 및 선현들에 대한 기록을 한 책이니, 이 책을 보면 정치를 잘하게 된다.20

그러나 정치가는 미래를 예견하여 정치를 해야 하는데, 과거의 경험만으로 큰 정치를 하는 데는 한계가 있다. 그러므로 멀리 내다보는 지혜를 갖기 위해 『주역』을 배우는 것이다.

8) 사서와 『시경·서경』을 익힌 뒤에야 『주역』을 배운다

"건乾은" 하면 우주에 온갖 만물을 생기게 하는 하늘이 열리고, "원元코" 하면 따뜻한 봄기운에 만물이 파릇파릇 싹이 트며, "형亨코" 하면 여름의 더운 기운에 무럭무럭 자라나고, "이利코" 하면 가을의 서늘한 기운에 열매를 맺고, "정貞하니라"고 하면 겨울의 추위로 인해 밖으로는 모든 만물이 모습을 감추지만, 그 속에 봄을 기다리는 씨알을 간직한다는 내용(건乾은 원元코 형亨코 이利코 정貞하니라)으로 시작한 『주역』!21

---

20 『서경』은 요순堯舜시대부터 진秦나라 목공穆公때까지 3천여년 동안의 정치사政治史 및 정교政敎를 하夏·은殷·주周시대의 사관史官이 기술한 왕도정치王道政治의 전범典範이다.
『서경』은 『상서尙書』라고도 하며, 원래는 3천 여 편이었으나, 공자께서 1백편으로 간추렸고, 진 시황 때 불타서 없어졌다. 그 후 학자들이 외워 쓰고(33편), 일부는 동진東晉때의 매색梅賾에 의해 다시 쓰여 졌다(25편). 매색이 쓴 25편은 위고문僞古文이라 하여 인정을 하지 않는 학자도 많으나, 오히려 이 위고문 중에 훌륭한 글이 많다는 평을 하기도 한다.

21 『주역』은 유학의 모든 가르침을 완성할 수 있는 큰 학문이지만, 대부분의 옛 선비들은 과거공부에 집착하고, 과거에 붙은 후에는 시문詩文에만 매여 『주역』공부를 할 여유가 없었다. 따라서 벼슬에 나서지 않거나, 일찍 낙향하여 후학을 가르치는 선비, 혹은 귀양살이를 한 선비들에 의해서 그 명맥이 유지되는 경향이 있었다. 왕조가 발달하지 못한 이유가 여기에 있을 것이다. 지도자가 미래를 내다보아서, 국민에게 나아갈 방향과 방법을 제시해야 희

이 『주역』까지 배우게 되면 유학儒學의 최대 경전經典이며, 철학으로도 최고의 철학을 익히게 되어, 인격이 그 안에서 완성되는 것이고, 따라서 사서삼경의 모든 가르침도 여기에서 귀착되게 된다.

망을 보고 발전을 이루는데, 그렇지 못하고 현실에 안주하다 부패하고 나약하게 되는 것이다.

2장 | 주역의 생성역사

　주역은 복희씨가 5000여 년 전에 괘를 그림으로써 시작되었고, 3000여 년 전 문왕과 주공이 괘사와 효사를 지었으며, 2000여 년에 공자께서 십익을 지음으로써 완성이 되었다. 그 후에도 많은 학자가 나름대로 주역을 풀이하여 다방면의 학문으로 응용하였으며, 이미 중국 청나라 이전에 출간된 주역에 대한 해설서만 3000여 종이 넘는 수준에 이르렀다.

　여기서는 복희씨부터 공자에 이르기까지 주역의 역사를 서술식으로 꾸며서, 주역이 어떤 생각으로 만들어졌으며 발달했는가에 대한 개념만을 이해하도록 하고, 2부의 「소성괘와 대성괘」 편에서 그 기술적인 면을 살펴보고자 한다.

1. 팔괘八卦의 생성

> 5000여 년 전에 복희씨伏羲氏가 하늘과 땅 및 만물을 살펴서 팔괘를 지었다.

아주 옛날 태고적 문자는 물론이고 언어소통도 없었을 때에는, 사람이 손을 내둘러 가라하고 안으로 부르는 손짓을 하여 오라고 하였으며, 고개를 위아래로 끄떡여 긍정을 하고, 좌우로 흔들어 부정하는 방법으로 서로 의사소통을 하였을 것이다.

5천여 년 전에 복희씨[1]라는 성인이 천하를 다스렸다. 복희씨는 하늘의 해와 달 그리고 별 등을 살피고 땅의 높고 낮으며 평평하고 가파른 지세를 살핀 결과, 세상의 모든 것은 천지인 삼재三才로 구성되어 있고, 음양의 원리에

❖ 복희여와도

1 복희씨에 대한 전설 : 복희씨에 대해서는 그 출생부터 살아온 과정에 대해 여러 설이 있으며, 그 이름만 하더라도 30여 가지로 다양하다.
관중管仲은 그의 저서 『관자管子』에서 "사람에게 수數의 사용법을 알려주고, 구구법九九法을 창안하였다"고 하였으며, 『주비산경周髀算經』에는 "혼인제도를 정하고 35현弦의 비파를 만들었으며, 원을 그리는 규規와 삼각자인 구矩를 만들었다"고 되어있다. 이와 같은 사실은 무량사武梁祠의 석실에 있는 복희여와도伏羲女媧圖에 곡척(曲尺:矩)이 들려 있는 것으로도 증명된다.
중국에서는 삼황三皇의 한사람으로 존숭하며, 또한 중국민족의 시조로 보기도 한다. 즉 그의 어머니는 화서씨華胥氏인데, 뇌택雷澤의 못가에서 큰 사람의 발자국을 밟은 후로 잉태하여 낳은 자식이 복희씨라고 하는 전설이 그것이다.
우리나라의 『한단고기桓檀古記』에서는 배달국倍達國의 5대 천황인 태우의 한웅(太虞儀 桓雄)의 열두 아들 중 막내아들인 태호(太皥 또는 伏羲)가 바로 복희씨라고 하면서, "삼신산三神山에서 제사지내고 천하天河에서 괘도卦圖를 얻으니, 셋으로 끊어지고 셋으로 이어지며 위치를 추리하면 그 오묘함은 삼극三極을 포함하였으며 변화가 무궁하였다. 우사雨師를 맡아 다스리다가 청구낙랑靑邱樂浪을 거쳐 진陳으로 가서 성을 풍風으로 하고 백성을 다스렸다"고 기록하고 있다. 성을 풍風으로 한다는 사실에서, 손괘(☴)가 음괘이고 장녀를 뜻하므로, 복희씨가 여성이 아닌가 하는 설도 있다.

의해 운행된다는 것을 깨달았다.

그래서 하늘을 상징해 한 획(━)을 긋고, 땅을 보고 다시 한 획(━+━=⚏)을 그었으며, 하늘과 땅 사이의 만물을 보고 또 한 획(⚏+━=☰)을 그어 세상만물을 표현하는 부호로 삼았다.

제일 위의 획(━)은 해·달·별 및 그를 구성하는 공간인 하늘을 대표하고(천재天才), 제일 아래 획(━)은 하천·평야·산 등 땅을 대표하며(지재地才), 중간의 획(━)은 식물·동물 등 사람을 대표(인재人才)한 것이다. 이 세 대표를 삼재三才라고 하며, 이 세 대표를 세 획의 부호로 본받아 그린 것이 팔괘[2]이다.

여기서 '천·지·만물 삼재'라고 하지 않고 '천·지·인 삼재'라고 한 것은, 만물 가운데 가장 대표가 되는 것이 사람이라는 뜻이다. 따라서 표현은 사람(人)이라고 했지만, 사람이라는 말 속에는 만물이 다 들어있는 것이다.

삼재에는 각기 양의 기운과 음의 기운이 있으므로, 세 획으로 된 괘를 음(╌)과 양(━)으로 조합하면 모두 여덟 가지(☰, ☱, ☲, ☳, ☴, ☵, ☶, ☷)가 나오게 된다.

복희씨는 대자연을 모사하여 괘를 그림으로써, 언어소통의 수단뿐만 아니라 정치·경제 등 인간의 모든 활동의 매개수단으로 삼았다. 주역이 사회에

---

[2] 팔괘에 우주만물의 모든 이치를 걸어놓았다 해서 괘(卦=掛)라고 하는데, 괘卦에는 손(手)을 상징하는 재방변(扌)이 있어야 물건을 걸어 놓는다는 뜻의 '걸 괘掛'자가 된다. 그러나 우주만물의 이치를 손으로 걸어 놓는다고 하면, 사람이 걸어놓는다는 뜻이 되어버린다. 우주만물의 이치는 사람이 생겨나기 훨씬 전부터 저절로 생성되어 운행하고 있는 것이며, 사람의 지혜로 파악하지 못한 점도 많으므로, 사람이 우주만물의 이치를 걸어놓는다고 하면 어폐가 있다. 그래서 '걸 괘掛'자에서 재방변을 뺀 '괘 괘(卦:괘 괘, 점칠 괘)'자를 쓰는 것이다. 이러한 이치는 앞서 삼재三才라고 할 때, '재목 재材'자를 쓰지 않고 여기에서 나무목변(木)을 뺀 '기본 재才'자를 쓰는 이유와 통한다. '재才'자는 (一+亅+丿)으로 구성되어 있다. 나무나 풀의 줄기가 땅(一)을 뚫고 나온 것(亅)도 있고, 아직 땅 밑에 있는 것(丿)도 있다는 모양으로, 초목이 움터오는 시작을 뜻한다. 초목이 앞으로 무성해질 채비를 갖추었다는 뜻으로, 만물이 무엇이든지 될 가능성이 있는 시발점에 놓인 상태를 말한다. 따라서 '재才'자에는 기본이 되고 근본이 되며, 또 가능성을 구비한 재주라는 뜻이 있다.

기여한 것은, 공자께서 『주역』「계사전」에 12사회(수렵·농경·교역·의상·승선·승마·방범·도정·무기·가옥·매장·문서)가 괘에서 나왔다고 말씀하신 데에서도 나타난다. 이 여덟 가지 상징부호로 세상의 모든 일과 물건을 표현할 수 있고, 신과 인간의 공통언어로 약속함으로써 신과 인간이 소통할 수 있게 한 것이다.

모두 양으로 그은 괘는 굳건하고 맑은 하늘(☰)을 모사한 것이며, 모두 음으로 그은 괘는 두터우면서도 탁한 땅(☷)을 모사한 것이며, 그 사이에 하늘과 땅의 장남인 우레(☳), 장녀인 바람(☴), 중남인 물(☵), 중녀인 불(☲), 소남인 산(☶), 소녀인 호수(☱)의 여섯 자녀를 모사하면 모두 팔괘八卦가 된다. 이것이 대우주의 여덟 식구가 되는 것이며, 인간으로 치면 부모와 장남·장녀·중남·중녀·소남·소녀의 여덟 식구가 된다.[3]

팔괘는 우주의 모든 구성원을 다 표현하므로, 크게 말하면 우주를 뜻하고, 작게 말하면 인간의 가족 구성원도 되며, 더 작게 사람의 신체구조를 뜻하기도 한다. 물론 다른 만물에도 같은 원리가 작용한다.

또 하늘과 땅은 대부모大父母이고 인간은 소부모小父母이며, 하늘과 땅은 대천지大天地이고 인간은 소천지小天地이며, 하늘과 땅은 대우주이고 인간은 소우주라고 할 수 있다.

---

3 팔괘를 지은 것에 대해서는 제7부 태극하도편에 다시 설명된다.

2. 괘사와 효사를 지음

> 지금으로부터 3000여 년 전 주나라의 문왕이 괘에 대한 해설로 괘사를 짓고, 그의 아들인 주공이 각 효마다 처한 처지와 어떻게 행동해야 한다는 지침을 설명한 효사를 지었다.

1) 주왕의 폭정

복희씨가 괘를 그은 지 2000년 후에 태어난 은殷나라의 마지막 왕인 주(紂:수신왕受후王)는 지혜와 힘이 남달리 출중하였다. 학덕이 뛰어나다는 신하보다 훨씬 앞서 판단하고 실행하는 지혜와, 무너지는 대궐의 기둥을 몸으로 떠받들어 무너지지 않게 하고, 호랑이를 한주먹에 때려잡는 힘을 바탕으로 정치를 잘하였다. 그러나 달기妲己라는 요녀에게 빠진 후로는, 나라를 다스리기는커녕 주지육림酒池肉林을 만들어 음락淫樂을 즐기고, 기름칠한 구리 기둥을 숯불 위에 걸어놓고 죄인을 그 위로 걸어가게 하는 포락炮烙의 형벌을 가하는 등 온갖 폭정을 일삼게 되었다.

2) 은나라의 세 어진이 비간 기자 미자

보다 못한 주왕의 삼촌 비간比干이 "백성을 위해 정치를 잘하시기 바랍니다."고 간언하였다. 이 말을 들은 주왕이 "성인聖人의 심장은 구멍이 일곱 개라 하는데, 정말로 그런지 좀 봅시다."하면서, 비간을 죽이고 심장을 열어 보았다.

주왕의 오촌 당숙으로 기자箕子라 하는 성인이 있었는데, 간해도 듣지 않을 것이고, 비간처럼 죽임을 당하면 조카가 삼촌을 죽였다는 악명만 더하게 해줄 뿐, 도탄에 빠진 백성은 구하지 못할 것이라고 생각했다. 그래서 거짓으로 미친 체하면서 주왕의 눈길을 피함으로써, 은나라가 멸망한 뒤에 만백성을 구하는 큰 도(道 : 홍범구주)를 후세에 전하게 된다.4

주왕의 서형 미자微子는 기자·비간과 상의한 끝에, 이미 나라는 망한 것이나 다름없으니, 신주神主를 보존해 조상을 받드는 것이 옳은 길이라는 결론을 내렸다. 그래서 신주를 훔쳐 도망갔고, 후에 송宋나라의 시조가 되어 은나라의 유풍遺風과 학문을 전하게 되었다.

3) 문왕이 유리옥에서 괘사를 지음

주왕이 이처럼 폭정을 일삼을 때, 서쪽땅의 우두머리 제후(서백西伯)인 창昌5이 훌륭한 덕으로 정치를 잘한다고 소문이 나서 백성이 모여들고 있었다. 그 세력이 커질 것을 두려워한 주왕이 창을 유리옥羑里獄이라는 감옥에 가두고, "진실로 모든 것을 아는 성인聖人인가 시험해 보겠다."며, 그의 맏아들

---

4 무왕이 은나라를 멸한 후 기자를 찾아가 오행의 대법을 가르쳐 달라고 하였다. 기자가 백성을 위해 홍범을 가르쳐주자, 무왕은 감사의 뜻으로 제후(조선후朝鮮侯)를 봉하려 하였다. 기자는 "하늘이 이 도를 우임금에게 내렸고, 또 나에게까지 전하여졌는데, 내가 사사로운 감정으로 당신에게 전하지 않으면 천하에 이 도를 전할 수 없기 때문에 전한 것 뿐이다."라고 하며, 끝내 신하되기를 사양하였다.

이러한 내용 때문에 고조선의 끝에 기자조선이 생겼다고 하나, 기자箕子는 이 때 신하되기를 사양하고, 기자조선奇子朝鮮에 망명을 청해서 요서遼西 땅에 살았을 뿐이다.

기자조선奇子朝鮮은 단군의 후손인 환서여桓西余가, 단군조선이 망한 후 스스로 나라를 세우고 태양의 아들이라는 뜻으로 호를 기자奇子라고 부른데서 연유한다. 기자의 본명이 '서여' 또는 '수유'인 것으로 보아 두 인물이 동일인일 가능성도 높다.

기자의 '기'는 제후국 이름이고, '자'는 '공·후·백·자·남'이라는 다섯 등급의 관작 중의 하나이다. 즉 기자는 기땅을 다스리는 제후라는 뜻이다. 지금 중국의 동북삼성에 해당하는 지역의 왼쪽에는 고죽국이 있었고, 가운데에 연나라가 있었으며, 그 오른쪽에 기국이 있었다. 주나라가 은나라를 물리치고 건국할 때, 연나라 제후 소공이 공을 세웠으므로 고죽국과 기국의 일부를 떼어서 모두 소공의 봉지로 삼게 하였다.

5 창昌 : 성은 희姬, 창昌은 본명. 이때는 은나라의 서쪽 땅을 다스리는 서백(西伯:서쪽 제후의 우두머리)이라는 벼슬에 있었음. 그의 아들인 무왕武王이 은나라를 멸하고 천하를 얻은 후에 문왕文王으로 추존되었다.

백읍고伯邑考를 죽여 떡(또는 국이라는 설도 있음)을 만들어 먹게 하였다. 창은 꿈자리가 뒤숭숭해 아침 일찍 일어나 점을 쳐 보고 이 사실을 알았지만, 자신이 현명하다는 것이 알려져 죽임을 당하면 도탄에 빠진 백성을 구제하지 못할 것이 염려되었다. 그래서 모르는 체 받아먹어 비웃음을 샀다. 이렇게까지 목숨을 유지하며 「역」을 연구함으로써, 주역 64괘의 총론적 설명인 괘사卦辭를 남기게 된다.

4) 은나라를 치자

창昌이 서거한 후, 아들 발發6에게 백성들이 몰려와 "도탄에 빠진 우리를 구해주십시오."하며 탄원했다. "민심은 천심인데, 백성들이 모두 주왕紂王를 치자고 하는 것은 하늘이 시키는 것이다."라고 생각하며, 주왕紂王을 몰아내고 백성을 도탄에서 구하자는 깃발을 들었다.

5) 백이와 숙제

그때에 백이伯夷와 숙제叔齊라 하는 고죽군孤竹君의 아들형제가 있었는데, 발發의 말고삐를 잡고 "어떻게 신하가 임금을 치려고(이신벌군以臣伐君) 하십니까?"라고 간하였다. 이 말을 들은 발이 "임금은 백성이 있고나서 임금이다. 백성이 주紂의 곁에서 떠났으니, 주는 평범한 사람에 불과하다. 나는 그 악행을 저지른 사람을 치는 것이지, 임금을 치는 것이 아니다."라고 하면서, 혁명을 일으켜 주紂왕을 베고 주周나라를 세웠다. 그러자 백이 숙제는 "은나라에 대한 의리 때문에 주나라의 녹을 먹을 수 없다(의불식주속義不食周粟)"고 하며 수양산首陽山에 들어가 고사리로 연명하다가 굶어 죽었다.

---

6 발發 : 성은 희姬 이름은 발發. 문왕의 둘째 아들로, 은나라를 멸하고 주周나라를 세워 무왕 武王이 됨.

이상의 내용은 36번째 괘인 명이괘明夷卦에 요약되어 있다.

6) 음의 기운의 성행과 주역의 발달

주역의 역사에서 이러한 이야기를 서술하는 것은, 소강절 선생의 『황극경세서』나 『음부경』의 주에서 밝혔듯이, 은나라 때 까지는 도道가 전해지는 도덕국가였었다는 것을 말하기 위해서이다. 또 소강절 선생은 "양의 기운이 성행할 때는 혁명을 하더라도 전의 임금을 죽이지 않고 다만 임금의 자리에서 쫓아낼 뿐이지만, 은나라 말기부터는 음의 기운이 자라기 시작하는 때이므로, 전의 임금(주왕紂王)을 죽이게 되는데, 이는 무왕武王의 도덕이 부족했다기보다 시대적으로 그렇게 하지 않으면 혁명을 이룰 수 없을 만큼 도덕이 사라져가는 때이기 때문에 그렇다."고 하였다. 다시 말해 전의 임금을 죽이는 것은 그 시대의 요구에 의한 것이라는 것이다.

음양의 전개에는 주기가 있어서 각기 성하고 쇠하는 때가 있는데, 양이 성해가는 봄·여름에는 주로 살리는 기운이 성행하는 때이므로 도덕정치를 펴는 것이 합당하고, 음이 성해가는 가을·겨울에는 주로 시비를 판별해 죽이고 감추는 기운이 성행하는 때이므로 힘을 바탕으로 한 정치를 한다는 것이다.

『주역』「계사전」에도 "역의 흥성함이 중고中古에 이루어졌구나! 역을 지은 사람이 우환이 있었구나!"고 한 것도, 인仁과 예禮를 숭상하는 양의 도덕시대는 지나가고, 의義와 지智를 숭상하는 음의 시대가 이름에, 도덕이 무너지는 것을 걱정한 성인聖人들이 역을 발전시켰다고 한 것이다.

7) 주나라의 건국과 홍범

무왕은 주나라를 세운 후, 기자箕子를 찾아가 정치하는 법을 물었고, 기자는 무왕이 비록 자기의 조국을 멸망시킨 원수이지만, 백성을 위해 정치하는 대법을 일러주었다. 이것이 아홉 가지 큰 법(洪範九疇)이라고 하여 『서경書經』의 「주서周書편 홍범장」에 기록되어 있는, 오행7을 강조한 대도大道인 '홍범구주'이다.8

8) 주공이 384효사를 지음

문왕이 괘사를 지은 뒤를 이어, 그의 셋 째 아들인 주공周公9은 주역 384효 하나 하나에 설명을 붙인 효사爻辭를 지었다. 괘사와 효사를 합하여 『주역』의 경문이라고 한다.

---

7 주역에 오행사상이 들어간 것이 한漢나라 이후라고 하는 설도 있다. 그러나 무왕이 기자에게서 홍범을 전해 받았다는 사실만 보더라도, 이 때 이미 오행사상이 널리 퍼져 있었다는 것을 알 수 있다.

8 은나라는 동이족東夷族이 세운 나라라고 한다. 단군 이래 중국 전역에 퍼져있던 동이족에게는 천부경 홍범 등 여러 도가 전해지고 있었다. 그중에 홍범은 우임금에게 가르쳐서 중국의 9년에 걸친 대홍수를 다스리게 한 이래, 백성을 돕는 가장 큰 도로 비장되어 왔었다.

9 주공周公 : 문왕의 셋째 아들이며 무왕의 아우. 이름은 단旦. 무왕을 도와 은殷나라를 멸하고 주周나라를 세웠다. 무왕이 죽자 조카인 성왕成王을 도와 주왕실의 기초를 세우고, 예禮와 악樂 및 제도를 정비했다. 이러한 큰 공이 있으므로, 노공魯公이라 하여 곡부曲阜에 봉해졌고, 주공만은 천자에 해당하는 예로써 제사를 올린다.
주공이 효사를 씀으로써, 주역에 은나라를 비롯한 은나라와 주나라의 과도기적인 역사 중, 천도의 흐름에 부합되는 내용이 기록되게 된다.

3. 십익十翼을 지음으로써 완성된 주역

> 지금으로부터 2500여 년 전에 공자께서 주역에 대하여 10가지 방법으로 주석을 달음으로써, 일반인도 조금만 노력하면 주역의 뜻을 알게 되었다.

1) 주역에 열개의 날개(十翼)를 달음

공자께서 세상에 나와 제자들을 이끌고 도를 펴기 위해 온 세상을 돌아 다녔지만 뜻을 이루지 못하고, 다시 노나라로 돌아와 후세를 위한 편찬사업에 온 힘을 기울였다. 『시경詩經』과 『서경書經』을 깎아낼 것은 깎아내고 보탤 것은 보태어 완성한 후(산시서刪詩書), 마지막으로 『주역』을 정리하려고 하였다.[10]

그러나 복희씨가 만든 괘와, 문왕·주공이 설명한 괘사·효사가 여합부절如合符節로 맞는 것을 보고 깎고 보탤 것도 없다고 하시며 그대로 놓고, 다만 후학을 위해 부연설명이나 해야겠다고 생각한 끝에, 열 가지 형식을 빌어 설명해 『주역』을 완성하였다. 이를 주역에 열개의 날개를 달았다하여 '십익'이라 한다. 그리고는 "주역을 알기 쉽게 기술은 했지만, 창작한 것은 아니다(술이부작述而不作)."라고 하셨다.

다른 모든 글에 있어서, 공자의 글은 성인이 지으셨다하여 경(經)이라 하

---

[10] 공자께서 위편삼절을 할 만큼 역에 심취한 것은, 대과大過없이 「오회중천시대午會中天時代」를 지냄으로써 「후천시대後天時代」를 맞이하고자 함에 있었다고 한다. 『논어』의 술이편에는 "공자께서 말씀하시길 '나에게 몇 년을 더 보태서 50으로써 역을 연구하면 대과가 없게 하리라(子曰 加我數年하야 五十以學易이면 可以無大過矣리라)'"고 하는 대목이 있다. 여기서 '대과'는 말 그대로 '큰 허물'이라고 볼 수도 있지만, 『주역』「상경」의 실질적으로 마지막 괘라고 할 수 있는 대과괘로도 볼 수 있다. 대과괘로 볼 경우는 하경, 즉 후천이 오기 전에 동방의 목木기운이 서방의 금金기운에 침몰되어 썩는 시대를 맞이하게 되는데, 이를 슬기롭게 잘 극복했으면 하는 바람이라는 뜻으로 해석하기도 한다.

지만, 『주역』만은 "주역을 알기 쉽게 기술은 했지만, 창작한 것은 아니다"라고 하셨기 때문에, 10개의 주註를 달았다는 뜻으로 '전傳'이라고 한다. 다만 공자를 높이고, 또 10개의 주석(십익十翼)의 뛰어난 경륜을 받들어, 일반 전傳과 구분하여 '대전大傳'이라고 한다.11

2) 진시황에 대비한 공자

공자께서 주역을 공들여 완성한 후, 250년 후에 진시황秦始皇이 책을 모두 불태우고 선비들을 생매장할 것(분서갱유焚書坑儒)을 예견하였다. '이렇게 되면 지금까지 공들인 주역이 타서 없어질 것이고, 따라서 후천에 펼쳐질 도덕과 경륜이 전해지지 않을 것이다'라고 우려한 끝에, 대나무에 『주역』을 쓴 후 좀먹지 않도록 옻칠을 하고는 벽속에 감추었다(칠서벽경漆書壁經). 그래도 200년 후에 좀이 슬고 습기가 찬다면 완전히 전하지 않게 될 것이 걱정되었다.

그래서 진시황의 심리를 연구해 보았다. 진시황은 욕심과 호승심好勝心이 많으므로 영토를 늘리려고 전쟁을 좋아할 것이다. 따라서 전쟁의 승패를 예견하고자 점을 칠 것이며, 오래 살려고 약을 먹을 것이니, 의약서醫藥書와 복서卜書는 태우지 않을 거라고 생각한 끝에, 주역을 점치는 책으로 알도록 꾸며서 분서의 화를 면하게 하였다.12

이런 이유로 겉으로는 점서의 형식을 빌렸지만, 그 속에는 후천시대에 펼쳐질 도덕과 경륜을 담은 공자의 비사秘辭가 담기게 된다.

---

11 주역의 발달에 있어서 10익의 역할이 절대적인데도, 괘사와 효사만을 역易의 경문이라 하고, 공자의 10익은 경經이 못되고 전傳이 되는 이유를 말한 것이다.

12 이는 전설같은 이야기지만, 공자께서 점서를 전했을 리가 없고, 또 점서를 전했다 하더라도, 단순한 점서가 사서삼경四書三經이라든지 동양한문권의 철학에서 최고 위치를 차지할 수가 없다는 점에서 주역을 밝히며 변론하는 내용으로 읽었으면 한다. 진시황의 분서갱유도 같은 맥락이다.

3) 진시황의 분서갱유 焚書坑儒

진시황이 중국의 한·위·제·초·연·조라하는 여섯 나라를 병합하여 전국시대戰國時代를 마감하였다. 그 후 도량형을 통일하고 만리장성을 쌓았으며, 오래 살기 위해 불사약을 먹어야겠다는 생각에,13 서시徐市14를 대장삼아 동남동녀 3,000쌍을 이끌고 삼신산三神山으로 불로초를 구하러 보냈다.

한편으론 자손 만세까지 왕노릇을 하기 위해 분서갱유를 실시했다. 즉 사람이 배우면 똑똑하고 똑똑하면 이치를 말하며 대드니, 배우지 못하게 해서 소나 말같이 시키는 대로 행동하도록 만들어야 겠다고 생각하고, 승상 이사李斯의 건의를 받아들여 『시경』과 『서경』을 비롯한 제자백가의 책을 불태웠다. 다만 공자께서 예측한대로 『주역』과 같은 점서나 의약에 관한 책은 써먹기 위해 태우지 않았다. 그 결과 『주역』은 공자께서 손을 댄 이후로, 진시황의 분서갱유에도 타지 않고, 오자 탈자 없이 거의 완벽하게 전해지게 되었다.15

진시황이 서책을 다 불태우고 나서 얼마 후에, 선비들이 진시황을 비방하는 사건이 벌어졌다. 이에 '책을 모두 태웠지만 선비를 놓아두면 또 책이 나올 것이니, 선비를 다 없애야겠다.'고 생각한 진시황이, 이들을 붙잡아 서로

---

13 노생盧生이 동방에서 『녹도서錄圖書』를 구해와서는 진시황에게 "진秦나라를 망하게 할 자는 오랑캐(망진자 호야亡秦者胡也)"라는 예언을 아뢰었다. 이에 몽염蒙恬 장군을 시켜 흉노를 치게 하고, 이어서 만리장성을 쌓게 하였다. 그러나 『녹도서』에 있는 '호胡'자는 오랑캐라는 뜻이 아니고, 진시황의 막내아들이자 2세황제인 호해胡亥를 가리킨 말이었다.

14 서시(또는 서불)는 삼신산(한라산)에서 불로초를 구해서 서귀포를 떠나 돌아가다가, 풍랑을 만나 돌아가지 못하고, 일본의 구주九州에 가서 일본사람의 시조가 되었다는 전설이 있다.

15 이때 박사관博士官에서 관리하는 책은 관리들의 공부를 위해서 태우지 않고 보관하고 있었다. 그러던 것을 초패왕 항우項羽가 관중關中에 들어왔을 때, 아방궁을 태우면서 박사관의 책을 마저 태움으로써, 서책이 완전히 없어지게 되었다.

를 고발하게 하여, 460여 명을 생매장하였다.

그리고는 '공자의 사당이 있는 한, 그 사상이 잠재해 있다가 선비가 나오고 책이 나올 것이다. 아예 그 근본이 되는 공자의 사당을 없애자.'라고 생각하였다. 공자의 사당을 부수고 위패를 불태우려고 하는데, 거기에 쓰여 있기를 "후세에 한 사나이가 있어서, 내 사당에 들어와 모든 유품을 다 부수고 사구평대에서 죽으리라."고 적혀 있었다.

진시황이 '사구평대'가 어디냐고 물으니, 모두가 이 세상에는 없다고 말하였다. "그러면 그곳이 신선이 산다는 곳인가 보다. 나는 신선이 되나 보다."라고 하면서 좋아했다. 그 후 이동하는 것이 좋다는 점괘를 얻어서 제국을 순시하는 길에, 아이들이 모래를 쌓으며 놀고 있었는데, "그게 무어냐?"고 물으니, "모래사자, 언덕구자 '사구'입니다"라고 대답했다. 또 다른 곳을 가니, 아이들이 모래를 평평하게 해놓고 뒹굴고 있었는데, "그게 무어냐?"고 물으니, "평할 평자, 집 대자 '평대'입니다"라고 하였는데, 결국 진시황이 거기서 병을 얻어 죽었다고 한다.16

4) 서적의 복원작업

진시황이 죽은 후 3년이 채 안 되어 진나라가 망하고, 한漢나라가 들어서게 되었다. 그러나 진시황이 포고한 "책을 갖고 다니거나, 두 사람 이상이 번화한 거리에서 『시경』 또는 『서경』 등을 논하는 자는 사형에 처한다."는 법조문은 남아 있었다. 2대 황제인 혜제 때에 이르러서야 "책을 갖고 다니면 안 된다."는 법이 사라짐으로써, 숨어있던 선비들이 나와서 외어 적고, 또 벽 속에 감춰있는 글을 찾아내고 하여 다시 책을 만들었다.17

---

16 사구평대沙丘平臺는 실제로 지금의 하북성河北省 광종현廣宗縣 서북쪽에 있는 작은 고을의 지명이기도 하다.

17 한나라가 건국한지 15년 뒤인 혜제惠帝(B.C.191년) 때 이르러 '협서금법挾書禁法(책을 끼고 다니는 것을 금하는 법)'이 풀리고, 이로부터 50년이 지난 무제武帝(B.C.140년) 때에 이르러 동

이 때 어렵고 번잡한 전서篆書 대신에, 당시로는 획기적일 만큼 쉽게 읽고 쓸 수 있는 예서隸書로 책을 복원했으므로 문자가 널리 퍼지게 되었다.[18] '한문漢文'이라는 말의 유래도, 한나라 때에 한자가 나왔다는 뜻이 아니라, 한나라 때 책이 복원되고 문자가 다시 흥했다는 뜻이다.[19]

5) 삼성일심三聖一心으로 만든 동양최고의 철학서

공자께서 『주역』에 10익을 보탬으로써 『주역』이 완성되게 되었다. 앞서 말했듯이 다른 글은 '성경현전聖經賢傳'이라고 해서, 성인이 쓴 것은 '경經'이라 하고, 현인이 쓴 것은 '전傳'이라고 하는데, 『주역』만은 공자께서 쓴 10익일지라도 '전'이라고 한다.

또 『주역』이 이루어지는데 복희씨 때의 상고上古, 문왕과 주공의 중고中古, 그리고 공자의 하고下古의 삼고三古를 지냈다(시력삼고時歷三古)는 말도 한다. 그래서 '인경삼성人經三聖'이라 하여 복희씨, 문왕 및 주공, 그리고 공자의 세 분 성인[20]을 거쳐 『주역』이 이루어졌다고 하는 것이다.

즉 복희씨가 괘를 그린 마음이나, 문왕·주공이 괘사·효사를 지은 마음, 그리고 공자께서 10익을 찬술하여 완성한 마음이 하나라는 것이다. 이것은 이치는 하나이고, 그 이치를 보는 성인들의 관점도 하나로 같기 때문이다. 다만 시대에 따라 그 당시에 맞게 『주역』을 설명했을 뿐인 것이다.

중서의 현량책賢良策을 받아들여 공자를 높이고 유교를 국교로 삼는 정책이 펴졌다.

18 공자께서 벽속에 감추어 놓은 책들도 모두 과두문자蝌蚪文字라고 하는 전서체篆書體의 어려운 글자였으므로, 이를 예서체로 옮기는 작업이 이루어졌다.

19 또 다른 설에는 한문이 우리 동이족東夷族의 글이라고 한다. 즉 동이족인 은殷나라가 중원 땅에서 번성할 때, 고한글(가림토)과 병용해 사용했던 문자라는 설이다. 이 사실은 은허殷墟에서 발견된 갑골문에 대한 새로운 연구가 진행되면서 밝혀지고 있다.

20 문왕과 주공은 부자父子간으로, 같은 시대의 사람이므로 한 사람으로 친다.

4. 공자 이후의 역 개괄

> 공자 이후에 분서갱유라는 큰 사건을 겪고, 또 공자시대에 썼던 문자가 읽고 쓰기에 어려웠던 이유로, 새로 개발된 문자로 쉽게 고치는 과정에서 사이비 책이 성행하게 되었다. 그러나 이러한 일련의 사건은, 오히려 주역을 보다 널리 응용하고 다방면으로 깊이 연구하게 하는 기폭제가 되었다.

1) 위서僞書의 범람

분서갱유이후에 서적이 복원되는 과정에서, 과거 유명했던 사람의 이름을 빌어 자신의 사상을 발표하고, 유명했던 서적의 일부만을 얻어 마음대로 늘이고 줄여서 본래의 책인양 만들며, 이 책 저 책을 짜집기하여 옛날의 유명했던 책 이름으로 제목을 다는 등, 조작된 책이 범람하게 되었다. 이를 거짓된 책이라 하여 '위서僞書'라고 한다.

『주역』도 예외가 아니어서, 공자의 10익 중에 「계사전繫辭傳, 설괘전說卦傳, 서괘전序卦傳, 잡괘전雜卦傳」 등이 공자가 지은 글이 아니라는 시비에 휘말리게 되었다. 그러나 많은 위서의 시비에 휘말리면서도, 수많은 사람의 학구열과 저술에 힘입어 다방면으로 역을 해석하는 계기가 되었고, 특히 상수역의 발달을 가져왔다.[21]

---

[21] 맹희孟喜의 감(☵)·리(☲)·진(☳)·태(☱)괘의 24절기 주관설, 태(䷊ 정월) 대장(䷡ 2월) 쾌(䷪ 3월) 건(䷀ 4월) 구(䷫ 5월) 돈(䷠ 6월) 비(䷋ 7월) 관(䷓ 8월) 박(䷖ 9월) 곤(䷁ 10월) 복(䷗ 11월) 임(䷒ 12월)의 12달 주관설, 또 하루를 80분으로 계산하여 4정괘를 뺀 60괘가 각기 6일 7분씩 주관한다는 설 등은 괘기설卦氣說의 시발이 되었다. 맹희를 필두로 초연수焦延壽의 『초씨역림焦氏易林』, 경방京房의 납갑과 오행을 활용한 화주림법火珠林法, 비직費直의 주역분야설周易分野說, 경방의 효진설爻辰說(간지납갑법)을 새로이 고친 정현鄭玄 등이 주역을 활용하여 세상의 일을 예견하는 법을 만들었다.
후로는 순상荀爽의 음양효 승강설을 시작으로, 우번虞翻의 괘변설이 나옴으로써 역의 갈래를 더욱 세분시켰으며, 위백양魏伯陽은 효상爻象으로 단丹을 기르는 뜻을 해석하는 독특한

2) 정자와 주자의 역

한나라 시대에 의리역과 상수역으로 나뉘어 발전해온 역이, 송宋나라 때는 더욱 체계적으로 발전해 갔다. 그 중에서도 정자程子는 주역을 의리적으로 해석한 결정판이라고 할 수 있는 『이천역전伊川易傳』을 완성했고, 주자朱子는 주역을 점풀이쪽으로 간결명료하게 해석하여 『역본의易本義』를 지었다.

여기서 특기할 점은 성리학을 완성하는 등 평소 도덕을 강조했던 주자가, 주역을 점풀이 쪽으로 해석하고는, "공자孔子가 주역의 본뜻과는 달리 도덕쪽으로 해석한 것을 문왕文王의 본래 취지에 맞게 풀이를 했다."고 자부했다는 점이다. 그러면서도 한편으로는 정자의 학문을 높이 평가한 나머지 『이천역전』을 이어서 주역을 풀이하였다. 즉 정자가 먼저 도덕적으로 풀이해 놓은 주석(이천역전)과 중복되지 않기 위해서, 『이천역전』에서 빠졌거나 없는 해석, 특히 점쪽을 강조해서 주석을 달았다고 한 것이다.[22]

『이천역전』과 『역본의』는 그 후 『주역』을 배우는 후학들의 필독서가 될만큼 영향을 미쳤고, 명明나라 때 영락제永樂帝에 의해 『주역대전周易大全』으로 칙찬된 이래로 『주역전의대전周易傳義大全』이라고 불리게 되었다.[23]

이론을 개발했다.

22 이렇게 보는 이유는 『이천역전』에 자세히 풀어 놓은 것은, "『정전』에 다 풀어 놓았다(정전비의程傳備矣)"라고 주석만 하고, 주자의 의견을 따로 달아놓지 않은 곳이 많기 때문이다.

23 대유학당에서 『주역전의대전역해(周易傳義大全譯解)』上下로 완역되어 출간하였다. 주역 해석의 양대 산맥이라 할 수 있는 정자의 정전程傳과 주자의 본의本義를 국내 최초로 완역한 책으로, "이 책을 읽어야 주역을 안다고 할 수 있을 것이다"라고 할 정도로 주역 연구의 최고 필독서이다.

3) 주역은 모든 학문의 모체가 됨

고대의 천문天文 및 역법曆法·지리地理·음률音律·서화書畵·병법兵法·의학醫學·수학數學 등 모든 학문에, 주역 사상의 근간이 되는 음양소장이론과 오행상생상극이론이 학문의 영역을 넓히고 깊게 하는데 바탕이 되었다.

북극성이 있는 자미원紫微垣을 중심으로 네 방위를 28수가 각기 맡아 다스리며, 이를 7정七政(日月 및 목화토금수)이 순환하며 감시한다는 개념과 12분야설分野說, 360주천도수와 그에 따른 절기 등이 천문·지리 및 역법에 응용된 예이다. 12율려律呂의 상생법, 영자팔법도永字八法圖 등은 율려와 서화에 응용된 예이며, 음양론을 비롯한 사상의학, 경락설, 삼원三元에 따른 오운육기설, 약재를 수부水部와 화부火部로 나누는 등의 개념이 의학에 응용된 예이다.

풍후風后의 악기握奇, 제갈량諸葛亮의 팔괘진八卦陣, 이정李靖의 고허조점孤虛鳥占 등이 주역 및 간지의 원리를 이용하여 병법에 응용된 예고, 무술에 있어 태극권·팔괘권, 건축에 있어서 중국의 紫禁城을 비롯한 우리나라 역대 왕조의 궁궐 및 사대부의 집, 심지어는 탑이나 정자에 이르기까지 음양의 이론과 팔괘의 개념이 들어있다. 또 대연수大衍數의 개념에서 나오는 직각삼각형의 빗변을 아는 방법과 원주율의 계산법, 음양의 논리에서 나오는 2진법의 개념 등이 수학에 응용된 예이다.

이러한 이론은 근대에 이르러 라이프니쯔 등에 영향을 주어 전자계산기와 생물유전자 번호를 64개로 개념 짓는데 일조를 했으며, 아인슈타인과 보어에 영향을 주어 양자역학量子力學과 상대성이론 및 우주의 팽창이론에 개념을 부여했으며, 현대에 이르러 소립자素粒子 이론을 완성하는데 큰 몫을 하게 된다.

이외에도 주역이 인간사회철학의 바탕이 된 부분과, 미래를 예견하게 하는 우주론적이며 자연과학적인 측면과 점서적인 측면 등 다방면에서 응용되고 있다.

4) 주역과 우리나라의 역

한자漢字뿐만 아니라 주역도 우리나라에서 만들었다는 설이 있다. 『한단고기』를 보면 "태우의太虞儀 환웅桓熊에게 12명의 아들이 있었는데, 맏아들은 대를 이어 다의발 환웅이 되었다. 막내는 태호太皥 또는 복희伏羲라고도 하는데 총명했다. 복희는 삼신산에 가서 제사 지낸 후 천하天河에서 괘도卦圖를 얻었는데, 셋은 끊어지고(三絶) 셋은 이어져서(三連) 위치를 바꾸며 추리하면, 그 오묘함이 삼극三極을 포함하였으며 변화가 무궁하였다. 복희는 뒤에 청구낙랑을 거쳐 진陳으로 옮겨 서쪽 땅에서 이름을 빛냈다. 성을 풍風으로 하였다"라고 했다.

또 공자가 "나는 은나라의 후예"라고 하였는데, 이 말은 동이족 출신이라는 것이고, 우리나라 민족이라고 주장한 것이다. 그러므로 주역을 만든 세 분 성인 중에서 두 분이 우리나라 사람인 것이다.

또 윷놀이를 바탕으로 한 윷점을 환역桓易이라고 하는데, 복희씨가 팔괘를 만드는 모체가 되었다고 한다.24 캐나다의 인디언부족의 생활용품 박물관에서도 윷가락이 발견되었다고 하니, 그 오래된 역사성을 짐작할 수 있다. 이러한 주장들에 대해서 근거자료는 소실되었다하나, 과거 우리나라의 전란으로 인한 자료의 손실과 일정 때 우리나라의 역사를 왜곡했던 사실을 생각하면 무조건적인 배척을 할 수 없는 일이다.

또 우리나라에서는 일생이법으로 이루어진 『주역』외에도, 일생삼법一生三法의 역이 존재했었다고 한다. 우리나라 최고의 경전인 『천부경天符經』이

---

24 윷점 : 해가 바뀌는 설날이 되면 윷으로 새해의 길흉을 점치는 풍속이 『동국세시기』의 「제석除夕」조와 『경도잡지京都雜志』 등에 기록되어 있다. 한자로 네 글자씩 된 64괘의 요사繇辭가 있으며, 윷점은 세 번 던져서 한 괘를 얻는 방법으로 한다.
예를 들어 첫 번째 도, 두 번째도 도, 세 번째는 걸이 나왔다면 "어두운 밤에 촛불을 얻는다(혼야득촉昏夜得燭)"이고, 첫번째가 도, 두번째는 윷, 세번째는 개가 나왔다면 "죽은 자가 다시 살아난다(사자부생死者復生)"의 요사가 나온다. 이밖에도 윷의 아류인 영기의 요사를 기록한 영기경靈棋經도 이를 뒷받침한다.

일생삼법에 의해 이루어졌고, 삼태극三太極은 우리나라에서만 쓰는 무늬이고, 중국에서도 주역 외에 일생삼법一生三法을 바탕으로 한 『태현경太玄經』,[25] 『동극동극洞極』[26] 등의 역易이 존재한다는 사실이 이러한 것을 뒷받침한다.[27]

　현재 학계에서 인정하는 우리나라의 주역에 대한 기록을 보면, 『삼국사기』에 "신라의 국학國學에서 주역을 강의하였다"고 하였으며, 『고려사高麗史』에도 "김부식으로 하여금 『주역』 건乾괘를 강의하도록 하였다."라는 기록이 있다.
　이외에도 고려 때 우탁禹倬이라는 분이 중국에 사신으로 가서 어느 대신의 집에 머물 때에, 그 대신에게 "이 나라에서 가장 귀중하게 여기는 것이 무엇입니까?"라고 묻자, 대신은 주역책을 내놓으면서 "바로 이것이 우리나라의 큰 보배입니다"라고 하였다. 내용을 한 번 보자 하니까, 베껴가지는 못한다고 하면서 보여 주었는데, 우탁 선생은 그 자리에서 한 번 보고 그것을 다 외웠다고 한다.
　우탁이 귀국할 때 중국조정에서 동쪽으로 서기瑞氣가 뻗치는 것을 보고는, "누가 왔다 가는 사람이 없느냐?"라고 물으니, "고려 사신 우탁이 왔다 갑니다."라고 하므로, 잡아들여 놓고는 "너 뭐 가지고 가는 것이 없느냐?"라고 물으니, "가져가는 것은 없고, 단지 『주역』만을 외워 갑니다."하여 외워보라 하니, 줄줄 외는 것을 보고는 무릎을 치며 "吾易東(우리 역이 동으로 가는구나)"

---

[25] 태현경太玄經 : 전한의 학자이자, 신나라의 정치가인 양웅揚雄(B.C.53~A.D.18)이 지었다. 1현玄을 3개의 방방으로 나누고, 이를 다시 3주州로 나누었으며, 주를 3부部로 나누고, 각 부를 3가家로 나누어 모두 81가家를 만든 후, 이를 오행에 배합시켜서 점을 풀었다.

[26] 동극洞極 : 후위後魏의 학자인 관랑關朗(字는 子明)이 지었다. 천지가 개벽한 후 만물이 생장소멸하는 것을 천지인天地人으로 나누고, 이를 다시 각각 9단계로 나누어 설명한 후, 이 27단계를 셋씩으로 나눈 81단계로 세상의 이치를 풀었다.

[27] 현대물리학에서도 음(전자)과 양(양자)이 중심이 되는 이론에서, 중성자의 역할이 강조되는 이론으로 가고 있으며, 소립자의 세계에서도 셋을 기본으로 해서 물질을 이루는 것을 볼 때, 일생삼법의 역이 중시되는 때가 오지 않았나 생각한다.

이라고 탄식했다고 한다. 그 후로 우탁 선생을 성씨인 '우'자를 붙여서 '우역동禹易東'이라고 했다는 말이 전한다. 우탁에 의해 성리학性理學으로서의 주역이 처음 전래되었다는 설이다.

그 후에 이퇴계·이율곡·이토정 선생 같은 분이 주역을 많이 연구했고, 후에 최수운·강증산·김일부 같은 분은 후천이 오는 것을 알아 종교를 이루기도 했으며, 이야산·최동주·김대산 선생의 역이 일가를 이루어 지금까지 맥을 잇고 있다.

제 2부 소성괘와 대성괘

2부 소성괘와 대성괘

1장 소성괘
1. 태극   60
2. 팔괘   63
3. 선천팔괘 방위도   72
4. 후천팔괘 방위도   75
5. 팔괘의 요약   78

2장 대성괘大成卦(64괘)
1. 방도·직도·원도   98
2. 서괘 18절도   103
3. 대성괘 읽는 법   107
4. 효의 명칭   109

1장 | 소성괘(팔괘)

소성괘小成卦는 세 획으로 이루어진 괘, 즉 팔괘를 뜻한다. 괘의 가장 기본적인 형태로 대성괘를 이루는 기본단위가 된다. 소성괘부터 비로소 '괘卦'라는 명칭을 붙이게 되는데, 이는 우주의 기본단위인 삼재三才가 모여야 성정과 형체를 가지게 되기 때문이다.1 여기서는 괘가 이루어지는 과정을 먼저 설명한 뒤에, 괘의 성정 및 방위 등을 설명하고자 한다.

---

1 현대물리학에서도 만물을 구성하고 있는 가장 최소단위인 소립자는 모두 6개의 종류로 되어 있는데, 세 개씩 한 단위를 이루고 있다고 한다. 이 셋은 성질은 다르지만, 하나 또는 둘의 상태로 있지 못하고, 항상 셋씩 모여서 존재한다.
이러한 삼재사상은 가장 대표적 자연물인 하늘과 땅에 인간을 참여시킨 것으로, 인간의 위치를 천지와 같은 수준으로 끌어올려, 인본주의 사상의 모태가 되었고, 또 중국보다는 고대 우리 민족에게서 더욱 먼저 발달하고 선호한 사상이다.

1. 태극

> 태극은 음양이 분화되기 전의 상태를 말하며, 태극운동에 의해서 음양이 분화되기 시작하여 만물이 생겨나므로, 우주의 발생근원이 된다.

1) 태극의 뜻

우주만물이 생기기 이전의 공허하고 혼돈된 상태를 태극太極[2]이라고 한다. '클 태:太, 덩어리 극:極'이니 공간적으로는 '큰 덩어리'라는 뜻이다. 또 '처음 태, 끝 극'이라고도 하니, 시간적으로는 처음부터 끝까지란 뜻이다.

태극을 근본으로 해서 우주 만물이 나왔기 때문에, 태극은 모든 일의 시작이고, 으뜸이자 중심이 되며, 인격을 부여할 때는 만물을 다스리는 상제上帝로 보기도 한다. 또 첫머리로 시작한다는 뜻으로, 춘하추동의 사계절에서는 봄이, 동서남북의 사방에서는 동방이, 시작하고 끝난다는 뜻에서는 해가 뜨고 만물이 시작되는 간방艮方(동북방)이 태극이 되며, 그 간방은 바로 우리나라에 해당되기도 한다.[3]

주역에서는 우주의 운행을, 태극에서 만물이 분화되어 나와서 생장소멸의 단계를 거쳐 다시 태극으로 돌아가는 순환체계라고 본다.[4]

---

[2] 혹자는 혼돈에서 태극이 되기 전을 4가지 단계(太易, 太初, 太始, 太素)로 나누고, 태극은 음양이 분화하기 바로 전의 상태라고도 한다. 태극의 전단계를 통틀어 특별한 중심점이 없다는 뜻으로 무극無極이라고 한다. 무극은 끝이 없다는 뜻으로도 쓰인다.

[3] 다른 나라에 없는 태극기를 우리나라만이 갖고 있는 것도, 우리나라가 간방에 위치하며, 간방이 태극방위이기 때문이다. 다만 지금 태극기를 보면 동서(좌·우)로 나누지 않고 남북(상·하)으로 나누어져 있어, 마치 남북분단이라도 상징한 것 같이 되어 있다.

[4] 무극은 뜻 그대로 중심이 없어 머리와 꼬리를 잡을 수 없고, 한 획으로 둥글게 그려서 처음과 끝이 없는 공허한 태극의 모체이다. 즉 무극은 시작도 없고 끝도 없는 공허한 상으로 그 획이 하나이니 '무극이태극無極而太極'의 이치이며, 태극은 비록 한 획으로 그린 것이나

태극에서 음양이 나오기 때문에, 태극을 그릴 때 음양이 동서(좌양左陽, 우음右陰)로 양분되려는 모습으로 그린다. 또한 양은 중심으로부터 밖으로 발양發揚하려는 모습이고, 음은 밖으로부터 안으로 응축凝縮하려는 모습이다. 이것은 현대과학에서 말하는, 블랙홀(BLACK HOLE)로 응축하고 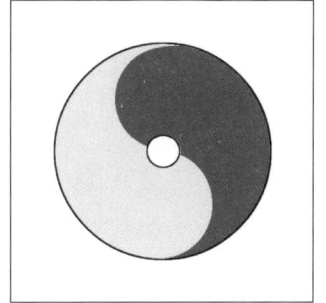 화이트홀(WHITE HOLE)을 통해서 밖으로 팽창하는 우주의 모습과도 흡사하다.5 하늘과 땅의 관점에서 보면, 맑고 가벼운 양은 밖으로 팽창하여 하늘이 되고, 흐리고 무거운 음은 안으로 뭉쳐 땅이 된다.

콩(太)을 발아시키면, 양쪽으로 떡잎이 나오고 속에는 핵이 들어있어 생명작용을 주관한다. 옆의 그림에서 보듯이 태극의 생명운동을 가장 잘 나타낸 것이 콩의 발아하는 모습이다. 태太자에서 'ㅡ'는 땅을, 좌측으로 기울어진 'ノ'는 양을, 그리고 우측으로 삐친 'ヽ'는 음을 나타낸다. 좌측의 'ノ'에 붙어

양 극점을 바탕으로 시작과 끝이 있어서 좌우의 두 밭으로 나누니 '태극생양의太極生兩儀'의 이치이다. 나아가 음양이 사귀어 그 가운데 하나의 씨눈(ヽ)을 낳음으로써 구체적 실체를 이루니, 이는 유극으로써 태극의 도를 이룬 것이다. 따라서 무에서 유로의 조화가 태극에 바탕하며, 삼극인 무극·태극·유극이 본래 하나인 것을 알 수 있다.

근대의 역학자 이야산李也山(1889~1958)선생은 황극皇極은 큰 중심(皇은 大, 極은 中을 이룸)으로서 유극有極과 같은 뜻이나, 황극이라고 하면 유극의 형이상적인 측면을 더 부각시켜 지칭한 것이라 하였다.

태극과 무극, 유극의 관계를 그림으로 표시하면 다음과 같다.

---

5 음과 양이 응축하고 발산하는 모습은 뒤에 나오는 태극하도의 모습에서 극명하게 드러난다. 태극의 그림에서 가운데 원을 유극(또는 황극)이라고 하는데, 태극 중에서도 중심으로 천체물리학에서 말하는 블랙홀 또는 화이트홀과도 연관 지을 수 있다.

있는 'ㆍ'는 태극의 핵이기 때문에 좌측의 양에 붙어 있게 된다.

　만물에 똑같이 태극의 생명이 부여되는 것은, 태극에서 만물이 나오기 때문이다. 태극에서 나와 태극으로 살다가 태극으로 돌아가는 것이 세상의 모든 만물이므로, 만물을 한 몸처럼 사랑하는 것이 자연에 순응하는 삶이 되고, 나아가서 자연의 일원으로서 역할을 다하는 것이다.

2) 태극과 음양

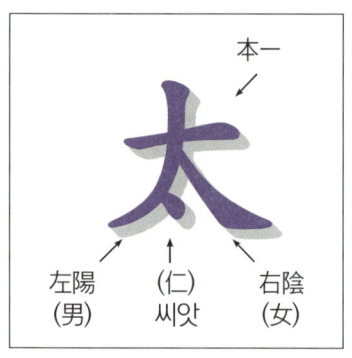

　곡식이나 열매가 씨앗이 되는 것은 씨눈이라는 태극 때문이고, 그 씨눈에는 반드시 음양이 붙어서 자란다. 태극의 씨가 양에 붙어 있다가 음과 사귀어 만물을 잉태하게 되는데, 이것이 하늘에서 태극의 기氣가 땅으로 내리고, 땅은 하늘의 기를 받아 만물을 내는 것으로, 태극에서 음양이 나오는 법칙이다. 태극에서 음과 양이 응축하고 발산하는 작용을 시작하여 둘로 나뉘게 된 모습을 양의라고 한다.6

　음양은 공간적으로 말하면 동시에 존재하지만, 그 성하고 쇠할 때가 있어서 분포를 달리한다. 한 번은 양의 기세가 성하여 많이 움직이고, 한 번은 음의 기세가 성하여 고요히 쉬게 된다. 하루로 말하면 한 번은 낮이 되어 만물이 움직이며, 한 번은 밤이 되어 만물을 쉬게 하는 셈이다.

　남자가 움직여 여자에게 장가를 가고, 벌·나비가 먼저 꽃을 찾아가듯이, 움직이는 양은 그쳐있는 음보다 먼저 하는 것처럼 보인다. 하지만 양의 움직임이 드러나서 먼저 보였을 뿐이지, 실은 음양이 동시에 발동한 것이다.

---

　6 세상의 모든 것은 태극에서 나왔기 때문에, 그 속에는 태극운동이 들어있다. 크게는 우주 전체가 그렇고, 은하계가 그러하며, 태풍운동이 그러하다. 작게는 소립자素粒子의 운동부터 전자·양자 등의 운동이 그러하다.

2. 팔괘八卦

1) 양효陽爻와 음효陰爻

> 양효(━)는 양의 개념을 표시하기 위한 부호이고, 음효(- -)는 음의 개념을 표시하기 위한 부호이다.

주역에서는 세상의 모든 일과 만물의 형상을 괘卦라고 하는 64개의 상징 부호를 통해서 표현했다. 문자가 만들어지기 이전에 생성된 부호이므로, 이 부호에는 많은 의미가 함축되어 있고, 64개의 부호로 모든 일을 표현하고 의미를 전달하도록 되어있는데, 그 기본적인 구성이 음효와 양효이다.

양효는 양을 표시하기 위한 부호이고, 음효는 음을 표시하기 위한 부호이다. 앞서 언급한 양의 개념을 표현하여 일직선으로 그은 것이 양효(━)이며, 중간을 비우고 두개의 선으로 표시한 것이 음효(- -)이다.

음효는 비어있는 공간으로 응축운동하는 것을 상징적으로 나타낸다. 그래서 평면상으로는 가운데가 함몰되어 끊어진 - -의 모습으로 그린다. 또 양효는 밖으로 끊임없이 발산운동하는 것을 상징한다. 그래서 평면상으로는 가운데가 이어진 ━의 모습으로 그린다.

━는 양효의 표시이다.
- -는 음효의 표시이다.

```
 ⁽¹⁾⁽¹⁾⁽¹⁾        ⁽¹⁾⁽¹⁾⁽¹⁾
   ━━            ━━━
   2(음)    :    3(양)
```

양효는 하나로 연결되어 있기 때문에 강하고 실하며, 음효는 끊어져 있기 때문에 약하고 허한 것을 상징한다. 양효와 음효의 길이의 비율은 3:2로 삼천양지參天兩地의 표현이다7. 일설에는 양효는 수컷의 성기를 나타내고, 음효는 암컷의 성기를 표현한 것이라고도 한다.

---

7 양은 모든 것을 다 포함하므로 원으로 상징하고, 음은 그 반만을 포함하므로 구체성을 갖춘 네모꼴(方)로 상징한다. 또 원은 그 비율에 있어서 직경이 1이라면 원의 둘레(원주)는 3이 조금 더 되고, 네모는 한 변이 1이라면 둘레는 4가 된다. 그런데 홀수는 한 방향으로 나가므로 1은 1이고, 3은 3이며, 5는 5로 그 수가 줄지 않으나, 짝수는 쌍방향으로 나가므로 2는 1이 되고, 4는 2가 되어 그 수가 반으로 준다. 따라서 하늘은 그대로 3으로 표시하고, 땅은 4의 반인 2로 상징하는 것이다.

원 : 둘레=3 1→① 3→③   방 : 둘레=4 2→① 4→②

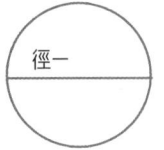
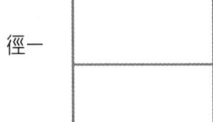

2) 팔괘八卦란 무엇인가

> 양효와 음효는 각기 세 효씩 모여서 한 개의 괘를 이루므로, 건(☰)·태(☱)·리(☲)·진(☳)·손(☴)·감(☵)·간(☶)·곤(☷) 등 8종류의 괘가 생긴다.

양효와 음효는 각기 세 효씩 모여서 한 개의 괘를 이루므로, 그 조합수가 8이 된다. 우주는 이 여덟 개의 기본요소로 구별하고 상징 지을 수 있다.

하나의 괘가 세 효로 이루어진 것은 천지인을 상징하는 것이기도 하다. 또 각 자리에 음효도 있고 양효도 있는 것은, 하늘과 땅과 사람에게도 음양이 존재한다는 것을 나타낸 것이다. 제일 위에 있는 효가 하늘을 상징하므로 위치적으로 제일 높고, 가운데 있는 효는 사람을 상징하며, 제일 아래 효는 땅을 상징하며 위치적으로도 제일 밑에 있다.

팔괘의 세 효를 공간적으로 구분할 때, 밑의 효부터 각기 아래·중간·위로 구분한다. 또 가운데를 안(속)으로 보고 아래와 위의 효를 밖으로 보기도 하고(☰와 ☷ 같이 거꾸로 뒤집어도 똑같은 괘가 되는 경우), 아래 효를 안으로 보고 위에 있는 효를 겉으로 보기도 한다('☳, ☵, ☶, ☴'와 같이 거꾸로 뒤집으면 다른 괘가 되는 경우).

천 ▬▬▬ → 상
인 ▬▬▬ → 중
지 ▬▬▬ → 하

그러나 괘의 효는 아래에서 위로 그려 올라가는 것이므로, 시간적으로 따지면 아래 효가 제일 먼저이고, 가운데 효가 그 다음이며, 제일 위의 효가 가장 늦은 것이 된다.[8]

이렇게 해서 그려진 괘의 조합수는 모두 8이기 때문에 팔괘八卦라 부르며, 작게 이루었다는 뜻에서 소성괘小成卦라고도 하여, 여섯 획으로 이루어진 대성괘(64괘)와 구분한다.

---

[8] 팔괘의 효를 시간적으로 구분한 개념이다. 나무가 뿌리에서부터 위로 자라듯이, 괘의 효도 아래에서부터 위로 그려나가는 것이다.

3) 팔괘의 생성순서

> 팔괘는 일생이법[9]에 의해 생겨난다. 팔괘가 생성되는 순서에 따라 일건천一乾天·이태택二兌澤·삼리화三離火·사진뢰四震雷·오손풍五巽風·육감수六坎水·칠간산七艮山·팔곤지八坤地 등 1·2·3·4·5·6·7·8의 번호를 붙인다.

(1) 태극에서 양의兩儀로 분화됨

아직 음과 양이 분화되기 이전의 상태인 태극에서, 양과 음으로 분화된 것을 음의 모습(음의陰儀 ▬ ▬)과 양의 모습(양의陽儀 ▬)의 두 모습이 있다하여 '두 양'자를 써서 양의兩儀라고 한다. 이때에는 두 개의 기운, 즉 음의 기운과 양의 기운만 있다고 생각하면 된다. 태극에서 음의 기운과 양의 기운이 작용하여 드러난 것이다. 태극에서 양의가 나오는 모습을 아래와 같은 그림으로 표시할 수 있다.

아래와 같이 직사각형으로 그려진 그림을 직도直圖라고 하고, 원으로 그려진 그림을 원도圓圖라고 하며, 정사각형으로 그려진 그림을 방도方圖라고 한다.

▬ ▬	▬	부호
음	양	양의
태극		태극

① 위의 그림은 「▬ ▬ ▬」라는 부호로 요약된다. 위의 도면에서 칠한 부분은 음을 나타내고, 흰색은 양을 나타낸다. 태극은 씨알에 해당하고 음과 양으로

---

9 일생이법一生二法 : 하나에서 둘이 생겨 나오는 방법이다. 태극에서 양의가 나오고, 양의에서 사상이 나오며, 사상에서 팔괘가 나오고, 팔괘에서 16괘, 32괘, 64괘로 점차 분화되어 생겨나오는 방법이다. 여기서 16괘(4획괘)·32괘(5획괘)는 완전한 괘가 아니고, 생겨나오는 과정을 말하기 위한 것이므로 정해진 이름이 없다. 다만 주자朱子는 "16괘는 팔괘의 양의이고, 32괘는 팔괘의 사상에 해당한다."고 하였다.

도 분화된 상태가 아니므로, 음 또는 양의 부호로 표시할 수 없다. 이 과정을 그림으로 나타내면 아래와 같다.

② 태극을 원이라고 할 때, 아래 그림과 같이 음양의 기운이 작동을 시작하면 원이 둘로 나뉘게 된다. 물론 가운데의 작은 원은 씨알로 남아있는 태극을 나타내고, 왼쪽의 흰 반원은 양을, 오른쪽의 검은 반원은 음을 표시한다.

③ ①의 직사각형 평면도나 ②의 원모습의 평면도는 우주가 구(球)의 형태인 것을 알기 쉽게 평면화한 것이다. 앞으로의 사상·팔괘 등의 설명에서도 마찬가지이다.

(2) 양의에서 사상으로 분화됨

음과 양으로 분화된 뒤에 또 나뉘게 되는데, 양의 모습(━)에서 음과 양이 분화되고, 음의 모습(- -)에서 음과 양이 분화된다. 이를 네 개의 형상이 되었다고 하여 사상四象이라고 한다.

양의 모습에서 또 양으로 분화된 것을 순수한 양의 형상이라고 해서 태양太陽(⚌)이라 하고, 양의 모습에서 음으로 분화된 것을 속성질은 양이지만 겉모습은 음이라고 하여(아래 효는 양이고, 위의 효는 음이다) 소음小陰(⚎)이라고 하며, 음의 모습에서 양으로 분화된 것을 속성질은 음이지만 겉모습은 양이라고 하여(아래 효는 음이고, 위의 효는 양이다) 소양小陽(⚍)이라 하고, 음의 모습에서 또 음으로 분화된 것을 순수한 음의 형상이라고 하여 태

음太陰(☷)이라고 한다.10

☷	☳	☵	☰	부호
태음	소양	소음	태양	사상
음		양		양의
태극				태극

① 위의 도면에서 양의를 아래획으로 사상을 위의 획으로 삼으면(흰색은 양이고 검은 색은 음이다. 양은 ━로 표시하고 음은 ╍로 표시한다), 태양은 ☰의 상이 되고, 소음은 ☵의 상이 되며, 소양은 ☳의 상이 되고, 태음은 ☷의 상이 된다. 이 과정을 그림으로 나타내면 아래와 같다.

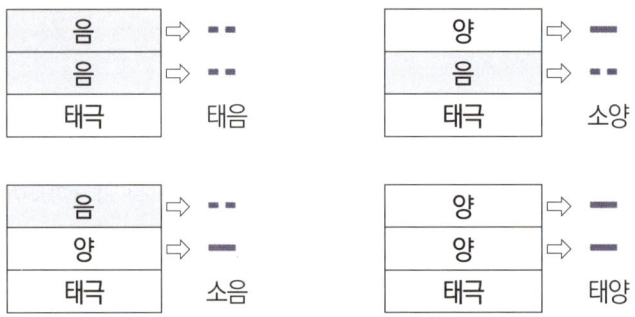

② 위의 내용을 원으로 나타내면 아래 그림과 같다. 제일 안쪽의 원이 태극이고, 안에서 두 번째 원이 양의兩儀이며, 제일 바깥쪽의 원이 사상四象을 나타낸다.

중간의 왼쪽 반원에서 음과 양이 분화된 것이, 태양과 소음이다. 중간의 오른쪽 반원에서 음과 양이 분화된 것이 소양과 태음이다.

---

10 사상을 크고 작다는 것을 강조하여 위와 같이 태양·소음·소양·태음으로 나누지만, 변화의 측면을 강조하여 늙고 젊었다는 뜻으로 노양老陽·소음少陰·소양少陽·노음老陰으로 나누기도 한다.

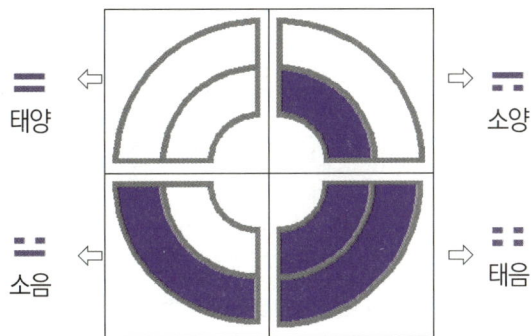

원도에서 부호(양의·사상·팔괘·64괘 등)를 표시할 때는, 항상 원의 중심 쪽이 아래 효가 되고, 바깥쪽이 위의 효가 된다.

(3) 사상에서 팔괘로 분화됨

사상에서 다시 음과 양이 분화된 것이 팔괘이며, 그 형상은 오른쪽부터 건(☰)·태(☱)·리(☲)·진(☳)·손(☴)·감(☵)·간(☶)·곤(☷)이 된다.

그래서 숫자 붙이기를 건은 1, 태는 2, 리는 3, 진은 4, 손은 5, 감은 6, 간은 7, 곤은 8이라고 하는 것이다.

8	7	6	5	4	3	2	1	숫자
☷	☶	☵	☴	☳	☲	☱	☰	부호
곤	간	감	손	진	리	태	건	팔괘
태음		소양		소음		태양		사상
음				양				양의
태극								태극

이 과정을 나누어 보면 아래 그림과 같다.

양	⇨	―		음	⇨	--		양	⇨	―		음	⇨	--
양	⇨	―		양	⇨	―		음	⇨	--		음	⇨	--
양	⇨	―		양	⇨	―		양	⇨	―		양	⇨	―
태극		건		태극		태		태극		리		태극		진

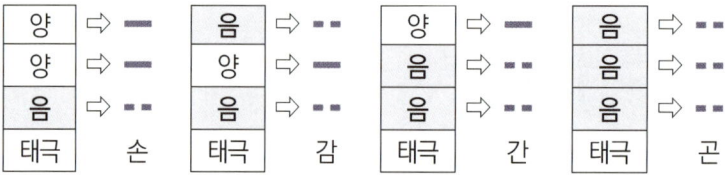

위의 내용을 원으로 나타낸 것이 아래그림이다. 제일 안쪽의 원부터 세 번째 원까지는 앞서 사상에서 설명한 것과 같다. 제일 바깥원은 그림에서 보듯이 사상에서 각기 음과 양이 분화되어 8등분이 되어 있는데, 왼쪽의 제일 윗부분부터 시계가 가는 반대방향으로 건(☰)·태(☱)·리(☲)·진(☳)의 네 괘가 차례로 나오고, 오른쪽의 윗부분부터 시계가 가는 방향으로 손(☴)·감(☵)·간(☶)·곤(☷)의 네 괘가 나온다.

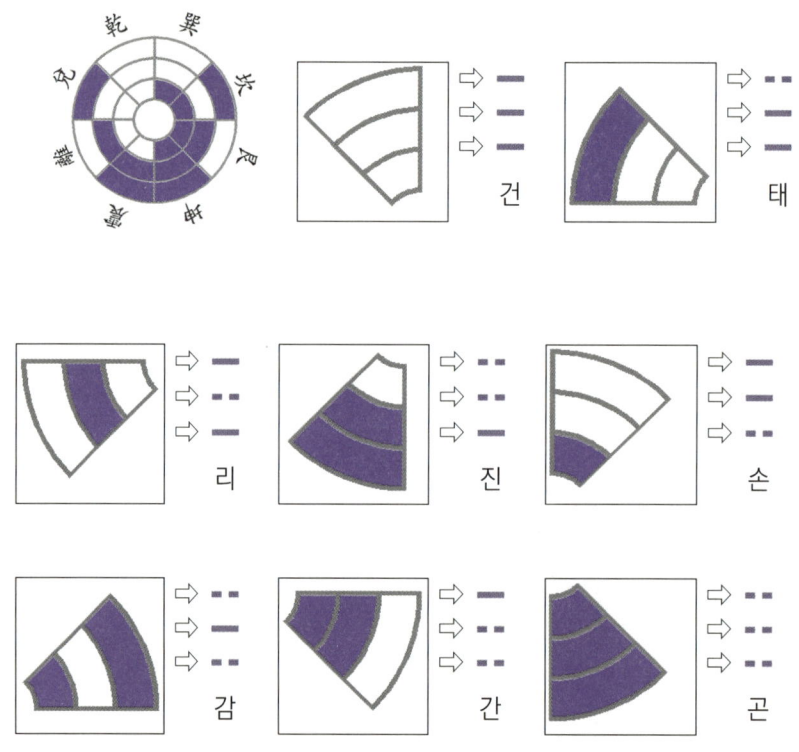

직도에서는 건·태·리·진·손·감·간·곤의 여덟 괘가 차례대로 한 방향으로 나오는데, 원도에서는 건·태·리·진의 네 괘와 손·감·간·곤의 네 괘가 방향이 다른 것은 태극운동으로 인해 방향이 휘어서 그렇다.11 물론 이렇게 휜 것

은 양의兩儀일 때도 그렇고, 사상四象일 때도 그렇다. 또 원도를 그릴 때 태극처럼 휘어서 그리지 않고 직선으로 나눈 것은 이해의 편의를 위해서이다.

❖ 아래 도표에 요약된 팔괘의 이름과 형상 및 수는 주역을 공부하기 위해서는 꼭 외워두어야 한다.

건(☰)	태(☱)	리(☲)	진(☳)	손(☴)	감(☵)	간(☶)	곤(☷)
1	2	3	4	5	6	7	8

---

11 7부의 태극하도편 참조.

3. 선천팔괘방위도先天八卦方位圖

> 선천팔괘방위도는 천도가 태극을 그리며 운행하는 것을 그대로 본받은 것으로, 앞의 원도에서 보듯이 팔괘의 생성순서대로 태극이 도는 방향(∽)을 따라서 배열되었다. 복희씨가 그렸다 해서 복희팔괘방위도라고도 한다.

복희씨가 하도를 본받아 팔괘를 배치한 것이 선천팔괘방위도이다. 천도天道의 운행을 그대로 본받았다고 해서 '선천'자를 넣어 선천팔괘방위도先天八卦方位圖라고도 한다. 팔괘의 순서는 「복희팔괘 차서도(직도)」와 같이 건·태·리·진의 4괘를 왼쪽 위에서부터 아래로 순서대로 놓고, 손·감·간·곤의 4괘를 오른쪽 위로부터 아래로 놓았다.

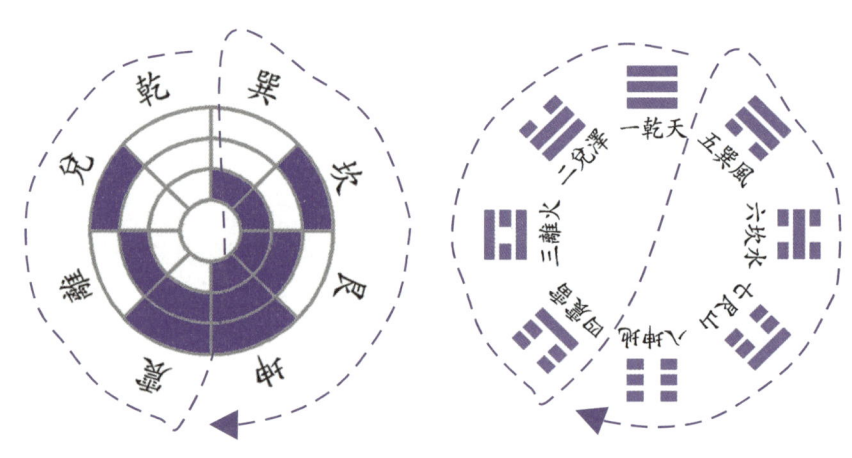

1) 선천괘방위도의 특징

복희팔괘차서도를 태극의 방향(∽)으로 돌려 방위에 배열한 것이 「선천팔괘 방위도」이다. 진(☳) 리(☲) 태(☱) 건(☰)의 네 괘는 양이 점차 성장하는 과정이고, 손(☴) 감(☵) 간(☶) 곤(☷)의 네 괘는 음이 점차 성장하는 과정이다. 즉 건·태·리·진은 초효가 모두 양이므로 양을 근본으로 하고(陽儀에서 분화된 괘임), 손·감·간·곤은 초효가 모두 음이므로 음을 근본으로 한다(陰儀에서 분화된 괘임).

선천팔괘방위도의 배열상의 특징을 보면 정방위에 부도전괘12를 놓고, 나머지 사잇방에 도전괘13를 놓았다. 또 마주보는 괘끼리 배합관계를 이루고 있으며(건과 곤, 태와 간, 리와 감, 진과 손), 그 수의 합 및 획의 합이 각기 9로 모두 합하면 36이 된다.14

이를 도표화하면 다음과 같다.

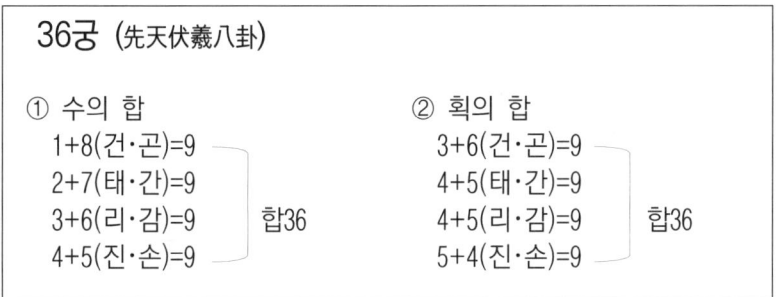

---

12 뒤집어 보아도 변하지 않는 괘 : 건(☰)·곤(☷)·감(☵)·리(☲)

13 뒤집어 보면 다른 괘가 되는 괘 : 진(☳)·간(☶)·손(☴)·태(☱)

14 이렇게 36이라는 수에서 출발하므로, 주역 전체를 뜻하는 64괘도 도전괘와 부도전괘라는 개념으로 보면 역시 36괘로 귀결된다. 이에 대해서는 뒤에 설명이 된다.

2) 선천팔괘방위도의 한 번 음하고 한 번 양함(一陰一陽之)

① 양의兩儀의 한 번 음하고 한 번 양함

선천팔괘방위도의 왼쪽 괘(건·태·리·진)는 모두 양에서 분화한 것이므로 초효가 양이고, 오른쪽 괘(손·감·간·곤)는 모두 음에서 분화한 것이므로 초효가 음이다. 초효는 양의兩儀를 상징하고, 양→ 음으로 진행하며 음양이 번갈아 놓인 형세이다.

② 사상四象의 한 번 음하고 한 번 양함

왼쪽 괘 중에 건(☰)과 태(☱)의 두 번째 효는 모두 양(─)이므로 노양(⚌)이고, 리(☲)와 진(☳)의 두 번째 효는 모두 음(--)이므로 소음(⚎)이다. 또 오른쪽 괘 중에 손(☴)과 감(☵)의 두 번째 효는 모두 양(─)이므로 소양(⚍)이고, 간(☶)과 곤(☷)의 두 번째는 모두 음(--)이므로 노음(⚏)이다.

그러므로 선천팔괘방위의 두 번째 효와 사상이, 노양→ 소음→ 소양→ 노음으로 진행하며, 한 번 양하고 한 번 음하는 형세를 나타낸다.

③ 팔괘의 한 번 음하고 한 번 양함

왼쪽 괘 중에 건(☰)의 세 번째 효는 양이고, 태(☱)의 세 번째 효는 음이며, 리(☲)의 세 번째 효는 양이고, 진(☳)의 세 번째 효는 음(兌)이다. 또 오른쪽 괘 중에 손(☴)의 세 번째 효는 양이고, 감(☵)의 세 번째 효는 음이며, 간(☶)의 세 번째 효는 양이고, 곤(☷)의 세 번째 효는 음(坤)이다.

그러므로 세 번째 효와 팔괘는 양(☰)→ 음(☱)→ 양(☲)→ 음(☳)→ 양(☴)→ 음(☵)→ 양(☶)→ 음(☷)으로 진행하며, 역시 한 번 양하고 한 번 음하는 형세를 나타낸다.

4. 후천팔괘後天八卦 방위도

1) 차서도次序圖

> 후천팔괘차서도는 아버지에 해당하는 건(☰)과 어머니에 해당하는 곤(☷)의 두 괘가 서로 교합하여 여섯 자녀가 나오는 순서를 설명한 것이다. 양괘의 차례는 진(☳장남)·감(☵중남)·간(☶소남)이며, 음괘의 차례는 손(☴장녀)·리(☲중녀)·태(☱소녀)이다.

곤모坤母				건부乾父			
태리손	☷				☰		간감진
	태 소녀	리 중녀	손 장녀	간 소남	감 중남	진 장남	
	☱	☲	☴	☶	☵	☳	
	☷의 상효를 얻음	☷의 중효를 얻음	☷의 초효를 얻음	☰의 상효를 얻음	☰의 중효를 얻음	☰의 초효를 얻음	

「건☰」과 「곤☷」이 사귀어 아들과 딸을 얻었다는 것은, 복희씨가 괘를 그을 때 이런 이치가 있었던 것이 아니고, 그리고 나서 보니 이런 상이 생겼다는 뜻이다. 이는 팔괘를 가족관계로 비유한 것이다.

2) 양괘陽卦

① **첫 번째 구해서 아들을 얻음(☳)** : 「곤☷」이 「건☰」의 초효를 얻어 「진☳」이 되었기 때문에, 「진」을 장남이라고 한다.[15]

② 두 번째 구해서 아들을 얻음(☵) : 「곤」이 「건」의 중효를 얻어 「감☵」이 되었기 때문에, 「감」을 중남이라고 한다.

③ 세 번째 구해서 아들을 얻음(☶) : 「곤」이 「건」의 상효를 얻어 「간☶」이 되었기 때문에, 「간」을 소남이라고 한다.

요약하면 양효가 처음 나온 괘가 장남(진☳)이고, 두 번째 나온 괘가 중남(감☵)이며, 세 번째 나온 괘가 소남(간☶)이다.

3) 음괘(陰卦)

① 첫 번째 구해서 딸을 얻음(☴) : 「건」이 「곤」의 초효를 얻어 「손☴」이 되었기 때문에, 「손」을 장녀라고 한다.

② 두 번째 구해서 딸을 얻음(☲) : 「건」이 「곤」의 중효를 얻어 「리☲」가 되었기 때문에, 「리」를 중녀라고 한다.

③ 세 번째 구하여 딸을 얻음(☱) : 「건」이 「곤」의 상효를 얻어 「태☱」가 되었기 때문에, 「태」를 소녀라고 한다.

요약하면 음효가 처음 나온 괘가 장녀(손☴)이고, 두 번째 나온 괘가 중녀(리☲)이며, 세 번째 나온 괘가 소녀(태☱)이다.

---

15 「설괘전」 10장 참조.

4) 후천팔괘後天八卦 방위도方位圖

> 후천팔괘 방위도는 문왕이 만들었다 해서 문왕팔괘방위도라고도 하는데, 팔괘가 생기기는 선천팔괘방위도의 순서로 생겼지만, 생겨난 후로 자신이 좋아하고 활동하기 쉬운 곳으로 옮겨갔다고 해서 모든 작용은 후천팔괘방위에 나오는 방위와 시간을 적용한다. 후천팔괘방위도에 있는 각 괘의 순서는 낙서의 수(구궁수)에 기인한다.

선천팔괘 방위도가 음양이 발산하고 응축하는 과정을 담은 자연의 이법이라면, 후천팔괘방위도는 음양이 사귀어 서로 조화를 이루며 모이고 흩어지는 현실을 담은 것이다.

즉 후천팔괘방위는 인사적으로 볼 때 서와 남에 음괘인 손(장녀)·리(중녀)·곤(어머니)·태(소녀)가 있고, 북과 동에 양괘인 건(아버지)·감(중남)·간(소남)·진(장남)이 자리하고 있어, 음양이 마주해서 상대(대대對待)하며 사귐을 나타낸다.16

팔괘는 선천팔괘의 순서로 만들어졌지만, 그 운용은 각 괘가 운용하기에 유리한 방위와 시간을 쓴다. 이것은 마치 괘를 그릴 때 아래부터 그려나가지만, 실질적으로는 제일 위를 하늘, 중간을 사람, 아래를 땅으로 보는 것과 같은 이치이다. 팔괘의 후천방위는 괘를 활용하는데 있어서 매우 중요하다.

---

16 후천팔괘(문왕팔괘)의 차서는 선천팔괘(복희팔괘)와는 달리 낙서수(구궁수)에 따라 1감·2곤·3진·4손·5중·6건·7태·8간·9리로 숫자 매김을 한다. 이렇게 낙서의 구궁수로 괘의 자리를 삼는 것은, 후천은 상극하는 원리가 기본이 되는 까닭이다. 또한 선천팔괘의 중中에는 수와 괘위가 없는 허한 상이나, 후천팔괘의 중심에는 5(황극 또는 유극)가 자리하여 바깥의 팔괘를 두루 조화(종횡으로 더한 것의 합이 모두 15임)하는 주체로서의 면모를 보인다.

四	九	二
三	五	七
八	一	六

5. 팔괘의 요약

> 세상의 물상들이 움직이는 이유는 여러 가지가 있겠지만, 가장 큰 동인動因은 두 가지로 요약된다. 즉 모자란 것을 보완하기 위해, 그리고 잘하는 것을 더 잘해서 자랑하기 위해 움직인다. 이 두 가지 동인에 의해 팔괘의 성격이 정해지는 것이다.

팔괘는 음과 양이 결합하여 독립적인 성격과 형상을 갖춘 것을 여덟 가지로 부호화(팔괘)한 것이다. 팔괘는 각기 재질과 성격, 대표하는 사물 및 방향이 있다. 이러한 것은 음양의 분포에 따라 강약·방향·쓰임 등이 달라지기 때문이다.

1) ☰ : 건乾

괘의 순서	괘명	상징물
一	乾	天

괘명은 건이다. 일건천一乾天 또는 건삼련乾三連이라고 부른다.

'일건천'에서 '일'은 팔괘 중에서 첫 번째 나왔다는 뜻이고(수), '건'은 괘의 이름이며(리), '천'은 괘의 상징물이 하늘이 된다(상)는 뜻이다.[17]

또 '건삼련'은 괘의 형상을 설명한 것으로, '건'은 괘의 이름이며, '삼련'은 세 효가 모두 이어졌다(양효)는 뜻이다.[18] 세 효가 모두 양으로만 이루어졌으

---

[17] 동양철학은 상수리 일체의 원칙이 있다. 즉 모든 철학은 상(형상)으로도 설명되고, 리(이치)로도 설명되어야 하며, 수(숫자)로도 설명을 할 수 있어야 하는 것이다. 그래서 예로부터 "이럴 '수'가 있나 저럴 '수'가 있나?" 하고, "이럴 '리'가 있나 저럴 '리'가 있나?" 하며, "이런 '상'이 있나 저런 '상'이 있나?" 하는 말이 전하는 것이다.

[18] '乾'자를 파자하면 해(日)를 중심으로 오전과 오후의 천간(日자 위의 十과 아래의 十)이 순환반복하여 운행하며, 천도(日일)가 지도(乙을)와 인도(人인)를 통솔하는 상이다. 즉 천

므로, 지극히 굳세고 밝으며 건조乾燥하며 앞장서며, 명예를 우선으로 한다는 뜻을 대표적인 특성으로 삼는다.

모든 것에 우선하며 모든 것을 다스린다는 뜻에서, 만물 중에는 하늘이며, 인사적으로 볼 때는 아버지에 해당한다. 물상으로서는 신체의 중추인 머리(首)·건장한 말(馬)·나무 위에 매달린 큰 열매 등이 이에 속하고, 오행상으로는 단단한 금(陽金)이 된다. 방위로는 구석지고 추운 서북방으로, 쾌청하고 추운 날씨를 뜻한다. 시간은 술시 또는 해시이다.

2) ☱ : 태兌

괘의 순서	괘명	상징물
二	兌	澤

괘명은 태다. 이태택二兌澤 또는 태상절兌上絶이라고 부른다.

'이태택'에서 '이'는 팔괘 중에 두 번째 나왔다는 뜻이고(수), '태'는 괘의 이름이며(리), '택'은 괘의 상징물이 못(澤)이 된다(상)는 뜻이다.

또 '태상절'은 괘의 형상을 설명한 것으로 '태'는 괘의 이름이며, '상절'은 밑의 두 효는 이어지고(양효) 위의 효만 끊어졌다(음효)는 뜻이다.19

태(서방 태, 기뻐할 태)는 양효는 둘이고 음효가 하나이다. 음효가 부족하므로 음효 위주로 움직인다. 아래에 있어야 할 음효가 양효 위에 있으므로, 분수를 모르고 즐거워한다. 말하고 먹는 성향을 대표적인 성격으로 삼는다.

또 아래에는 양으로 막혀있고 위에는 부드러운 음이 있어, 땅 위에 모인 물(못)이 출렁이는 상이기도 하다. 인사적으로는 음이 제일 나중에 나온 것

지인 3재를 거느리고 다스리는 것이 하늘이므로 모든 괘의 부모가 되는 것이다.

19 '兌태'자를 파자해 보면 사람(儿)이 입(口)을 벌려서 말하고 웃으니 김이 난다(八)는 뜻이 된다(兌=八+口+儿). 그래서 '兌'자에 '言'을 붙이면 '說설(말하다)'이 되고, '心'을 붙이면 '悅열(마음이 기쁘다)'이 되며, '金'을 붙이면 '銳예(날카롭다)'가 된다. 그래서 '兌'자에 말하고, 기뻐하며, 훼절시키는 뜻이 있다.

이므로 소녀에 해당한다.

유약하기는 하지만 부드러움으로 강한 양을 서서히 침범하여 훼손시키고 무너뜨리는 성질이 있다. 좋을 때는 '말하고, 기뻐하고, 먹어서 즐겁다'는 뜻이 되고, 나쁠 때는 '구설수가 생기고, 훼손되며, 배탈난다'는 뜻이 된다. 절제를 하면 즐겁고 지나치면 어려워진다. 물상으로는 입(口)·양(羊) 등이 이에 속하고, 오행상으로는 연한 금(陰金)이 된다. 방위로는 서방이고, 시간으로는 유시이다.

3) ☲ : 리離

괘의 순서	괘명	상징물
三	離	火

괘명은 리다. 삼리화三離火 또는 이허중離虛中이라고 부른다.

'삼리화'에서 '삼'은 팔괘 중에서 세 번째 나왔다는 뜻이고(수), '리'는 괘의 이름이며(리), '화'는 괘의 상징물이 불이 된다(상)는 뜻이다.

'이허중'은 괘의 형상을 설명한 것으로 '리(이)'는 괘의 이름이며, '허중'은 가운데 효만 비었다(끊어졌다:음효)는 뜻이다.[20]

리(걸릴 리, 떠날 리)는 양효는 둘이고 음효가 하나이다. 음이 부족하므로 음효 위주로 움직인다. 음을 가운데 두고 두 양이 밖에서 지켜주는 상이므로, 속(--)은 어둡지만 밖으로는 현명하며(—), 밖은 밝고(—) 안은 어두우므로(--) 불이 밖을 환하게 비추는 형태로, 현명하게 밖을 비춰주고, 지혜롭게 살피며, 단단하게 밖을 보호해주는 것을 대표적인 성격으로 삼는다.

해가 동에서 서로 떠난다는 뜻도 되지만, 해가 하늘에 걸려있다는 뜻도 되

---

[20] '離리'자를 파자해 보면 짐승 발자국(禽)과 하늘을 나는 새(隹)의 합성어로 되어있다(離=禽+隹). 짐승의 발자국이 흩어져 있는 상으로, 새(隹추)와 산짐승(禽금) 등이 떠돌다 그물에 걸림을 뜻한다. 해와 달이 하늘을 운행하는 것도 하늘에 걸려(붙어) 있는 것이고, 동시에 이쪽 하늘에서 저쪽 하늘로 떠나는 것이므로, '떠나다, 걸리다' 등의 뜻으로 쓰인다.

므로 '걸릴 리' 또는 '떠날 리'라고 한다. 인사적으로는 음이 두 번째로 나온 것이므로 중녀中女에 해당한다. 밝은 해, 등불, 또는 껍질이 단단하나(ー) 속은 연약한(--) 거북, 조개 등이 이에 속한다. 오행상으로는 괘상 그대로 화火에 속한다. 해가 나서 맑은 날씨이며, 번쩍거리는 번개에 해당한다. 방위로는 남방이고, 시간은 오시이다.

4) ☳ : 진震

괘의 순서	괘명	상징물
四	震	雷

괘명은 진이다. 사진뢰四震雷 또는 진하련震下連이라고 부른다.

'사진뢰'에서 '사'는 팔괘 중에서 네 번째 나왔다(수)는 뜻이고, '진'은 괘의 이름이며(리), '뢰'는 괘의 상징물이 우레가 된다(상)는 뜻이다.

'진하련'은 괘의 형상을 설명한 말이다. '진'은 괘의 이름이며, '하련'은 아래 효만 이어졌다(양효)는 뜻이다.[21]

震(우레 진, 움직일 진)은 양효는 하나이고 음효가 둘이다. 양이 부족하므로 양 위주로 움직인다. 두 음의 아래에 한 개의 양이 있으므로 밖을 향해 문이 열려있는 모습이고, 위에 있어야 할 양이 아래에 있으므로 반발하며 심하게 움직이는 성향을 대표적인 성격으로 삼는다. 따라서 우레 또는 지진이 진동하는 뜻이 있으며, 인사적으로는 양이 처음 나온 것이므로 장남에 해당한다.

또한 땅 속(☷)의 초목(ー)이 처음으로 싹터 나오는 상이다. 오행상으로는 밖으로 크게 성장하는 나무(양목陽木)에 속하며, 물상으로는 발(족足)·용(龍)·큰 길 등 움직이는 것, 또는 그 도구가 이에 해당한다. 방위로는 해뜨는 동방이고, 시간으로는 묘시에 해당한다.

---

21 '震진'을 파자해 보면 비오는 가운데(雨) 용(辰=龍)이 조화를 부린다는 뜻이 있다(震=雨+辰). 그래서 우레치고 움직인다는 뜻의 괘명이 되었다.

5) ☴ : 손巽

괘의 순서	괘명	상징물
五	巽	風

괘명은 손이다. 오손풍五巽風 또는 손하절巽下絶이라고 부른다.

'오손풍'에서 '오'는 팔괘 중에서 다섯 번째 나왔다(수)는 뜻이고, '손'은 괘의 이름이며(리), '풍'은 괘의 상징물이 바람이 된다(상)는 뜻이다.

'손하절'은 괘의 형상을 설명한 것으로 '손'은 괘의 이름이며, '하절'은 아래 효만 끊어졌다(음효)는 뜻이다.22

巽(공손할 손)은 양효는 둘이고 음효가 하나이다. 음이 부족하므로 음 위주로 움직인다. 다만 유약한 음이 두 양의 아래에 엎드려 숨어 있는 상이므로, 공손하고 겸양하여 자신을 낮추는 뜻을 대표적인 성격으로 삼는다.

아래가 음으로 허하므로 부드러운 바람이 안으로 들어오는 상이다. 인사적으로는 음이 처음 나온 것이므로 장녀이다.

노끈(끈은 덩쿨 등 陰木으로 만든다)·닭(닭은 안으로 파고드는 성질이 있다) 등 주로 안으로 숨는 것이 이에 속한다. 따라서 병에 걸리더라도 몸의 기맥에 관련되는 중풍 등에 속하며, 오행상으로는 풀이나 채소 등 숨으며 자라는 음목陰木에 해당한다. 방위로는 동남방이고, 시간으로는 진시 또는 사시이다.

6) ☵ : 감坎

괘의 순서	괘명	상징물
六	坎	水

---

22 '巽손'자를 파자해 보면, '巳+巳+丌'가 된다. '巳'는 절도를 갖춘다는 뜻이고, '丌'는 물건을 바친다는 뜻이다. 즉 절도를 갖추어서 물건을 공손히 바친다는 뜻이 된다. 또 초목에 바람이 불면 바람따라 몸을 굽히듯, 두 사람이 공손히 무릎을 꿇어서(弓+弓) 공경한다(丌)는 뜻이 된다. 따라서 공손하고 자신을 겸양하여 낮추고 감춘다는 뜻의 괘명이 된다.

괘명은 감이다. 육감수六坎水 또는 감중련坎中連이라고 부른다.

'육감수'에서 '육'은 팔괘 중에서 여섯 번째 나왔다는 뜻이고(수), '감'은 괘의 이름이며(리), '수'는 괘의 상징물이 물이 된다(상)는 뜻이다.

'감중련'은 괘의 형상을 설명한 것으로 '감'은 괘의 이름이며, '중련'은 가운데 효만 이어졌다는 뜻이다.[23]

坎(구덩이 감, 빠질 감)은 양효는 하나이고 음효가 둘이다. 양이 부족하므로 양 위주로 움직인다. 다만 한 개의 양이 두 음 사이에 빠져 험난하므로 평소에는 숨어 지내기를 좋아하며, 속으로 감춘 지혜, 함정을 파고 인내하는 성격을 대표적인 성격으로 삼는다.

양이 비록 음 사이에 빠져 있으나 중심이 견실하고, 밖으로는 어둡지만 안은 밝은 상이다. 조용히 움직이며 목표를 관철하는 물(水)로써 그 상을 대표한다. 인사적으로는 두 번째로 양이 나온 것이므로 중남에 해당한다.

밤에 빛을 발하는 달(달은 밝지만 주변은 어두움)·구덩이(빠지고 어둡다는 뜻)·무지한 돼지(어리석다는 뜻)·도둑(은근히 움직임) 등이 이에 속한다. 오행상으로는 수水에 해당한다. 방위로는 추운 북방이고, 시간으로는 자시이다.

7) ☶ : 간艮

괘의 순서	괘명	상징물
七	艮	山

괘명은 간이다. 칠간산七艮山 또는 간상련艮上連이라고 부른다.

'칠간산'에서 '칠'은 팔괘 중에서 일곱 번째 나왔다(수)는 뜻이고, '간'은 괘의 이름이며(리), '산'은 괘의 상징물이 산이 된다(상)는 뜻이다.

'간상련'은 괘의 형상을 설명한 것으로 '간'은 괘의 이름이며, '상련'은 위의

---

23 '坎감'을 파자하면 흙(土)이 패여서(欠) 구덩이(坎=土+欠)가 된다는 뜻이다. 물이 흐르다 보면 구덩이가 파이기 마련이므로, 흐르는 물이라는 뜻과 동시에 구덩이에 빠져서 험난하다는 뜻이 있다.

효만 이어졌다(양효)는 뜻이다.[24]

艮(그칠 간)은 양효는 하나이고 음효가 둘이다. 양이 부족하므로 양 위주로 움직인다. 다만 양이 위에 있어서 만족하고, 또 양이 더 나아갈 곳이 없으므로 그친다는 뜻을 대표적인 성격으로 삼는다.

막으며 그쳐있는 산山이 대표적인 물상이며, 양이 제일 나중에 나온 것이므로 소남이며, 집을 지키는 개·작은 길·작은 돌 등 크게 움직이지 못하는 것, 또는 어리거나 작은 물상들이 이에 속한다. 오행상으로는 양토陽土로써 높은 언덕 등을 뜻한다. 방위로는 새벽을 여는 동북방이고, 시간으로는 축시 또는 인시이다.

8) ☷ : 곤坤

괘의 순서	괘명	상징물
八	坤	地

괘명은 곤이다. 팔곤지八坤地 또는 곤삼절坤三絶이라고 부른다.

'팔곤지'에서 '팔'은 팔괘 중에서 여덟 번째 나왔다는 뜻이고(수), '곤'은 괘의 이름이며(리), '지'는 괘의 상징물이 땅이 된다(상)는 뜻이다.

'곤삼절'은 괘의 형상을 설명한 것으로 '곤'은 괘의 이름이며, '삼절'은 세 효가 모두 끊어졌다(음효)는 뜻이다.[25]

坤(땅 곤)은 세 효 모두 음陰이므로, 지극히 유순하고 광활하며 습하다. 모

---

[24] '艮간'자를 파자하면 해(日)가 뜨는 뿌리(氏)가 되는 곳이라는 뜻이다(艮=日+氏). 해가 지고 해가 뜨는 경계라는 뜻에서, 근원이 되고 경계가 된다는 뜻의 괘명이 된다.

그래서 艮자에 '辶'를 붙이면 '退(나아가지 못하고 물러난다)'가 되고, '木'을 붙이면 '根근(뿌리:위로 자라지 않고 아래로 자람)'이 되며, 'ß'을 붙이면 '限한(한정한다)'가 되고, '心'을 붙이면 '恨한(마음에 맺힌다)'이 되며, '竹'을 붙이면 '節절(이쪽과 저쪽을 연결하는 마디, 절도 있게 이쪽과 저쪽의 고리를 끊음)이 된다.

[25] '坤곤'을 파자하면 흙(土)이 거듭 쌓여 두텁다는 (申) 뜻이 있다(土+申). '申'의 본래 자형은 '曰+丨'으로 하늘의 씨앗인 '甲'을 받아 싹이 트는(申) 상이다. 그래서 건괘와 짝이 되어 모든 괘의 어머니가 되는 것이다.

든 것을 받아들이고 길러주는 것을 대표적인 성격으로 삼는다.

안이 비어 물건을 담을 수 있는 상이므로 만물을 생육하는 땅으로써 대표하며, 인사적으로는 어머니에 해당한다.

물상으로는 오장육부五臟六腑가 들어 있는 배(腹) 또는 유순한 소 등이 이에 속한다. 인색하기는 하지만 따뜻한 성격이므로, 자신과 비슷한 종류는 포용해서 받아들인다. 오행상으로는 평탄한 대지를 뜻하는 음토陰土에 해당하므로, 모든 만물에 있어 다산多産과 관련이 있다. 방위로는 서남방이고, 시간으로는 미시 또는 신시이다.

9) 팔괘의 요약표

아래의 요약표는 반드시 외우는 것이 좋다.

괘상	☰	☱	☲	☳	☴	☵	☶	☷
괘명	건	태	리	진	손	감	간	곤
상수리	1건천	2태택	3리화	4진뢰	5손풍	6감수	7간산	8곤지
수	선천1 후천6	선천2 후천7	선천3 후천9	선천4 후천3	선천5 후천4	선천6 후천1	선천7 후천8	선천8 후천2
자연	하늘	연못	불	우레	바람	물	산	땅
인간	부	소녀	중녀	장남	장녀	중남	소남	모
성질	건장함	기쁨	걸림	움직임	들어감	빠짐	그침	순함
동물	말	양	꿩	용	닭	돼지	개	소
신체	머리	입	눈	발	허벅지	귀	손	배
오행	양금	음금	화	양목	음목	수	양토	음토

다음의 표는 팔괘가 64괘를 구성하고 있을 때, 복희씨·문왕·주공·공자 등 네 분 성인이 어떻게 해석하였는가를 분석한 표이다.

입문에서는 위의 팔괘요약표로도 충분하지만, 앞으로의 주역 공부를 위해서 좀 더 자세한 팔괘의 요약표를 실었다. 각 괘를 공부하기 전이므로 어렵게 느껴지겠지만, 읽어두면 팔괘의 성질을 이해하는데 도움이 될 것이다. 거의 모든 내용을 호쌍호胡雙湖26의 『주역본의 부록찬주周易本義附錄纂註』에서 따왔다.

① 건(☰)

복희 (괘)	☰ 乾
문왕 (괘사)	① 大川 : 수천수괘(☵)와 천수송괘(☶)에는 건의 굳건한 뜻과 더불어 감(☵)의 험한 뜻을 취했고, 천화동인괘(☲)는 건의 굳건한 뜻과 더불어 외호괘인 손(☴)의 뜻을 취했으며, 산천대축괘(☶)는 건의 굳건한 뜻과 더불어 내호괘인 진(☳)의 뜻을 취했다.
주공 (효사)	① 龍 : 중천건괘(☰)의 여섯 효 ② 馬 : 산천대축괘(☶)의 구삼효에 良馬 ③ 輿 : 산천대축괘(☶) 구이효, 풍천소축괘(☴) 구삼효, 뇌천대장괘(☳) 구사효 ④ 車 : 화천대유괘(☲) 구이효
공자 (상전, 문언전, 설괘전)	① 하늘(天)·둥글다(圜)·임금(君)·아버지(父)·머리(首)의 다섯은 乾의 높고 존귀한 뜻을 취함. ② 玉은 순수함을, 金은 질이 강함을 취함. ③ 寒과 氷은 건이 서북방의 괘이며, 효冬에 해당함을 취함. ④ 크게 붉음(大赤)은 양의 盛한 색을 취함. ⑤ 좋은 말(良馬)은 純陽으로 굳건하다는 뜻, 늙은 말(老馬)은 노양괘이므

---

26 호일계胡一桂 : 중국 원대의 정주학자程朱學者. 자는 정방庭芳, 호는 쌍호雙湖. 안휘성安徽省 무원婺源 출신. 평생토록 강학講學으로 일생을 마쳤다. 제자로 동진경董眞卿이 유명하다. 정주학을 깊이 연구하는 한편, 주자의 『주역본의』를 종주宗主로 삼았으며, 주자의 문집과 어록 중에서 주역에 관한 글을 취하여 『부록附錄』을 만들고, 다른 학자들의 주역에 관한 학설 중 『주역본의』와 부합되는 것을 모아 『주역본의부록찬주周易本義附錄纂註』를 저술했다. 이밖의 저서에 『계몽익전啓蒙翼傳』, 『주자시전부록찬소朱子詩傳附錄纂疏』, 『십칠사찬十七史纂』 등이 있다.

	로 굳셈이 오래하였다는 뜻을, 마른 말(瘠馬)은 살은 적고 뼈는 많아 견고하다는 뜻을, 얼룩말(駁馬)은 천리마 같이 잘 뛰며 힘이 세다는 뜻을 취함. ⑥ 나무열매(木果) : 나무 위에 매달려 음이 깎아 먹지 못하는 단단한 뜻을 취함.

② 태(☱)

복희 (괘)	☱ 兌 ① 歸妹 : 태괘(☱)가 진괘(☳)를 만나 시집가는 상이 되었다.
문왕 (괘사)	① 八月 : 지택림괘(䷒)에 "팔월"이라고 한 것은, 태가 곤을 만나 전체 괘상이 태가 되기 때문이다. ② 西郊 : 풍천소축괘(䷈)의 괘사에 나오는 것은 호괘가 태(☱)가 되기 때문이다. ③ 女 : 택산함괘(䷞)의 괘사 ④ 號 : 택천쾌괘(䷪)의 괘사 ⑤ 言 : 택수곤괘(䷮)의 괘사 ⑥ 二簋 : 산택손괘(䷨)의 괘사(兌와 艮이 만나서 덜어낸다는 뜻의 괘명을 얻음) ⑦ 豚魚 : 풍택중부괘(䷼) 괘사(하괘가 兌이고, 상체인 巽에도 豚魚의 뜻이 있다)
주공 (효사)	① 雨濡 : 택천쾌괘(䷪) 상육효. 화풍정괘(䷱) 구삼효에 쓴 까닭은 호괘가 태이기 때문. ② 西郊 : 뇌산소과괘(䷽) 육오효에 쓴 것은 호괘가 兌이기 때문. ③ 西山 : 택뢰수괘(䷐) 상육효. 지풍승괘(䷭)에 岐山이라고 한 것은 호괘가 태. ④ 女 : 뇌택귀매괘(䷵) 상육효에 있는 것은 하괘인 兌를 가리킴. ⑤ 史巫 : 중풍손괘(䷸) 구삼효에 있는 것은 호괘가 兌이기 때문 ⑥ 臀 : 택천쾌괘(䷪) 구사효. ⑦ 涕洟 : 중화리괘(䷝) 육오효는 호괘가 兌. 택지취괘(䷬) 상육효. ⑧ 眇跛 : 천택리괘(䷉) 육삼효. ⑨ 涉滅 : 택풍대과괘(䷛) 상육효.

	⑩ 虎 : 천택리괘(☰☱) 육삼과 구사효. 택화혁괘(☱☲) 구오와 상육효 ⑪ 羊 : 뇌천대장괘(☳☰)는 괘전체가 兌의 상이다. 택천쾌괘(☱☰) 구사효. 뇌택귀매괘(☳☱) 상육은 하괘(兌)를 가리킴.
공자 (상전, 문언전, 설괘전)	① 호수(澤)·소녀·무속인(巫)·구설(口舌)은 모두 兌가 기뻐한다는 뜻을 취함. ② 해지고 끊어짐(毀折)은 乾의 둥그런 덕을 음이 위에서 은근하게 훼절시키는 뜻을 취함. ③ 붙은 것을 결단함(附決)은 양은 결단하는 것인데 음이 위에 붙어서 훼절하니 이를 척결한다는 뜻. ④ 단단한 소금(剛鹵)은 먼 바다로 물이 흘러가면 단단한 소금이 된다는 뜻. 중앙정부에서 먼 오지라는 뜻도 됨. ⑤ 첩(妾)과 소녀는 건과 곤이 사귀어서 제일 마지막에 얻었다는 뜻. ⑥ 양(羊)은 겉은 柔(陰)하고 속은 剛(陽)한 성질을 취함.

③ 리(☲)

복희 (괘)	☲ 離
문왕 (괘사)	① 日 : 화지진괘(☲☷), 택화혁괘(☱☲), 뇌화풍괘(☳☲)의 괘사 ② 明 : 지화명이괘(☷☲)의 괘사 ③ 光 : 수천수괘(☵☰)의 괘사에 있는 것은 외호괘가 離이기 때문이다. ④ 南 : 지풍승괘(☷☴) 괘사의 南征(주자가 말씀하시길 "곤괘가 손괘로 가려면 리괘를 거쳐야한다"고 하였다. 후천팔괘방위도 참조) ⑤ 女 : 풍화가인괘(☴☲)의 괘사 ⑥ 獄 : 화뢰서합(☲☳) 상괘가 리괘이고, 초효부터 사효까지가 리의 형상이 되므로 옥이 됨 ⑦ 牝牛 : 중화리괘(☲☲)의 괘사
주공 (효사)	① 日 : 중화리괘(☲☲)와 뇌화풍괘(☳☲)의 괘사 ② 光 : 화수미제괘(☲☵) 육오효 ③ 南 : 지화명이괘(☷☲) 구삼효 ④ 焚 : 화산려괘의(☲☶) 상구효(상괘가 불의 형상) ⑤ 婦 : 수화기제괘(☵☲) 육이효, 풍산점괘(☴☶) 구삼효와 구오효(주자가 말씀하시길 "풍산점괘 외호괘가 離이기 때문이다")

	⑥ 股 : 지화명이괘(☲☷) 육이효
	⑦ 征 : 중화리괘(☲☲) 상구효
	⑧ 伐 : 화지진괘(☲☷) 상구효
	⑨ 牛 : 화택규괘(☲☱) 육삼효는 호괘가 리, 천뢰무망괘(☰☳) 육삼효는 초효부터 사효까지가 리를 이루고, 또 호괘가 간이다. 화산려괘(☲☶) 상구효와 택화혁괘(☱☲) 초구효, 수화기제괘(☵☲) 구오효는 하괘를 가리키며, 산천대축괘(☶☰) 육사효는 대축괘 자체가 리괘를 구성하고 있기 때문이다.
	⑩ 隼 : 뇌수해괘(☳☵) 상육효에 이 글자를 쓴 것은 육삼효가 호괘로 리를 구성하고 있기 때문이다.
	⑪ 雉 : 화풍정괘(☲☴) 구삼효에 있는 것은 상체가 리괘임을 가리키며, 화산려괘(☲☶) 육오효는 리괘에 있기 때문이다.
	⑫ 鳥 : 화산려괘(☲☶) 상구효에 있는 것은 리괘에 있기 때문이다.
	⑬ 鶴 : 풍택중부괘(☴☱) 구이효에 있는 것은, 괘 전체의 상이 리이기 때문이다.
	⑭ 飛 : 지화명이괘(☷☲) 초효에 있는 것은 리괘에 있기 때문이다.
	⑮ 龜 : 산뢰이괘(☶☳) 산택손괘(☶☱) 풍뢰익괘(☴☳)에 나오는 것은 괘 전체가 리와 비슷하기 때문이다.
공자 (상전, 문언전, 설괘전)	① 해(日)와 밝음(明)은 밖은 밝고 안은 어두운 리괘의 상에서 취함.
	② 번개(電)는 불의 빛이라는 뜻.
	③ 갑옷과 투구(甲胄)와 창과 군사(戈兵)는 모두 단단한 양이 안의 음을 보호하는 상을 취함.
	④ 사람의 큰 배(大腹)는 坤이 땅이고 어머니이므로, 그 중효를 얻은 리는 조금 작은 뜻의 '대복'이 된다.
	⑤ 건괘(乾卦)는 선천팔괘자리에서 후천팔괘로 바뀔 때 離卦 자리로 오게 됨을 취함.
	⑥ 자라(鱉)·게(蟹)·소라(蠃)·조개(蚌)·거북이(龜)는 모두 겉이 단단하여 속을 보호하는 상을 취함.
	⑦ 속이 비고 위가 마른 나무(科上槁)는 속이 비어 있으며, 불이 타올라 말리는 상을 취함.

④ 진(☳)

복희 (괘)	☳ 震, 頤괘(䷚)를 입(口)으로 해석한 것은 괘의 상이 입의 모양이기 때문이다.
문왕 (괘사)	① 震 : 중뢰진괘(䷲)에 震驚百里라고 한 것은 우레(雷)의 뜻이 있기 때문 ② 七日 : 지뢰복괘(䷗) 전체의 상이 칠일만에 회복하는 상임을 취함 ③ 大川 : 풍뢰익괘(䷩)에 大川이라고 한 것은 상괘(巽木)와 하괘(震木)가 모두 나무의 상이기 때문 ④ 侯 : 수뢰둔괘(䷂)와 뇌지예괘(䷏)에 建侯라고 한 것은 진과 곤의 상을 취한 것인데, 수뢰둔괘(䷂)는 호괘가 곤이다. ⑤ 口 : 산뢰이괘(䷚)에 口라고 한 것은, 괘전체의 상이 입의 모양이기 때문이다.
주공 (효사)	① 七日 : 중뢰진괘(䷲) 육이효 ② 九陵 : 중뢰진괘(䷲) 육이효 ③ 侯 : 수뢰둔괘(䷂) 초구효 ④ 長子 : 지수사괘(䷆) 육오효에 長子라고 한 것은 호괘가 진이기 때문이다. ⑤ 馬 : 수뢰둔괘(䷂) 육이효의 乘馬, 풍택중부괘(䷼) 육사효의 馬匹은 호괘가 진이기 때문
공자 (상전, 문언전, 설괘전)	① 우레(雷)와 용(龍)은 그 동하는 성질을 취했다. ② 검고 누름(玄黃)은 乾과 坤이 섞인 색으로 푸른빛(蒼色)이라는 뜻. ③ 펴는 것(敷)은 양기가 널리 펴진다는 뜻. ④ 큰 길(大塗)은 아래의 양이 위로 나아감에 위의 두 음이 길을 튼 형상을 취함. ⑤ 결단하고 조급함(決躁)은 양이 아래에서 위로 나아가며 조급히 결단한다는 뜻. ⑥ 푸른 대나무(蒼筤竹)와 갈대(萑葦)는 뿌리는 實하고 속은 비어 있는 상이며, 진괘가 속한 동방의 푸른색을 취함. ⑦ 잘 우는 말(善鳴)은 양이 안에서 나감에 밖이 열려서 소리가 잘 울려 나가는 것을, 발이 흰말(馵足)은 음은 검은색이고, 양은 흰색이므로 발에 해당하는 초효가 흰말을, 발을 젓는 말(作足)은 두 발을 나란히 하여 잘 뛰는 것을, 이마에 흰털이 있는 말(的顙)은 위의 두음(음은 毛)이 있어 눈에 잘 띄는 상을 취한 것임.

⑧ 다시 생김(反生)은 봄에 싹이 터 나오는 뜻을 취함.
⑨ 궁극에는 굳셈이 됨(其究爲健)은 震卦는 장남괘로 그 근원을 연구해보면 乾卦와 같다는 뜻.
⑩ 번성하고 고운 것(蕃鮮)은 봄에 처음 나오는 싹이 무성하고 곱게 나오는 뜻을 취함.

⑤ 손(☴)

복희 (괘)	☴ 巽 ① 井 : 손목(☴)이 감수(☵)를 만난 상을 취함 ② 鼎 : 손목이 리화(☲)를 만난 상을 취함
문왕 (괘사)	① 雲 : 풍천소축괘(䷈) 괘사에 雲이라고 한 것은 손의 음효가 하늘(건) 위에 있는 상을 취한 것임. ② 大川 : 산풍고괘(䷑) 괘사(하괘가 巽이고 내호괘가 震이기 때문) ③ 女 : 풍화가인괘(䷤) 괘사의 女正, 천풍구괘(䷫) 괘사의 女壯, 풍산점괘(䷴) 괘사의 女歸 ④ 棟 : 택풍대과괘(䷛) 棟橈는 巽과 兌가 만난 전체상을 취함 ⑤ 豚魚 : 풍택중부괘(䷼)의 괘사, 혹은 하괘(태)의 육삼이 음효인 것을 취함.
주공 (효사)	① 月雨 : 풍천소축괘(䷈) 상구효, 상괘 손(巽)에서 음효의 상을 취함. ② 婦 : 풍천소축괘(䷈) 상구효 ③ 臀 : 천풍구괘(䷫) 구삼효 ④ 棟 : 택풍대과괘(䷛) 구삼효(巽과 兌가 만난 전체상을 취함) ⑤ 牀 : 중풍손괘(䷸) 구이효와 상구효(巽이 木의 상임을 취함) ⑥ 資 : 화산려괘(䷷) 구사효에 있는 것은 호괘가 巽이기 때문 ⑦ 翰音 : 풍택중부괘(䷼) 상구효 ⑧ 木 : 풍산점괘(䷴) 육사효 ⑨ 楊 : 택풍대과괘(䷛) 구삼효, 구오효에도 있는 것은 도전하면 巽이 되기 때문
공자 (상전,	① 나무(木)와 바람(風)은 巽의 안으로 들어가는 성질을 취상한 것으로, 나무의 뿌리가 땅속으로 들어가는 상과 줄기가 그늘을 찾아 들어가는 陰木

문언전, 설괘전	의 상을 취한 것이며, 하늘이라고 한 것은 바람이 하늘로부터 땅으로 내리고 구멍이나 틈으로 들어가는 성질을 취함. ② 노끈(繩直)과 목공(工)은 노끈은 陰木에서 얻는 것이고, 노끈의 곧게 뻗을 수 있는 성질로 나무를 다스리며, 또 돌아다니지 않고 들어와 하는 일이 목공이다. ③ 흰색(白)·김(長)과 높음(高)은 두 양효가 위에 있음을 말하는데, 陽의 색으로 인해 희게 보이는 것이다. ④ 나아가고 물러남(進退)와 과감하지 못함(不果)은 양이 둘이나 있어 나아가고자 하나 주효가 음인 것을 말한다. ⑤ 냄새(臭)는 아래에서 흩어지지 못하고 모여 있는 상으로, 때로 바람이 불어 상한 냄새가 날리는 것을 뜻한다. ⑥ 털이 적음(寡髮)·이마가 넓음(廣顙)·눈에 흰자가 많음(多白眼)은 두 양이 위에 있고 한 음이 아래에 있는 상을 취함. ⑦ 이익에 가까워서 시장에서 세배를 얻음(近利市三倍)은 음이 이익을 주장하고, 시장에서 세배에 이르도록 큰 이익을 본 것이다. 삼천양지법에 의하면 위의 두 양은 6(3×2)이고 아래 음효는 2(2×1)이니, 坤의 초효가 乾에게로 와서 그 세 배에 해당하는 陽을 얻은 것이다. ⑧ 급한 괘(躁卦)란 바람의 성질이 조급함을 취함.

⑥ 감(☵)

복희 (괘)	☵ 坎
문왕 (괘사)	① 大川 : 수천수괘(☵)와 천수송괘(☰)가 감의 상을 취했고 건의 굳셈을 겸했다. 풍수환괘(☴)는 감과 손을 취하여, 나무(巽)가 물(坎) 위에 떠 있는 상을 취했다. ② 濡 : 화수미제괘(☲) ③ 心 : 중수감괘(☵)의 心亨 ④ 廟 : 풍수환괘(☴)에는 감의 幽陰의 상이 있는 것을 취했고, 또한 상체의 巽木의 상을 취한 것이다. ⑤ 狐 : 화수미제괘(☲)
주공 (효사)	① 雨 : 화택규괘(☲) 상구효는 외호괘인 坎을 지칭 ② 濡 : 산화비괘(☶) 구삼효는 내호괘(감)를 지칭, 수화기제괘(☵) 초구효는 내호괘(감)이 가깝기 때문이고, 수화기제괘(☵) 상육효와 화수미제괘

	(☷) 초육효는 감체에 있기 때문이다. ③ 大川 : 지산겸괘(☷) 초육효는 내호괘(감)에 가깝기 때문. 화수미제괘 (☷) 육삼효 ④ 泥 : 수천수괘(☷) 구삼효, 중뢰진괘(☷) 구사효는 외호괘(감)를 지칭 ⑤ 塗 : 화택규괘(☷) 상구효는 아래에 있는 외호괘(감)를 지칭 ⑥ 穴 : 수천수괘(☷) 육사효와 상육효 ⑦ 窞 : 중수감괘(☷) 초육효과 육삼효 ⑧ 幽谷 : 택수곤괘(☷) 초육효 ⑨ 石 : 택수곤괘(☷) 육삼효 ⑩ 弟子 : 지수사괘(☷) 육오효는 구이효를 지칭한 것임 ⑪ 寇 : 산수몽괘(☷) 상구효는 하괘(감)를 지칭, 산화비괘(☷) 육사효는 내호괘(감)를, 수천수괘(☷) 구삼효는 상괘를 지칭, 뇌수해괘(☷) 육삼효 ⑫ 血 : 수천수괘(☷) 육사효 ⑬ 酒 : 수천수괘(☷) 구오효의 酒食, 중수감괘(☷)의 樽酒. 화수미제괘 (☷) 상구효에 飮酒라고 한 것은 하괘의 물(감)에 가깝기 때문이다. ⑭ 車 : 산화비괘(☷) 초구효는 내호괘(감)에 가깝기 때문이고, 택수곤괘 (☷) 구사효는 하괘(감)를 지칭한다. ⑮ 輿 : 화택규괘(☷) 육삼효는 외호괘(감)를 지칭 ⑯ 輪 : 수화기제괘(☷) 초구효는 내호괘(감)에 가깝기 때문이고, 화수미제 괘(☷) 구이효에 있는 것은 위로 상구효에 오르려 하나 아래의 감괘에 더 가깝기 때문 ⑰ 弧矢 : 화택규괘(☷) 상구효에 있는 것은 아래의 외호괘(감)를 지칭 ⑱ 刑桎梏 : 산수몽괘(☷) 초육효 ⑲ 徽纆 : 중수감괘(☷) ⑳ 馬 : 수뢰둔괘(☷), 산화비괘(☷)에 있는 것은 내호괘(감) 때문이고, 지화명이괘(☷) 육이효는 호괘가 감이며, 풍수환괘(☷) 초육효는 감괘에 있기 때문이고, 화택규괘(☷)의 초구효는 지괘가 감이기 때문임. ㉑ 狐 : 뇌수해괘(☷) 구이효 ㉒ 豕 : 화택규괘(☷) 상구효는 호괘가 감 ㉓ 株木 : 택수곤괘(☷) 초육효 ㉔ 蒺藜 : 택수곤괘(☷) 육삼효 ㉕ 叢棘 : 중수감괘(☷) 상육효
공자 (상전,	① 물(水)은 물의 外柔內剛함을, 도랑(溝瀆)은 양이 음사이에 빠져 있는 상

문언전, 설괘전	을, 숨어 엎드림(隱伏)은 물이 아래로 흐르는 상과 음 사이에 빠져서 보이지 않는 상을, 굽은 것을 바로 잡음(矯輮)은 물이 굽이쳐 흐르다가 곧게 흐른다는 뜻을, 활과 바퀴(弓輪)는 물이 활처럼 굽이쳐 흐르는 상을 취함. ② 근심을 더함(加憂)은 두 음효 사이에 양효가 빠져 있는 상을 취한 것. ③ 심장병(心病)과 귀앓이(耳痛)는, 양이 가운데에 있어서 막고 있다는 뜻을 취한 것. ④ 붉음(赤)이란, 乾은 大赤인데 그 중효를 얻었다는 뜻이며, 또 여자의 經水를 말하기도 한다. ⑤ 아름답게 마른말(美脊) 몸의 중심 뼈(脊)를 뜻하며, 또 乾은 '마른말'이니 그 중효를 얻은 坎은 '미척'이 된다. ⑥ 급한 마음(亟心)은 양이 음속에 빠져 있어서 조바심을 낸다. 또 일설에는 亟을 極(中正)으로 보아 양효를 뜻하기도 함. ⑦ 머리를 떨굼(下首)은 물이 아래로 흐르는 뜻을 취함. ⑧ 얇은 발꿈치(薄蹄)는 감중련의 초효가 음인데서 발꿈치가 얇은 것을 취상. ⑨ 끌다(曳)는 물의 흐름이 뛰지 않고 흘러간다는 뜻. ⑩ 재앙이 많음(多眚)은 험하고 빠지는 것이 坎의 상이므로, 사고가 많다는 뜻이다. ⑪ 통함(通)은 물이 두루 흘러 막힘이 없는 뜻을 취함. ⑫ 달(月)은 밖이 어두운 밤(상하가 음)에 빛을 내는(陽爻) 뜻. ⑬ 도적(盜)은 물은 은근히 스며드는 성질과, 坎괘가 북방의 어둡고 한 밤중(子時)의 뜻을 취함. ⑭ 가운데가 단단한 나무(堅多心)는 음 가운데 단단한 양이 있음을 취함.

⑦ 간(☶)

복희 (괘)	☶ 艮 ① 旅 : 간괘(☶)가 리괘(☲)를 만나 나그네의 상이 됨.
문왕 (괘사)	① 童蒙 : 산수몽괘(䷃)의 괘사 ② 背 : 중산간괘(䷳)의 괘사 ③ 飛鳥 : 뇌산소과괘(䷽)(간과 진이 만나 전체적인 상이 나는 새의 상이 되

	었다)
주공 (효사)	① 大川 : 산뢰이괘(䷚) 육오효에 "대천을 건너지 못한다"고 한 것은 간의 그치는 상을 취한 것이고, 산뢰이괘 상구효에 "대천을 건넘이 이롭다"고 한 것은 간체의 양효이고, 또 산뢰이괘 전체상이 속이 비어있는 배의 상이기 때문이다. ② 丘 : 산화비괘(䷕) 육오효, 산뢰이괘(䷚) 육이효에 쓴 것은 상구효를 가리킨 것이다. 풍수환괘(䷺) 육사효는 호괘가 간이기 때문이다. ③ 石 : 뇌지예괘(䷏) 육이효에 있는 것은 호괘가 간이기 때문이다. ④ 人身 : 중산간괘(䷳) 괘사에 나오는 것은 전체 괘상이 간이기 때문이다. ⑤ 童蒙 : 산수몽괘(䷃) 괘사와 육오효에 나오는 것은 상체가 간이기 때문이다. ⑥ 童僕 : 화산려괘(䷷) 육이효와 구삼효에 나오는 것은 간체에 있기 때문이다. ⑦ 廬 : 산지박괘(䷖) 상구효에 나오는 것은 전체 괘상이 간이기 때문이다. ⑧ 牀 : 산지박괘(䷖)의 초육, 육이, 육사효에 나오는 것은 전체 괘상이 간이기 때문이다. ⑨ 牛 : 산천대축괘(䷙)의 육사효에 "어린소(童牛)"라고 한 것은 간체이며 간은 어리다는 뜻이 있기 때문이며, 천뢰무망괘(䷘) 육삼효에 "매여있는 소(繫之牛)"라고 한 것은 호괘가 간이며 간은 그친다는 뜻이 있기 때문이다. 또 천산돈괘(䷠) 육이효에 "누런소의 가죽(黃牛之革)"이라고 한 것은 하체가 간이며 그친다는 뜻을 취한 것이다. ⑩ 豶豕 : 산천대축괘(䷙) 구오효에 "불깐 돼지(豶豕)"라고 한 것은 간의 그친다는 뜻을 살린 것이다. ⑪ 虎視 : 산뢰이괘(䷚)의 육사효에 나온 것은 상체가 간이기 때문이다. ⑫ 鼠 : 화지진괘(䷢) 구사효에 "석서鼫鼠"라고 한 것은 호체가 간이기 때문. ⑬ 碩果 : 산지박괘(䷖) 상구효.
공자 (상전, 문언전, 설괘전)	① 산(山)은 단단한 양이 위에서 그쳐 있는 상을 취함. ② 지름길(徑路)은 더 이상 나아갈 수 없는 산길이라는 뜻. ③ 작은 돌(小石)은 산 위에 있는 작은 돌이라는 뜻(坎은 平地에 있는 돌이므로 大石이고 震은 땅 속에 있는 보다 큰 바위를 말한다). ④ 작은 문과 큰 문(門闕)은 괘상이 아래가 열리고 위가 양으로 덮혀 있음을 취함.

⑤ 과일과 풀(果蓏)은 나무의 열매는 果(양)이고, 풀의 열매는 蓏(음)이니, 위에 있는 양효는 '과일'이고 아래의 두 음효는 '풀'이다.
⑥ 내시(閽寺)와 개(狗)는 문을 지키는 상을 취함, 특히 艮은 少男으로, 양기(陽氣)가 미숙하다는 뜻.
⑦ 손가락(指)은 사람의 몸에 그쳐 있는 작은 것이라는 뜻을 취함.
⑧ 쥐(鼠)나 부리가 검은 종류(黔喙之屬)는 밤에 돌아다니되 숨어지내는 동물을 뜻하며, 머리만 단단하고 아래가 허한 상을 취함.
⑨ 단단한 마디가 많은 나무(堅多節)는 상효가 양인 것이 나무의 마디와 비슷하고, 간은 그친다는 뜻을 취함.

⑧ 곤(☷)

복희 (괘)	☷ 坤
문왕 (괘사)	① 康侯 : 화지진괘(䷢)의 괘사(곤이 올라가는 상을 취함) ② 行師 : 뇌지예괘(䷏) 괘사(곤의 많은 군중이라는 뜻을 취함) ③ 廟 : 택지취괘(䷬) 괘사(곤이 올라가는 상과, 호괘인 巽木이 하괘인 곤에 뿌리를 박고 올라가는 상을 취함) ④ 馬 : 중지곤괘(䷁) 괘사의 牝馬, 화지진괘(䷢) 괘사의 錫馬 ⑤ 大牲 : 택지취괘(䷬)의 괘사
주공 (효사)	① 王母 : 화지진괘(䷢)의 육이효 ② 腹 : 지화명이괘(䷣)의 육사효 ③ 師 : 지천태괘(䷊)의 상육효, 지산겸괘(䷞)의 상육효, 지뢰복괘(䷗)의 상육효 ④ 征伐 : 지산겸괘(䷞)의 상육효 ⑤ 邑國 : 지산겸괘(䷞)의 상육효 ⑥ 邑 : 지천태괘(䷊)의 상육효, 수지비괘(䷇) 구오효에 邑을 쓴 것은 하괘인 곤을 가리키고, 지풍승괘(䷭) 구삼효의 읍은 상괘인 곤을 가리킨다. ⑦ 國家 : 지산겸괘(䷞) 상육효 ⑧ 國 : 풍뢰익괘(䷩) 육사효에 國이라고 한 것은, 호괘가 곤이기 때문이다. ⑨ 城隍 : 지천태괘(䷊) 상육효 ⑩ 輿 : 산지박괘(䷖) 상구효의 輿는 하괘인 곤을 지칭함.

	⑪ 龍 : 중지곤괘(☷☷) 상육효	
	⑫ 玄黃 : 중지곤괘(☷☷) 상육효	
공자 (상전, 문언전, 설괘전)	① 땅(地)과 어머니(母)는 곤의 낮고 친하며 풍성하다는 뜻을 취함. ② 널리 폄(布)과 큰 수레(大輿)는 땅이 넓고 커서 만물을 널리 펴고 싣는다는 뜻을, 솥(釜)은 땅에서 만물을 담고 만들어 낸다는 뜻이다. ③ 吝嗇은 땅은 하늘에서 받기만 하고, 하늘에 주지는 않는다는 뜻이다. ④ 균일함(均)은 땅은 만물을 다 고르게 살게 함을 취상. ⑤ 어린 소와 암소(子母牛)는 순함을 취함. ⑥ 무늬(文)와 무리(衆)는 곤의 획수가 제일 많다는 뜻으로, 땅에 山川草木이 무늬를 이루고 있으며, 백성이 많다는 뜻. ⑦ 자루(柄)는 땅의 만물은 실체적이라 잡을 수 있음을 취함. ⑧ 검은색(黑)은 純陰의 색으로, 땅을 깊게 파보면 검은 색이라는 뜻을 취함.	

2장 | 대성괘大成卦(64괘)

세 획으로 이루어진 여덟 가지 괘를 작게 이루었다는 뜻으로 소성괘小成卦(팔괘)라 하고, 소성괘가 서로 짝을 지어 여섯 획으로 이루어진 괘를 크게 이루었다는 뜻으로 대성괘라고 한다. 또 그 조합수가 모두 64이므로 64괘라고도 한다.

1. 방도·직도·원도

> 방도는 가로 여덟 괘 세로 여덟 괘로 64괘를 배열한 그림으로 일정팔회법을 가장 잘 설명하였다.

1) 방도

대성괘(64괘)는 소성괘인 8괘가 두 괘씩 거듭하여 이루어진다. 위와 아래로 합해 둘씩 이루어지니, 조합수가 8×8=64가 된다. 이렇게 조합한 것이 아래의 방도方圖(정사각형의 그림)이다.

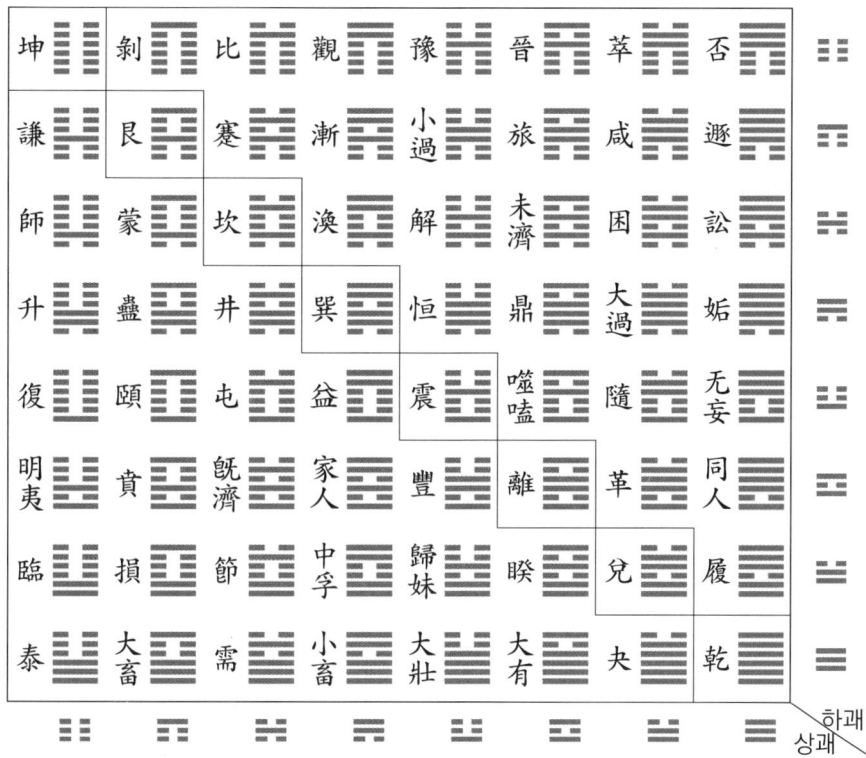

　위의 방도에서 보듯이 가로로 8줄 세로로 8줄이므로 총 64괘가 된다. 방도를 만드는 원리를 살펴보면 다음과 같다.

　먼저 아래부터 위로 건(☰)·태(☱)·리(☲)·진(☳)·손(☴)·감(☵)·간(☶)·곤(☷)의 순서로 세로줄을 배열한다. 그렇게 되면, 맨 밑의 가로줄은 건(☰), 그 다음 가로줄은 태(☱), 그 다음은 리(☲), …, 맨 위의 가로줄은 곤(☷)의 순서가 된다.

　이렇게 배열한 후에 각 가로줄 마다 오른쪽부터 왼쪽으로 건(☰)·태(☱)·리(☲)·진(☳)·손(☴)·감(☵)·간(☶)·곤(☷)의 팔괘를 차례로 올려 놓는다. 이렇게 하괘는 그대로 있고(1정一貞) 상괘만 여덟 번 변해서(8회八悔) 여덟 개의 대성괘를 이루는 방법을 1정8회라고 한다. 즉 하괘는 고집스럽게 정조를 지키고(정괘貞卦), 상괘는 매양 마음을 변하는 것이다(悔=每+心 : 회괘悔卦).27

---

27 이렇게 하면 서북방에 있는 건(☰)에서 동남방에 있는 곤(☷)을 잇는 대각선 상에는 건괘(☰)·태괘(☱)·리괘(☲)·진괘(☳)·손괘(☴)·감괘(☵)·간괘(☶)·곤괘(☷)의 아래 위가 똑같

2) 직도

직도는 팔괘의 생성까지는 일생이법에 의해서 만들어지고, 대성괘가 되는 것은 일정팔회법에 의한다. 태극에서 일생이법에 의해 팔괘까지 분화를 하면, 이미 성격과 형태를 갖춘 독립적인 괘가 되므로, 더 이상의 분화를 하지 않고 8괘와 8괘가 결합해서 대성괘를 이루는 것이다.

일생이법에 의해 64괘가 완성되어도 방도와 마찬가지의 순서가 된다.28

① 즉 제일 오른쪽부터 건괘(☰)·쾌괘(☱)·대유괘(☲)·대장괘(☳)·소축괘(☴)·수괘(☵)·대축괘(☶)·태괘(☷)의 여덟 괘가 방도의 제일 하단의 여덟 괘가 된다. (☰이 정괘임)

② 그 다음의 리괘(☲)·태괘(☱)·규괘(☲)·귀매매(☳)·중부괘(☴)·절괘(☵)·손괘(☴)·임괘(☷)의 여덟 괘가 두 번째 단의 여덟 괘가 된다. (☱가 정괘임)

은 괘가 자리하고, 남쪽(아래)에는 양효가 근본이 되고 북쪽에는 음효가 근본이 되어 서로 마주 보는 형상이 된다.

28 설명의 편의를 위해서 팔괘를 이룬 후에 일생이법에 의해 16괘가 되고, 16괘에서 일생이법에 의해 32괘가 되며, 32괘에서 일생이법에 의해 64괘가 된다고 하는 것이다. 여기서 4획으로 이루어진 16괘나 다섯 획으로 이루어진 32괘는 괘라고 할 수 없지만, 여기서는 편의상으로 16괘·32괘 등으로 부른다.

③ 그 다음의 동인괘·혁괘·리괘·풍괘·가인괘·기제괘·비괘·명이괘의 여덟 괘가 세 번째 단의 여덟 괘가 된다. (☲가 정괘임)

④ 그 다음의 무망괘·수괘·서합괘·진괘·익괘·둔괘·이괘·복괘의 여덟 괘가 네 번째 단의 여덟 괘가 된다. (☳이 정괘임)

⑤ 그 다음의 구괘·대과괘·정괘·항괘·손괘·정괘·고괘·승괘의 여덟 괘가 다섯 번째 단의 여덟 괘가 된다. (☴이 정괘임)

⑥ 그 다음의 송괘·곤괘·미제괘·해괘·환괘·감괘·몽괘·사괘의 여덟 괘가 여섯 번째 단의 여덟 괘가 된다. (☵이 정괘임)

⑦ 그 다음의 돈괘·함괘·려괘·소과괘·점괘·건괘·간괘·겸괘의 여덟 괘가 일곱 번째 단의 여덟 괘가 된다. (☶이 정괘임)

⑧ 비괘(䷋)·취괘(䷬)·진괘(䷲)·예괘(䷏)·관괘(䷖)·비괘(䷇)·박괘(䷖)·곤괘(䷁)의 여덟 괘가 여덟 번째 단의 여덟 괘가 된다. (☷이 정괘임)

3) 원도

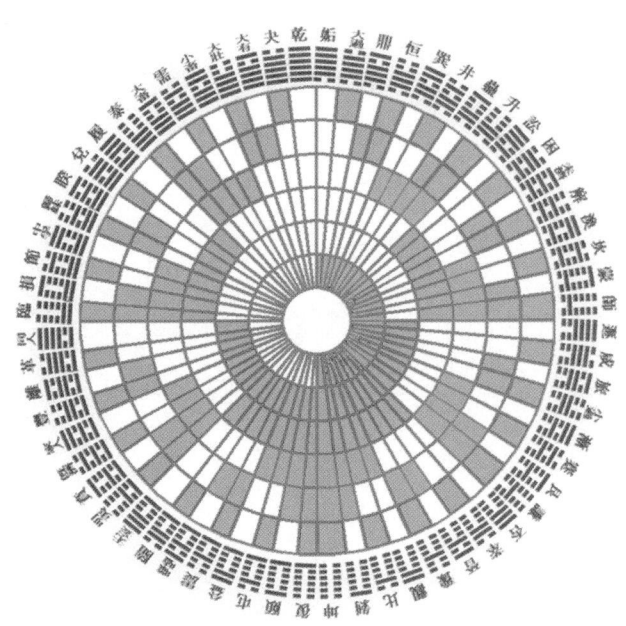

원도는 직도를 둥글게 표현한 것이다. 복희육십사괘방위도伏羲六十四卦方

位圖라고도 하는 그림으로, 선천팔괘방위도와 마찬가지로 태극모양으로 방향을 바꾸고 있고, 한 번 음하고 한 번 양하는(일음일양지一陰一陽之) 형태로 되어 있으며, 마주보는 괘끼리 배합괘 관계를 이루고 있다.

2. 서괘序卦 18절도十八節圖

> 서괘 18절도는 주역64괘의 순서가 상수학적으로는 의미가 없다는 일반론을 불식시킨 대작으로, 동주東州 최석기崔碩基님의 역작이다. 64괘를 각기 책수로 계산해서 볼 때, 64괘의 순서 역시 한 번 음하고 한 번 양하는 음양의 논리에서 벗어나지 않았다는 것을 밝혔다.

복희 64괘의 순서와는 달리 주역 64괘의 순서는 일정한 규칙이 없다고 할 것을 걱정한 공자께서, 그 배열한 이치를 이학적理學的으로 풀이하여 천지와 인물人物의 변화과정을 차례대로 설명함으로써, 자연의 이치는 한 번 양하고 한 번 음하는 도道에서 벗어나지 않는다는 것을 밝히신 것이 바로 「서괘전序卦傳」이다. 이와는 달리 상수학적인 원칙을 밝힌 것이 바로 최석기님의 「서괘18절도」이다.

주역의 서괘는 몇 가지 원칙이 있는데, 이를 중요한 것만 기술하면 다음과 같다.

1) 배합괘 또는 도전괘끼리 짝을 이루어 배열되었다.

부도전괘인29 여덟 괘는 서로 배합되는 괘끼리 짝을 지어 배열하였는데, 건괘(☰)와 곤괘(☷), 이괘(☲)와 대과괘(䷛), 감괘(☵)와 리괘(☲), 중부괘(䷼)와 소과괘(䷽)이다.

도전괘인 56개 괘는 서로 도전되는 괘끼리 짝을 이루어 배열하였다. 도전괘는 한 괘만 그리면 두 괘를 나타낼 수 있으므로, 두 괘를 한 괘씩 치면 모두 28개(56÷2=28)가 되며, 여기에 부도전괘 8개를 합하면 모두 36괘가 되

---

29 건괘(☰,1)·곤괘(☷,2)·이괘(䷚,27)·대과괘(䷛,28)·감괘(☵,29)·리괘(☲,30)·중부괘(䷼,61)·소과괘(䷽, 62). 괄호 안의 숫자는 괘의 배열 순서

므로 주역을 36궁宮 또는 36천天으로 이루어졌다고 하는 것이다. 또 상경 30괘·하경 34괘로 균형이 안 맞는 것처럼 보였던 편제가, 상경 18괘(부도전괘 6괘, 도전괘 12괘)와 하경 18괘(부도전괘 2괘, 도전괘 16괘)로 같게 됨을 알 수 있다.

2) 양괘와 음괘가 서로 갈마든다.

복희 64괘는 괘의 생성과정을 중시하여, 태극에서 양의가 나오고, 이어 사상, 팔괘, 64괘가 차례로 나오는 과정을 순서로 하였으므로, 음과 양이 번갈아 나오는 모습을 괘로 그린 것이다.

이와는 달리 「문왕 64괘」라고도 하는 주역의 차서는 괘의 쓰임을 중시하므로, 여섯 획으로 이루어진 괘(대성괘)의 음양 순서로 차례를 삼는다. 즉 건괘(1)는 노양괘이고 곤괘(2)는 노음괘이며, 둔괘(3)와 몽괘(4)는 소양괘이고 수괘(5)와 송괘(6)는 소음괘이며, …, 소과괘(62)는 소양괘이고 기제괘(63)와 미제괘(64)는 소음괘이니, 음과 양이 차례로 교대하며 자리잡는 형세이다(도표참조).

다시 말해 복희64괘는 음효와 양효가 갈마드는 것이고, 문왕64괘는 64괘가 차례로 음양이 되어 갈마드는 것이다.

3) 서괘 18절도

64괘를 책수로 계산하면 4괘(사실은 두 괘)씩 360책수를 이루어 1년의 상수가 된다. 그러므로 부도전괘는 두 괘를 1절節로 나누고, 도전괘는 4괘를 1절로 나누어 총 18절로 하여 도표화 한 것이다.

乾(䷀) 36×6효 　　　=216책(노양) 坤(䷁) 24×6효 　　　=144책(노음) 216+144=360(책)	屯　36×2+24×4 蒙　=168책(소양) 需　36×4+24×2효 訟　=192책(소음) 168+192=360(책)	師　36×1+24×5 比　=156(+12=소양) 小畜 36×5+24×1 履　=204(-12=소음) 168+192=360(책)
泰　36×3+24×3 否　=180(-12=소양) 同人 36×5+24×1 大有 =204(-12=소음) 168+192=360(책)	謙　36×1+24×5 豫　=156(+12=소양) 隨　36×3+24×3 蠱　=180(+12=소음) 168+192=360(책)	臨　36×2+24×4 觀　=168(소양) 噬嗑 36×3+24×3 賁　=180(+12=소음) 168+192+360(책)
剝　36×1+24×5 復　=156(+12=소양) 无妄 36×4+24×2 大畜 =192(소음) 168+192=360(책)	頤(䷚) 36×2+24×4 　　　=168(소양) 大過(䷛) 36×4+24×2 　　　=192(소음) 168+192=360(책)	坎(䷜) 36×2+24×4 　　　=168(소양) 離(䷝) 36×4+24×2 　　　=192(소음) 168+192=360(책)
咸　36×3+24×3 恒　=180(-12=소양) 遯　36×4+24×2 大壯 =192(소음) 168+192=360(책)	晉　36×2+24×4 明夷 =168(소양) 家人 36×4+24×2 睽　=192(소음) 168+192=360(책)	蹇　36×2+24×4 解　=168(소양) 損　36×3+24×3 益　=180(+12=소음) 168+192=360(책)
夬　36×5+24×1 姤　=204(-12=소음) 萃　36×2+24×4 升　=168(소양) 192+168=360(책)	困　36×3+24×3 井　=180(-12=소양) 革　36×4+24×2 鼎　=192(소음) 168+192=360(책)	震　36×2+24×4 艮　=168(소양) 漸　36×3+24×3 歸妹 =180(+12=소음) 168+192=360(책)
豐　36×3+24×3 旅　=180(-12=소양) 巽　36×4+24×2 兌　=192(소음) 168+192=360(책)	渙　36×3+24×3 節　=180(-12=소양) 中孚(䷼) 36×4+24×2 　　　=192(소음) 168+192=360(책)	小過(䷽)36×2+24×4 旣濟 =168(소양) 未濟 36×3+24×3 　　　=180(+12=소음) 168+192=360(책)

4) 상경과 하경의 시작과 끝은 복희 8괘 방위도의 방소가 그 체體가 된다.

상경의 시작과 끝은 복희 팔괘 방위도에서 정방正方에 있는 건(☰)·곤(☷)과 감(☵)·리(☲)가 차지하며, 하경의 시작은 사잇방에 있는 태(☱)와 간(☶)이 합하여 함괘(䷠)를, 진(☳)과 손(☴)이 합하여 항괘(䷟)를 이룸으로써 시작되며, 감(☵)·리(☲)의 사귐인 기제괘(䷾)·미제괘(䷿)가 그 끝을 이루게 배열되었다.

3. 대성괘 읽는 법

> 괘를 읽을 때는 먼저 괘상卦象을 먼저 읽고(상괘의 괘상을 먼저, 하괘의 괘상을 뒤에), 후에 그 괘상이 모여서 이루어진 괘의 이름(괘명卦名)을 읽는다. 또는 그냥 괘명만 읽는다.

대성괘에서 위에 있는 괘를 상괘(또는 밖에 있다 하여 외괘)라고 하고, 밑에 있는 괘를 하괘(또는 안에 있다 하여 내괘)라 한다.

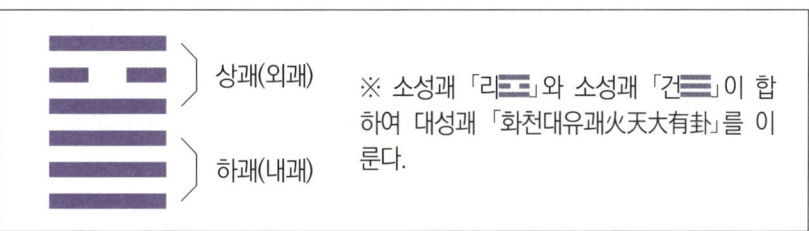

괘를 읽을 때는 먼저 괘상卦象(괘가 상징하는 사물)을 먼저 읽고, 후에 그 괘상이 모여서 이루어진 괘의 이름을 읽는다. 앞에서 「화천대유괘」라고 한 것도, 상괘의 상이 불(☲:화)이고 하괘의 상이 하늘(☰:천)이므로, 위에서부터 화천火天이라고 상을 읽는다. 그 다음으로 괘의 이름인 대유大有를 상 밑에 붙여 읽으면, 「화천대유」가 되는 것이다.[30]

※ 참고

상괘	오후	후천	밖	쇠퇴	해체	성成	용	객	상대방
하괘	오전	선천	안	생장	창조	생生	체	주	나

1) 동일괘가 거듭한 경우

---

[30] 괘의 상을 말하지 않고 바로 「대유」라고 읽어도 무방하나, 수천수水天需괘와 택뢰수澤雷隨괘와 같이 발음이 같은 괘가 있고, 또 상을 같이 말하면 괘가 바로 연상되므로 주역을 처음 공부할 때는 붙여 읽는 것이 좋다.

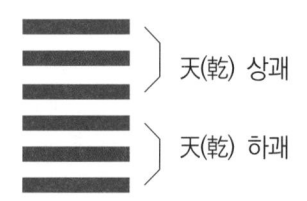

※ 위에도 하늘(天) 아래도 하늘로, 하늘이 거듭했으므로, 「중천건重天乾」이라 한다. 여기에서 '중천重天'은 '천천天天'이라는 뜻으로 괘의 상象이고, '건乾'은 괘의 이름이다.

동일괘가 거듭한 괘는 중천건(䷀), 중지곤(䷁), 중수감(䷜), 중화리(䷝), 중뢰진(䷲), 중산간(䷳), 중풍손(䷸), 중택태(䷹)로 모두 여덟 괘가 있다.

중천건괘를 '건위천乾爲天', 중지곤괘를 '곤위지坤爲地' 등으로 읽는 사람이 있는데, '건위천'은 '건이 천(하늘)이 된다'는 것이고, '곤위지'는 '곤이 땅이 된다'는 뜻이다. 괘상을 먼저 말하고 괘명을 나중에 말하는 원칙에도 어긋나고, 괘명도 아니고 괘상도 아닌 이상한 호칭이므로 틀린 표현법이다. 따라서 '건위천, 태위택, 리위화, 진위뢰, 손위풍, 감위수, 간위산, 곤위지' 등으로 괘이름을 부르지 않는 것이 옳다.

'천천건, 택택태, 화화리, 뢰뢰진, 풍풍손, 수수감, 산산간, 지지곤' 등을 '거듭할 중重'자를 써서 '중천건, 중택태, 중화리, 중뢰진, 중풍손, 중수감, 중산간, 중지곤'이라고 호칭한 것이다.

2) 다른 괘로 중첩한 경우

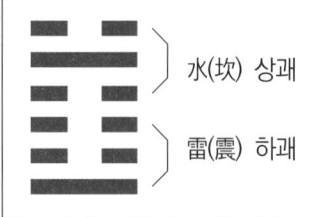

※ 위에는 수水(물), 아래는 뢰雷(우레)이니 「수뢰둔水雷屯」이라한다. 여기서 '수뢰水雷'는 괘의 상이고 '둔(屯)'은 괘의 이름이다.

4. 효의 명칭

> 음효(- -)는 '육'으로, 양효(—)는 '구'로 표시하고, 그 자리(位)에 따라 초初·이二·삼三·사四·오五·상上의 차례를 표시한다.

1) 효의 명칭

효爻란 괘를 그릴 때 또는 그렸을 때의 획劃 하나 하나를 가리킨다. '효'는 '본받을 효效'를 의미하며, 고정적인 것이 아니라 변한다는 뜻이 있다. 음효(陰爻:- -)는 '육六'으로, 양효陽爻(—)는 '구九'로 표시하고, 그 자리(位)에 따라 초初·이二·삼三·사四·오五·상上의 차례를 표시한다.

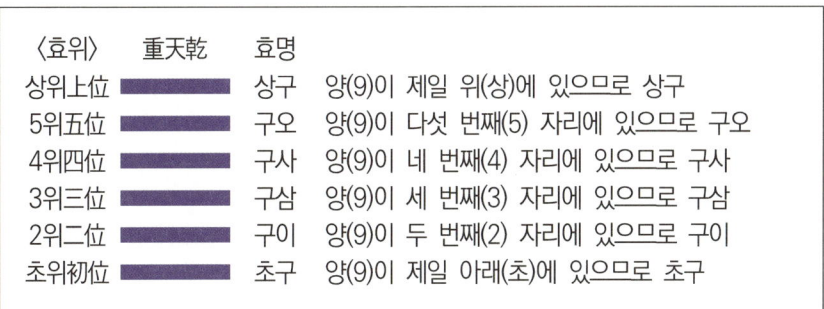

예를 들어 『주역』에서 상구(상9)라고 하면 제일 위에 있는(상) 양효(9)라는 뜻이다. 또 육이(6·2)라고 하면 두 번째 있는 효(2)인데 음효(6)라는 뜻이다.

괘의 처음 효와 마지막 효인 초初와 상上은 효의 위(효의 지위地位)를 먼저 말하고 효의 음양을 나중에 말하며, 다른 효(2·3·4·5)는 그 반대로 한다.

이것은 초와 상은 시작이며 끝이므로 그 때가 중요한 것이고, 2·3·4·5는 일이 한창 진행되는 때이므로 그 재질(음 또는 양)이 중요하기 때문이다. 한편으로는 괘 하나하나가 소우주를 형성하고 있으므로, 그 중에서 처음과 끝

이라는 점을 강조한 것이다.[31]

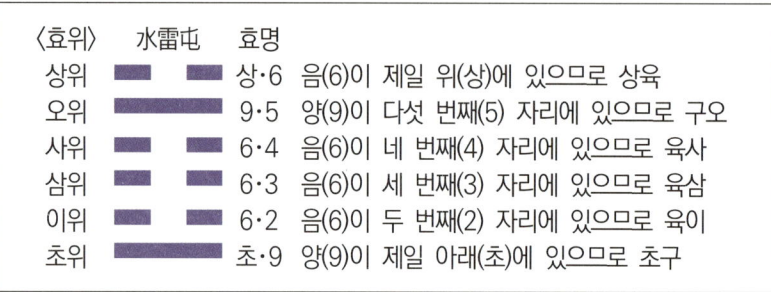

---

[31] 효爻의 자리(位)에서 처음을 '1'이라 하지 않고 '초'라 하며, 맨 위를 '6'이라 하지 않고 '상'이라 한 것은, 처음과 끝을 말함으로써 하나의 괘 자체가 독립된 것으로 완전한 소우주로 존재함을 나타낸 것이다.

2) 각 효의 의미

여섯 효를 시간과 직위로 보면 다음과 같다.

초효는 12시간으로 보면 '축시(축월)' 또는 '인시(인월)' 즉 새벽 또는 겨울과 봄의 사이에 해당한다. 일이 시작되기 전 상황 또는 이제 막 일이 시작된 것이다. 직장으로는 인턴 또는 신입사원에 해당한다. 혹 일에 성과가 있어도 자신의 공이 아니고, 또 일의 맥락을 찾기도 어렵다.

이효는 '묘시(묘월)'로 아침에 해당한다. 새 아침의 출발이고, 봄이 되었다. 초효 보다는 진행된 상황으로, 직장으로 보면 계장이나 과장이고 일도 능숙하게 마음대로 펼칠 수 있다. 자신을 알아주는 상사를 만나면 날개를 얻게 된다.

삼효는 '진시(진월)' 또는 '사시(사월)'에 해당한다. 아침에서 점심 사이의 한창 일을 할 때이고, 봄에서 여름으로 더워질 때이다. 청년에 해당한다. 지점장 정도의 독립된 지휘자이다. 성공할 기회도 많지만 실패도 많다. 어느 정도의 결재권이 있지만 일에 책임이 따른다.

사효는 '미시(미월)' 또는 '신시(신월)'에 해당한다. 정오를 지나 저녁으로 가고, 열매가 익어 단맛이 생긴다. 장년의 원숙함을 보일 때이다. 사장의 곁에서 일을 하는 고위직 또는 참모다. 사장의 곁에 있으므로 총애도 많이 받지만 위험도 많다. 사장과의 긴밀한 관계가 중요하다.

오효는 '유시(유월)'에 해당한다. 일을 마치고 결산을 하고, 수확을 하고 나눠줄 때이다. 노년의 노련미를 보인다. 사장이다. 모든 공과 과가 자신의 책임이다. 결실에 대한 논공행상을 하므로 권력이 세다.

상효는 '술시(술월)' 또는 '해시(해월)'에 해당한다. 밤이 되어 간다. 분배를 잘 했으면 행복하고, 못했으면 분쟁이 일어난다. 은퇴하고 난 뒤의 삶이다. 실질적 결재권이 없는 자문 역할 또는 명예직이다. 사장에게 자문 상대가 될 수는 있어도 스스로 어떤 일을 하려고 하면 제재를 받는다.

	회사	시간	인간	동물	가족	연령(120살 기준)
상효	자문, 고문	술, 해	머리	머리	조부	101~120
오효	사장	유	어깨	앞발	부	81~100
사효	본사 부장	미, 신	몸통	몸의 앞부분	형(자)	61~80
삼효	지점장	진, 사	넓적다리	몸의 뒷부분	제(매)	41~60
이효	계장, 과장(중견사원)	묘	정강이	뒷발	모	21~40
초효	인턴, 신입사원	축, 인	발	꼬리	손자	1~20

제 3부 괘를 해석함

3부 괘를 해석함

1장 괘와의 관계
1. 본괘·지괘·호괘   116
2. 배합괘·도전괘·착종괘   138

2장 중정응비와 주효
1. 중中과 응應   142
2. 정正과 비比   147
3. 주효主爻   154
4. 효의 지위   156

1장 | 괘와의 관계

 괘(대성괘)를 해석하는데 있어서 가장 중요한 것은, 괘를 이루고 있는 소성괘의 구성이다. 주역에서는 여덟 개로 되어있는 소성괘(8괘八卦)가 우주대자연을 구성하고 있는 기본적인 요소가 된다. 또 소성괘가 둘씩 모여서 이루어진 64개의 대성괘로 우주대자연을 모두 표현할 수 있다고 본다. 즉 우주대자연의 모든 현상과 사물은 크게 나누면 모두 64종류로 나눌 수 있으므로, 그러한 현상과 사물의 특성으로 분류한 64개의 괘로 모두 표현하고 설명할 수 있다는 것이다.

 이 64괘를 해석하려면, 먼저 어떤 형질의 소성괘가 짝을 이루어 괘를 형성했는지를 살펴야 하고, 다음으로 변괘를 보고 주효를 살피며, 효의 때와 덕을 말하는 중정中正의 여부와 주변 효와의 관계인 응비應比 등을 살피고, 효의 자리가 속한 지위를 살핀 후 사리에 맞게 해석하여야 한다. 물론 역의 도를 밝힌 괘사와 효사 등 경문을 깊이 살피는 것은 당연한 일이다.

 위와 같은 방법으로 역을 연구하다 보면, 괘사나 효사 등 글을 쓰기 이전에 획을 그린 마음을 알 것이고, 나아가 획을 그리기 이전의 역을 깨달을 수 있을 것이다.

1. 본괘·지괘·호괘

> 본괘·지괘·호괘의 체용관계를 살피면 괘 해석의 반 이상이 이루어지는 것이다. 경문에서도 괘사는 본괘와 호괘를 설명한 것이고, 효사는 본괘와 본괘가 변한 지괘의 관계에 대한 설명이라고 보아도 크게 틀리지 않는다.

괘를 변화시켜 보는 방법에는 본괘本卦·지괘之卦·호괘互卦·배합괘配合卦·도전괘倒轉卦·착종괘錯綜卦 등이 있는데, 지괘는 본괘에 대한 활용, 호괘는 내포된 의미, 배합괘는 음양의 재질이 바뀐 상황, 도전괘는 제3자적 입장에서 일의 경과를 살필 때 쓰며, 착종괘는 상하의 위치가 바뀜으로 인한 변동(전반기, 후반기 운)을 살필 때 쓴다.

괘를 해석하는 데는 본괘·지괘·호괘를 중시해서 보고, 나머지 괘는 참고로 보는 것이 좋다.

1) 본괘

본괘는 설시[1]를 해서 나온 괘로, 동효가 변하기 전의 괘를 말한다. 본괘는 상괘와 하괘로 나뉘는데, 아래에 있는 하괘가 체가 되며, 위에 있는 상괘는 용이 된다. 문왕이 쓴 괘사는 본괘에 대한 내용이다.[2]

---

[1] 시초점을 쳐서 괘를 얻는 과정을 말함. 평소에 주역 책을 보면, 우주의 진리를 담은 하나의 철학책이다. 그런데 일이 있어서 점을 쳐서 나온 괘와 효(동효)를 볼 때는, 주역의 괘사 또는 효사가 점사占辭가 되는 것이다. 그러니까 점을 쳤을 때는 주역책이 점책이 되는 것이고, 점을 치지 않고 수양하는 마음으로 읽을 때는 성인의 글을 담은 철학책인 것이다.

[2] 자세한 것은 5부의 설시법 참조. 설시법에서 효를 정할 때에 9(노양)·6(노음)·7(소양)·8(소음)을 쓰는데, 9와 6이 나왔을 경우에는 해당하는 효가 동했다(변했다)고 하여 해당 효사를 보고, 괘의 모든 효에 9와 6이 없이 7과 8로만 이루어졌을 경우의 해석에만 괘사를 사용한다.

본괘를 살핀다는 것은 괘의 의리를 살피는 것이다. 건(☰)은 굳건하고, 곤(☷)은 순하며, 진(☳)은 움직이고, 손(☴)은 공손하게 들어가는 것이고, 감(☵)은 빠져서 험한 것이며, 리(☲)는 걸리는 것이고, 간(☶)은 그치는 것이며, 태(☱)는 기뻐하는 것이라고 했다.

따라서 64괘 중에 건이 있으면 굳센 뜻이 있고, 곤이 있으면 순한 뜻이 있으며, 진이 있으면 움직이는 뜻이 있고, 손이 있으면 들어가는 뜻이 있으며, 감이 있으면 빠져서 험한 뜻이 있고, 리가 있으면 중간에 걸려있는 뜻이 있으며, 간이 있으면 그치는 뜻이 있고, 태가 있으면 기뻐하는 뜻이 있게 된다.

여기서는 현재 처해있는 상태를 체라고 하고, 일이 진행되는 과정 및 결과를 용이라고 한다.

(1) 체괘가 건(☰)일 경우

건乾은 팔괘의 상으로 치면 하늘이고, 그 덕은 굳건함이다. 따라서 건이 하괘에 있을 경우는, 굳건하고 높으며 밝고 귀하다는 것 외에도 명예 철학 등 형이상학적인 면이 있다. 세속에서 말하는 개인적인 잇속과는 거리가 있다.

- 중천건괘(☰) : 음력 4월을 주관하는 제후괘이자 우주 전체를 주관하는 부모괘의 하나이다. 강건한 하늘의 성정을 나타내며, 상괘와 하괘가 모두 하늘(☰/건)이므로, 하늘이 거듭하였다는 뜻이다. 굳세고도 굳센 의미가 있다. 또 건에 공정무사하고 때에 맞게 움직인다는 뜻이 있으니, 때에 맞게 행동하고 성실히 노력하는 사람에게는 길하고, 요행을 바라는 사람은 흉하다는 뜻이 들어있다.
- 택천쾌괘(☰) : 아래에 있어야 할 못(☱/태)의 물이 하늘(☰/건) 위에 있는 상이다. 음력 3월을 주관하는 제후괘이다. 하나 남은 음효가 물러나지 않으려고 갖은 술수를 다 부린다. 맨 위에 있는 음(상육)이 아래의 다섯 양에 의해 척결되어야 못의 물이 아래로 흘러 백성이 잘 살 수 있다. 또 아래에 있어야 할 소녀(태)가 아버지

(건) 위에 있으면서 예절을 잃고 있으므로 척결되는 상이다. 처음에는 어린 딸이 예쁘다고 봐주었지만, 크게 화합하기 위해 개인적으로 좋아하고 기뻐하는 것을 척결해야한다.

- 화천대유괘(䷍) : 태양(☲/리)이 하늘(☰/건) 위에 높이 떠있는 상이다. 누구나 고르게 기회가 주어지며 환하게 잘 풀리는 운이지만, 태양 앞에 나와서 햇볕을 받거나 혹은 태양이 싫다고 그늘로 숨어 들어가는 것은 각자의 몫이다. 계획을 세워 성실하게 사는 사람에게는 아주 좋은 괘이다.

- 뇌천대장괘(䷡) : 하늘(☰/건) 위에서 우레(☳/진)가 울리는 형상이다. 음력 2월을 주관하는 제후괘이다. 넷이나 자라 기세 등등한 양효들이 둘 남은 음효를 몰아내고자 하나 음효들이 노회하여서 뜻대로 되지 않는다. 안(하괘)으로는 강건하고 밖(상괘)으로는 크게 움직여 씩씩하니, 떨쳐 일어나며 크게 명성을 이룬다. 다만 아무리 옳은 일이라도 너무 급하게 처리하다가 실수할 염려가 있다. 대의명분을 잃지 않도록 공평무사하게 일을 처리하여야 한다.

- 풍천소축괘(䷈) : 하늘(☰/건) 위에 바람(☴/손)이 불면서 하늘(구름)을 한 곳으로 모으고자 하나 쉽지 않다. 그렇지 않아도 조금밖에 없는 비구름을 이리저리 쫓는다. 마치 평소 사랑받던 여인 또는 측근이 더 예쁜 사람 오기를 싫어하는 것과 같다. 최고는 아니더라도 중간 이상은 되며, 항상 만족은 못하더라도 임시 만족을 느낀다. 자신의 능력이 뛰어나지 못함을 생각해서 과욕을 부리지 않아야 한다.

- 수천수괘(䷄) : 구름(☵/감)이 하늘(☰/건) 위에 있기는 하지만 아직 비를 내리지는 못한다. 좀 더 구름이 모여서 비 내릴 때를 기다려야 한다. 현재는 할 일도 없고 또 움직이면 위험하다. 푹 쉬면서 나아갈 때와 물러갈 때를 기다리되, 아랫사람은 윗사람을 두려워하면서 실력을 기르고, 윗사람은 아랫사람의 능력과 공정함을 인정해서 발탁해야 한다.

- 산천대축(䷙) : 아래의 하늘(☰/건)이 올라오는 것을 위에서 산(☶/간)으

로 그치게 하는 상이다. 자질이 뛰어난 아랫사람을 충분히 공부시킨 뒤에 크게 쓰는 것이다. 공부하고 시험 보는 사람에게 좋다. 고요하게 그쳐있는 가운데 하늘처럼 큰 것을 장기적으로 기르는 상이다. 과거 성현들의 학문과 행실을 공부해서 큰 인물이 되는 괘이다.

- 지천태괘(䷊) : 음력으로 1월을 다스리는 제후괘이다. 제후괘는 양효끼리 편을 먹고 음효는 음효끼리 편을 먹으면서 상대방을 밀어내는 성향이 있다. 아래에 있는 양(☰)이 위에 있는 음(☷)을 몰아내는 형세이다, 다만 양의 넓은 아량을 베풀고 음은 양과 타협을 하고자 하므로 서로 소통을 하며 화합을 한다.

  위에 땅(☷/곤)이 있고 아래에 하늘(☰/건)이 있는 상이다. 위에 있는 땅은 내려오고자 하고 하늘은 올라가고자 하니, 서로의 뜻이 잘 맞아 화합하고 크게 잘 되는 운이다. 윗사람과 아랫사람의 의견이 잘 맞고 굳세게 움직이면서도 순리를 따르니, 만물이 잘 자라는 봄에 해당한다. 조금 더 여유를 가지고 움직이는 것이 좋다.

(2) 체괘가 태(☱)일 경우

태(☱)는 팔괘의 상으로 치면 호수이고, 그 덕은 기뻐하거나 너무 지나쳐서 해침이 된다. 따라서 태가 하괘로 있을 경우는, 부드러움과 기뻐함은 있지만, 자신도 모르는 가운데 나태해지고 지나치게 행동해서 잃어버리고 흩어지는 면이 있다. 그래서 하괘가 태일 경우 자신을 굳게 지키라는 경계가 많다.

- 천택리괘(䷉) : 예절을 지켜나가는 괘이다. 위에는 하늘(☰/건)이 있고, 아래는 호수(☱/태)가 있는 상이다. 하늘이 보여주는 대로 호수의 표면에 태양을 그리고 구름을 그린다. 사람도 하늘의 이치를 그대로 따르며 살아가는 것이 바로 인생이다. 항상 조심해야 한

다. 겸손하고 즐거운 마음으로 하늘의 굳세고 공평함을 따르면 허물이 없다.
- 중택태괘(䷹) : 상괘도 호수(☱/태)이고 하괘도 호수이다. 호수가 위와 아래로, 혹은 서로 인접해서 있는 상이다. 호수가 서로 수위를 비교하는 상에서, 친구가 서로 경쟁하며 공부하는 것과, 고생에는 반드시 그에 상응하는 기쁨이 있음을 암시한다. 당근과 채찍을 같이 구사하고, 선의의 경쟁을 시키면 좋은 결과가 있게 되는 괘이다.
- 화택규괘(䷥) : 물(☱/태) 위에 불(☲/리)이 있는 상으로, 불은 위로 타오르고 물은 아래로 모이며 서로 어긋나게 행동한다. 크게 어긋나면 전쟁을 하고, 작게 어긋나면 말다툼을 하지만, 어긋난 것을 극복하면 발전하게 된다. 그래서 서로 대화를 하고 이해해서 어긋남을 풀려고 노력하면 작은 일은 길한 것이다.
- 뇌택귀매괘(䷵) : 소녀(☱/태) 위에 장남(☳/진)이 있는 상으로, 젊은 여자가 나이든 남자에게 반해서 시집가는 괘다. 친구따라 강남 간다. 남녀 간의 여러 형태의 불합리한 결혼을 뜻하는 괘이나, 자식을 낳아 종족을 번식하고자 함이니 인륜에 어긋나는 일은 아니다. 눈앞의 즐거움 때문에 망치기 쉽다. 편법을 좋아한다.
- 풍택중부괘(䷼) : 상괘와 하괘가 입(☲)을 맞대고 이야기 하는 형상이다. 하괘(☱/태)는 기뻐하고 상괘(☴/손)는 공손하다. 기뻐하고 공손함으로써 일을 처리하면서도 마음을 비우니, 너도 나도 믿어주는 것이다. 서로 마음속으로부터 믿으니 큰일을 할 수 있다. 바람이 호수의 물을 흩어지게 하더라도, 사사로운 이익이 아니라 모든 사람을 이롭게 하려는 믿음이 있다. 어떤 상태에서도 공손하게 하고, 즐거운 마음으로 움직이는 것이 중요하다.
- 수택절괘(䷻) : 호수(☱/태) 위에 물(☵/감)이 있는 상으로, 차면 넘쳐 흐르게 하고 비면 고여 모이게 함으로써 수위를 조절한다. 물이 일정량을 넘지 않게 하는 절제가 필요하다. 따라서 규칙이나 법률을 잘 지켜야 길하고, 지키지 않거나 피하려 하면 흉하다. 제도

를 잘 만들어서 망동하는 일을 막아야 한다.

- 산택손괘(䷨) : 산(☶/간) 아래 호수(☱/태)가 있는 상으로, 아래의 못 기운이 증발하여 위의 산에 보태주니, 윤택한 못의 기운이 산 속의 초목과 금수를 잘 자라게 한다. 안을 덜어 밖에 더해주고, 내 것을 덜어 상대방에게 주되, 때와 상황에 맞게 하며 검소하게 살면 복을 받는다.

- 지택림괘(䷒) : 음력 12월을 주관하는 제후괘이다. 역시 양과 음이 서로 다투는 괘이지만, 세력이 더 센 음이 양을 봐주고, 양 역시 음을 해칠 마음이 없으므로 평화롭다. 위에 땅(☷/곤)이 있고 아래에 호수(☱/태)가 있는 상으로, 땅에 호수의 물이 임하여 모든 만물을 기르는 것이다. 자식이 효도하고 아랫사람이 충성을 하되 기쁜 마음으로 하니, 윗사람이 자애롭게 보살펴준다. 지하수가 충분히 고여서 쓰일 때가 된 것으로, 항상 기쁜 마음으로 일에 임하는 것이 좋다.

(3) 체괘가 리(☲)일 경우

리離는 팔괘의 상으로 치면 불 또는 해이고, 그 덕은 밝음이다. 따라서 리가 하괘로 아래에 있을 경우는, 밝고 현명하며 풍성함이 있다. 그래서 하괘가 리일 경우, 지혜롭게 큰 일을 처리한다는 뜻이 많다. 다만 리괘 속에 떠나고 걸린다는 뜻이 있으므로, 상황을 잘 파악해서 떠날 때 떠나고 있어야 할 때 있어야 하는데, 자칫 그 판단을 잘못하여 그물에 걸려 잡히고 좋지 않은 감정 속에 헤어진다는 뜻이 숨어있다.

- 천화동인괘(䷌) : 하늘(☰/건) 아래에 불(☲/리)이 있는 상으로, 하늘 밑에 있는 불 즉 전등불 밑에서 모임을 갖는 것이다. 모임은 뜻 맞는 사람들이 서로를 배려하는 마음으로 공정한 말과 행동을 해야 오래간다. 전등불 아래서 모이는 것이므로, 써클 모임, 동지

들의 모임, 학문의 모임 등등 소규모의 모임에 좋은 괘이다.
- 택화혁괘(䷰) : 위에 있는 호수의 물(☱/태)로 아래에 있는 불(☲/리)을 끄려 하고, 아래에 있는 불이 위에 있는 쇠를 녹이려 한다. 서로를 바꾸려고 다투는 것이다. 하지만 적절히 조절되면, 불도 쓸모 있게 되고 쇠도 쓸모 있게 고쳐진다. 상대를 고쳐 변하게 하니, 옛 것을 고쳐서 새롭게 하는 뜻이 있다. 공정하고 공손한 마음으로 하면 새롭게 되고, 새로운 제도와 발명품이 나오는 괘이다.
- 중화리괘(䷝) : 상괘와 하괘가 모두 불(☲/리)이니, 해와 달이 하늘에 걸려 있는 상이다. 리는 걸리다, 떠나다, 헤어지다 등의 뜻으로, 해와 달이 하늘에서 쉬지 않고 운행하며 밤과 낮을 이어 밝히는 것이다. 그렇지만 불이 지나치게 밝고 세니, 너무 세세하게 밝히려 해서 일을 망치는 성향이 있다. 때에 맞춰서 행동하며, 과격한 행동을 절제해야 한다.
- 뇌화풍괘(䷶) : 번개(☲/리)가 친 후 우레(☳/진)가 울리는 상으로, 밝음과 권위가 함께 움직여 나아가 풍대하게 커진다. 지혜롭고 합리적인 행동에 의한 밝고 풍성함이다. 일을 크게 벌일 만하다. 다만 낮이 지나면 밤이 오고, 보름달이 지나면 그믐이 되듯이, 어렵고 힘들게 될 때를 대비해야 한다.
- 풍화가인괘(䷤) : 안에는 불(☲/리)이 있고 밖에는 바람(☴/손)이 있는 상으로, 집안을 잘 다스리는 괘이다. 바람따라 안으로 들어와서 불을 밝힌다. 집안으로 들어와서 집안을 밝게 다스리니, 부모는 부모답고 자식은 자식답게 해서, 자기의 역할에 충실하며 집안이 화목하게 된다. 먼저 집안을 잘 다스린 뒤에 큰일도 할 수 있는 것이다.
- 수화기제괘(䷾) : 64괘 중에 가장 완벽한 괘이다. 위에 있는 물(☵/감)은 아래로 내려오고 불(☲/리)은 위로 오르며 서로 잘 소통하는 상이다. 또 모든 효가 각자 올바른 자리에 위치하고 잘 소통함으로써 아무런 문제가 없다. 다만 완벽하게 되면 나태해지고 잘못되기 쉬우니, 장래에 대한 현명한 대비가 필요하다.

- 산화비괘(☲) : 산(☶/간) 아래에 불(☲/리)이 있는 것으로, 태양이 져서 노을빛으로 산을 아름답게 꾸미는 상이다. 어떤 일을 꾸미고 장식해서 아름답게 보이게 하는 일에 유리하다. 생장의 과정을 마치고 아름답게 결실을 맺는 뜻이 있다. 다만 실속 있게 만드는 것은 아니고 겉보기가 좋다는 뜻이 숨어있다.
- 지화명이괘(☲) : 땅(☷/곤) 속에 불(☲/리)이 들어 있는 것으로, 해가 져 땅으로 들어가서 어둡게 된 상이다. 어두울 때는 잘못 움직이면 다치기 쉽다. 치안이 엉망이라서 옳은 것을 주장하면 다친다. 나서지 말고, 감춰야 할 때이다. 내가 옳다고 해서 나서더라도 아무도 알아주지 않고 나만 다친다. 훗날을 도모해야 한다.

(4) 체괘가 진(☳)일 경우

진震은 팔괘의 상으로 치면 우레이고, 그 덕은 움직임이다. 따라서 진이 하괘로 아래에 있을 경우는, 우레 치듯이 위로 꿈틀거리며 진동함이 있다. 그래서 하괘가 진일 경우, 위엄과 움직임으로써 일을 해나가는 뜻이 있다.

- 천뢰무망괘(☰) : 하늘(☰/건) 아래에서 우레(☳/진)가 치는 상이니, 이미 우레가 땅으로 떨어진 것이다. 뇌성벽력이 일어나 두렵더라도 스스로를 반성하면서 바르게 행해 나가면 무사하다. 우레가 칠 때는 움직이지 않는 것이고, 하늘이 공정한 심판을 내릴 때는 공손하게 그 처분을 바랄 뿐 망동하지 말아야 길하게 된다.
- 택뢰수괘(☱) : 어린 소녀(☱/태)가 위에 있고 나이든 장남(☳/진)이 아래에 있으니, 소녀가 장남의 겸손하고 위해주는 태도에 기뻐하며 출렁이는 상이다. 마치 우레 치면 비가 내리듯이 서로 따르지만, 정상적인 결합은 아니고 급한 마음에 옆에 있는 사람하고 사귄다. 편법으로 만나는 것이므로, 항상 공손하고 절제하는 마음을 견지해야 한다. 현재는 주변에서 보는 눈이 좋지 않아 어렵더

라도, 결국 자식이라는 결과를 얻을 수 있어서 좋다.
- 화뢰서합괘(䷔) : 번개(☲/리)와 우레(☳/진)가 앞서거니 뒷서거니 합하여 하늘의 위엄을 빛내는 상이다. '씹을 서噬'와 '합할 합嗑'이니, 입속의 물건(음식물)을 씹어 합하는 뜻이 있다. 우레로 위엄을 보이고 번개로 밝게 해서 그릇된 것을 잘 씹어서 바로잡는다. 형벌을 주더라도 바른 길로 인도해야 한다. 자칫 잘못하면 되치기 당할 수가 있으므로, 절도 있게 위엄을 보임으로써 법도를 세워야 한다.
- 중뢰진괘(䷲) : 위와 아래가 모두 우레(☳/진)인 괘로서, 우레가 거듭 쳐서 만물을 크게 진작시키며 움직여 나오는 상이다. 모든 사람이 한꺼번에 모두 움직이므로 다치기 쉽다. 세상이 계속 시끄러울 때는 일단 몸을 숨기며 조심해야 한다. 다른 사람이 다칠 때 타산지석他山之石으로 삼아야 한다. 위험을 잘 벗어나면 일이 풀리고 승진한다.
- 풍뢰익괘(䷩) : 바람(☴/손) 부는 곳에 우레(☳/진)가 일어나서 판을 키우는 상이다. 윗사람이 칭찬을 하는 등 바람을 일으켜서 아랫사람을 고무시키면, 아랫사람은 힘써 노력하므로 서로에게 이익이 된다. 먼저 윗사람이 베풀어야 하며, 일단 서로의 호흡이 맞으면 어떤 일이든 헤쳐나갈 수 있다.
- 수뢰둔괘(䷂) : 양수(☵/감) 속의 태아(☳/진)가 다 자라서 이제 막 세상으로 나오는 상이다. 경험이 없으므로 이끌어주고 보살펴줄 사람이 필요하다. 현재는 어렵고 힘하며 상황 파악이 잘 안 된다. 먼저 앞장서면 불리하고, 주변 상황을 잘 살피며 익숙해질 때까지 대리인에게 맡기고 기다려야 한다.
- 산뢰이괘(䷚) : 산(☶/간) 아래에 큰 나무(☳/진)가 자라는 상이다. 음식을 씹어 몸을 기른다. 새로운 일을 개척하기 보다는 현재의 일이 충실해지도록 다지기를 할 때이다. 많이 움직이지 않고 한 자리에 그쳐있는 일에 유리하고, 목회자나 선생님 혹은 영양사 보모 등 가르치고 인도하며 먹여서 기르는 일에 좋다.

- 지뢰복괘(☷☳) : 음력 11월을 주관하는 제후괘이다. 다섯이나 되는 음들이 이제 막 생겨난 양을 귀엽다고 봐줄 때 얼른 자라야 한다. 자궁(☷/곤)에서 이제 막 태아(☳/진)가 자리잡기 시작했다. 절대적으로 안정이 필요하다. 하루로 치면 한밤중이고, 1년으로 치면 밤이 제일 긴 동지에 해당한다. 어머니의 인자한 마음으로 이제 막 생겨난 아기를 돌보는 때이므로, 새로이 일을 만들거나 많이 움직이는 일은 하지 말아야 한다.

(5) 체괘가 손(☴)일 경우

손巽은 팔괘의 상으로 치면 바람이고, 그 덕은 안으로 들어옴이다. 따라서 바람으로 흩뜨리거나 안으로 들어오는 성격이 있다. 그래서 하괘가 손일 경우, 구석구석까지 잘 통해서 일을 저지르거나 해결한다는 뜻이 있다.

- 천풍구괘(☰☴) : 하늘(☰/건) 아래 바람(☴/손)이 불면서 하늘의 명령을 전달하는 상이다. 손(☴)은 아래를 향해서 입을 벌리는 상이므로 명령이 된다. 위에서는 공정하게 하나 아래에서는 부패의 싹이 자라고 있다. 구괘는 음력 5월을 다스리는 제후괘이다. 음이 하나 밖에 자라지 못했지만, 어떻게든 양을 몰아내려는 마음을 감추고 있다. 심각하진 않지만 일찍 다스리지 않으면 감당하지 못할 악으로 자란다. 소인배 또는 여자로 인한 부패이다. 직속상관이 전적으로 책임을 맡아 다스리도록 조치한다.
- 택풍대과괘(☱☴) : 호수 물(☱/태)이 위에 있어서 하괘인 나무(☴/손)가 그 아래에 잠긴 상이고, 서방금(태)이 아래에 있는 동방목(손)을 금극목 하고 있는 상이다. 더구나 뿌리(초효)와 잎새(상효)가 중간의 줄기(욕심)에 비해서 약해서 중심을 잃고 넘어지는 상이다. 너무 물질을 추구하지마라. 마음을 차분히 다스리고 근본을 충실하게 다지지 않으면 욕심과 사치 방종으로 패망하게 된다.

- 화풍정괘(䷱) : 불(☲/리) 밑에 나무와 바람(☴/손)을 들임으로써 건(이효,삼효,사효)의 음식을 조리하는 상이다. 밥(월급)을 주고 일을 시키는 관계이다. 솥 안의 재료가 끓어서 음식이 만들어지니, 새롭게 고치고, 제사를 지내며, 제자를 기르고, 요식업 등에 좋은 괘이다. 경제적으로 풍성한 괘이다.
- 뇌풍항괘(䷟) : 안에서는 장녀(손/☴)가 가사를 맡고, 밖으로 장남(진/☳)이 활동하는 상으로, 책임질 수 있는 나이의 부부가 주축이 된 안정된 가정생활을 뜻한다. 아내는 공손하면서도 공정하게 하고, 남편은 즐거운 마음으로 활동한다. 서로 협조하고 역할분담이 잘 이루어져서 오랫동안 할 수 있는 일에 좋다.
- 중풍손괘(䷸) : 위와 아래로 거듭해서 바람(☴/巽)이 부는 상으로, 위에서 명령(바람)을 하면 중간관리자가 그 명령을 받들어 또 명령을 함으로써 일을 잘 처리한다. 유행을 타는 일이나, 계속해서 이어지는 일, 위계질서를 지키는 일 등에 유리하다. 윗사람은 일 전체를 밝게 잘 살피고, 아랫사람은 윗사람을 믿고 즐겁게 따르는 것이다.
- 수풍정괘(䷯) : 나무(☴/손)로 우물의 틀을 짜서 내려놓으니 그 위로 샘(☵/감)이 솟는 상이다. 밑에 감춰진 물을 밖으로 끌어내서 오가는 사람의 목을 축여준다. 우물을 파다말면 우물물을 얻을 수 없으니, 끝을 보아야 한다. 또 우물은 다른 곳으로 옮길 수 없으니, 한 자리를 고수하며 일을 해야 좋다. 많은 사람에게 덕을 베푸는 일에 좋다. 한꺼번에 많은 덕을 베푸는 것이 아니라, 조금씩 꾸준히 베풀면 좋다. 베풀면 베풀수록 더 많은 복이 들어온다.
- 산풍고괘(䷑) : 산(☶/간) 아래에서 바람(☴/손)이 불어서, 낙엽지고 열매가 떨어지는 등 사고가 터진다. 나이 든 여자가 젊은 남자를 유혹하는 상이다. 부정부패가 늘고, 풍기문란 현상이 만연한다. 깊은 산속까지 일을 만든다. 잘 이끌어서 풍속을 단속하지 않으면 여기저기서 사건과 사고가 터진다.
- 지풍승괘(䷭) : 땅(☷/곤)속에서 초목(☴/손)이 뿌리를 박고 움터 오르는

상이다. 위쪽이 모두 뚫려 있으니 넓고 큰 곳으로 잘 올라간다. 승진하는 괘이고, 뜻을 이루는 괘이다. 위에서는 자애로운 마음으로 이끌어주고, 아래에서는 윗사람의 명령을 즐거이 따른다. 남쪽으로 가면 길하다.

(6) 체괘가 감(☵)일 경우

감(坎은) 팔괘의 상으로 치면 흐르는 물 또는 달이며, 그 덕은 험하고 빠짐이다. 험난하고 어려운 일이 생기므로, 물이 흐르듯이 순리를 따라야 한다. 그래서 하괘가 감일 경우, 물로 인해 잘 통하거나 혹은 함정에 빠진다는 뜻이 있다.

- 천수송괘(䷅) : 하늘(☰/건)에서 비(☵/감)로 상징되는 먹을 것이 떨어진다. 서로 그 비를 차지하려고 다투는 상이다. 윗사람은 자신이 공정하고 윗사람이라며 주장하고, 아랫사람은 지혜가 있고 함정이라는 무기가 있다고 하면서 서로 다툰다. 윗사람은 공손해야 하고, 아랫사람은 꿍꿍이속이 아닌 진정한 지혜가 있어야 하며, 중재자가 있어야 좋다. 끝까지 다투는 것은 좋지 않다.
- 택수곤괘(䷮) : 호수(☱/태)의 물(☵/감)이 아래로 다 빠져나가서 호수가 바닥을 드러낸 상이다. 호수에 물이 없으니 궁핍하다. 아랫사람은 너무 자기주장만 하지 말아야 하며, 윗사람은 좀 더 공손해져야 망하지 않는다. 둘 다 입조심하지 않으면 더 곤궁해진다.
- 화수미제괘(䷿) : 물(☵/감) 위에 불(☲/리)이 있는 상으로, 불은 위로 타오르고 물은 아래로 흘러 서로 사귀지 못하니, 음과 양이 3:3으로 조화를 이루지만 그 배치가 잘못되어 소통이 안된다. 서로간의 부조화로 도움이 되지 못한다. 서로 간에 협조만 되면 어떤 일이든 처리할 수 있다. 능력에 맞게 직책을 맡기는 것이 중요하다.

- 뇌수해괘(☷) : 태아(☳/진)가 양수(☵/감)를 터뜨리고 출생해서 자리를 잡기 시작하는 상이고, 겨울의 험난함을 뚫고 봄이 되고 나무가 자라나는 상이다. 어렵고 힘든 일이 풀려나가기 시작한다. 서남방이 좋고, 서로 위해주는 마음으로 지나간 잘못은 용서하는 것이 좋다. 해방, 해동, 해산, 해원 등등의 뜻이 있다. 서서히 풀리지만 급격히 좋아지지는 않는다.
- 풍수환괘(☴) : 물(☵/감) 위에 바람(☴/손)이 부는 상으로, 잔잔한 수면에 파문이 일며 흩어진다. 사람들도 모였다가 흩어지며, 재물도 바람결에 흩어진다. 이렇게 흩어질 때는 조상을 구심점으로 삼아서 뜻을 모아야 한다. 배나 비행기를 타고 멀리 외국으로 나갈 운이다.
- 중수감괘(☵) : 위와 아래에 모두 물(☵/감)이 중첩한 상으로, 험한데 빠져 있는 모습이다. 깊고 험한 웅덩이에 빠졌다. 이럴 때는 단도직입적으로 책임자를 만나되 허심탄회하게 사정을 설명해서 설득해야 한다. 정면 돌파를 해야지 꼼수를 쓰면 빠져나갈 수가 없다. 산속에서 수도를 하든지 학생을 가르치는 일은 좋다.
- 산수몽괘(☶) : 산(☶/간) 아래에서 샘(☵/감)이 솟아서 흘러가는 상이다. 이제 막 흐르기 시작했기 때문에 갈 길을 잘 모른다. 아직 무지할 때 잘 가르쳐야 하지만, 스스로 물어올 때까지 기다려야 한다. 아직 큰일을 벌이지 말고, 능력이 생길 때까지 공부하면서 기다린다. 교육사업에 좋다.
- 지수사괘(☷) : 순하고 착한 백성(☷/곤) 속에 함한 군인(☵/감)을 기르는 상이다. 전쟁을 대비해서 군인을 기르고, 장래를 대비해서 악착같이 저축을 한다. 겉으로는 순하고 착하게 있으면서 안으로는 남몰래 힘을 길러 유사시에 쓰는 것이다. 전쟁을 하고 싸움을 하는 괘이다. 지휘자에게 전권을 주어야 잘 싸울 수 있다.

(7) 체괘가 간(☶)일 경우

간(艮)은 팔괘의 상으로 치면 산이고, 그 덕은 그침이다. 따라서 산과 같이 굳게 그쳐서 움직이지 않고, 조용히 있으면서 덕과 힘을 길러야 한다. 그래서 하괘가 간일 경우, 그쳐있는 가운데 통함이 있고, 억지로 움직이고자 하면 어렵고 힘해지는 뜻이 있다.

- 천산돈괘(䷠) : 음력 6월을 주관하는 제후괘이다. 음효가 둘 밖에 없지만, 그 기세가 대단하므로 양효들이 물러날 생각을 한다. 하늘(☰/건)아래 산(☶/간)이 있는 상으로, 세상을 피해 은둔하여 하늘이 부여한 명을 굳건히 지킨다. 하늘 끝닿은 곳으로 숨어 들어간다. 소인배의 행동이 싫어서 은둔하는 것이다. 소인은 잘해주면 기어오르고, 벌을 주면 원망을 한다. 위엄을 보이면서 스스로 멀어지게 하는 것이 상책이다.
- 택산함괘(䷞) : 하늘의 성기인 산(☶/간)이 내려가고 땅의 성기인 호수(☱/태)가 올라간 모습으로, 남녀가 완벽히 교합한 상태를 말한다. 이성 보다는 몸으로 느끼는 괘이다. 법적으로는 혼인하지 않고 동거하며 산다. 느낌이나 감각이 뛰어난 직업, 예술가 디자이너, 임시직 등이 좋은 직업이다.
- 화산려괘(䷷) : 나그네 괘다. 산(☶/艮) 위에 불(☲/리)이 붙은 상으로, 정처없이 떠도는 나그네와 같이 산등성의 불이 이리 저리 옮겨 다닌다. 태양(불)은 잡을 수가 없는데도 험한 산 위로 찾으러 다니며 방황한다. 사람들이 방황하며 저지른 죄를 너무 밝히지 말고 용서하는 것도 방황을 멈추게 하는 방법이다. 여행에는 좋다.
- 뇌산소과괘(䷽) : 산(☶/간) 위에 우레(☳/진)가 있는 상이다. 위는 명령을 내리고 아래가 실행해야 하는데, 아래는 그쳐있고 위에서 움직이니 조금 잘못된 것이다. 공손하게 행동하는 것, 장례 때 슬퍼하는 것, 검소하게 사는 것 등은 조금 지나쳐도 좋다. 큰일은 어렵지만 작은 일은 형통하다.

- 풍산점괘(☴☶) : 나이 든 여자(☴/손)가 젊은 남자(☶/간)의 청혼을 받아 예법에 맞게 시집가는 상이다. 점차적으로 일이 풀린다. 일을 진행할 때 계획을 세워서 순서에 맞게 처리하니 길하다. 상대방이 청혼할 때까지 덕을 기르며 기다린다. 결혼할 상대가 훌륭한 사람이다. 직원을 뽑아도 정직하고 예의를 아는 좋은 사람이다.
- 수산건괘(☵☶) : 앞에는 건너기 힘든 강물(☵/감)이 있고 현재는 험한 산(☶/간) 위를 걸어가니 절룩거린다. 서남방이 이롭고 동북방은 험해서 불리하다. 험하고 어려운 처지가 되면 자신의 잘못을 반성하면서 조심하는 것이 이롭다. 혼자서는 어려움을 헤쳐 나가기 어려우니, 나를 이해하고 도와줄 훌륭한 분을 찾는 것이 급선무다.
- 중산간괘(☶☶) : 앞도 산(☶/간)이고 뒤도 산으로 가로 막혀서 나아가지를 못한다. 첩첩산중에 놓였다. 차라리 한 곳에 그쳐있으면서 공부하는 것이 좋다. 공부하고 수도하는데 좋은 괘이다. 선생님이나 목회자, 또는 연구원이 좋은 직업이다.
- 지산겸괘(☶☷) : 위에 있어야 할 높은 산(☶/간)이 낮은 땅(☷/곤) 보다 아래에 있는 상으로 겸손함을 상징한다. 순함으로 인한 마음에서 우러나는 겸손함이다. 인기가 많아도 겸손하니 모든 사람이 좋아하며 도와준다. 공평하게 나누어주는 직업에 좋다. 다만 자랑하거나 자신의 공을 내세우면 좋지 않다.

(8) 체괘가 곤(☷)일 경우

곤(坤)은 상으로 치면 땅이고, 그 덕은 순함이다. 따라서 땅과 같이 하늘의 때를 이어받아 만물을 기르되, 너무 인색해서 막히지 않도록 해야 한다. 그래서 하괘가 곤일 경우, 서로 돕고 모이면 좋고, 자신이 앞장서려 하거나 자신의 이익만 주장하면 어려워지는 뜻이 있다.

- 천지비괘(☰☷) : 음력 7월을 주관하는 제후괘이다. 음과 양이 3:3이고 양

이 권력을 잡고 있지만, 음의 철저한 이기주의를 양이 견뎌내지 못한다. 하늘(☰/건)은 위에서 공정하게 할 것만을 주장하며 대화를 거절하고, 밑의 땅(☷/곤)은 자신들의 이익만을 위해 똘똘 뭉쳤다. 상하가 각기 자기 주장만 할 뿐 소통되지 않는다. 아랫사람은 윗사람의 권위를 인정해주고, 윗사람은 아랫사람의 처지를 배려하며 열심히 사는 모습을 칭찬해야 풀린다.

- 택지취괘(䷬) : 호수의 물(☱/태, 먹을 것, 좋은 것)을 보고 만물(☷/곤)이 모여드는 상으로, 풀과 나무는 물론이고 사방의 동물들이 두루 모인다. 이렇게 먹을 것을 보고 모여들 때는, 조상과 신에게 제사를 지내며, 잔치를 하는 등 모여드는 사람들을 만족시키고 응집시켜야 한다. 먹을 것을 주면서도 자신을 낮추어 겸손하니 모여드는 것이다.

- 화지진괘(䷢) : 땅(☷/곤) 위로 불(☲/리, 태양)이 나온 것으로, 태양이 지평선 위로 떠올라 나아가는 상이다. 밝고 따뜻한 햇볕을 따라 사람들이 모여든다. 규칙을 평화롭게 지키며 자신의 능력을 발휘한다. 윗사람은 밝은 덕을 베풀며 아랫사람을 길러준다. 질서와 규칙을 지키면 오랫동안 평화를 유지할 수 있다.

- 뇌지예괘(䷏) : 백성(☷/곤) 위로 훌륭한 지도자(☳/진)가 좋은 정치를 베푸는 상으로, 음악 제사 등에 좋은 괘이다. 모든 것이 순조롭다. 후계자를 양성하고 대리인을 세우며 규칙을 바로 세우는 등 훗날을 기약하는 일에 좋다. 윗사람의 말에 아랫사람들이 순하게 잘 따르는 상이고, 지도자의 인기가 높다.

- 풍지관괘(䷓) : 음력 8월을 주관하는 제후괘이다. 황새(☴/손)가 바람을 타고 높이 떠서 지상(☷/곤)을 살피는 상으로, 부분이 아닌 전체적인 조망을 잘 하는 괘이다. 자신이 속한 환경을 시공간적으로 잘 살핀다. 공부하고 수도하는 사람에게 좋다. 관(觀)공부하며 집중력을 제고하는 괘이다. 윗사람이 아랫사람을 강제할 힘이 없으므로 먼저 모범을 보이는 자세가 필요하다.

- 수지비괘(䷇) : 위에 있는 물(☵/감)이 아래에 있는 땅(☷/곤)을 잘 적시

니, 물은 갈 길을 얻어서 좋고 땅은 윤택해져서 좋다. 물과 땅이 친하여 서로를 돕듯이 주변 사람들이 협조적이다. 물이 낮은 땅으로 모여들듯이 서로 도움을 준다. 도울 때는 눈치 보지 말고 앞장서서 내 일처럼 돕는 것이 좋고, 눈치를 보고 우물쭈물하며 늦게 도우려 하면 흉하다.

- 산지박괘(☶☷) : 음력 9월을 주관하는 제후괘이다. 하나 남은 군자를 없애지 못해 안달이다. 땅(☷/곤) 위에 높이 솟은 산(☶/간)이 아래가 깎여 무너지는 상이다. 높은 산이 깎여 나가듯이 깎이게 된다. 자신의 아랫사람을 조심해야 한다. 아랫사람들이 단결해서 나를 무너뜨리고자 하지만, 때가 되어서 그런 것이니 대항하지 말고 훗날을 위해 큰 씨앗을 보관하는 것이 좋다.

- 중지곤괘(☷☷) : 음력 10월을 주관하는 제후괘이다. 유순하고 후덕한 땅의 형상을 나타내며, 안팎으로 땅(☷/곤)이 있어서 후덕한 덕이 있는 사람을 상징한다. 순박한 마음으로 모든 사람을 길러준다. 앞장서려하지 말고, 존경하는 사람이 하자는 대로 하는 것이 좋다. 서남방은 편하지만 발전이 없고, 동북방은 험해서 어렵지만 장래성이 있다.

2) 지괘之卦

본괘에서 효爻가 동動하여 변해간 괘로서, 본래의 괘(本卦)에서 '변해서 갔다(지之)'고 하여 지괘라 한다. 본괘는 어떤 일을 하려고 할 때의 현재 처해 있는 상황을 말하며(체體, 뿌리), 지괘는 자신의 노력과 주변의 환경에 따라 앞으로 진행되어 나가는 과정을 뜻한다(용用, 가지, 잎새, 열매). 일반적인 주역점이라면 본괘本卦를 7~8할 정도의 중요도로, 지괘는 2~3할 정도의 중요도로 괘를 분석하여 풀이한다.3

예를 들어 중천건괘 효사에서 '구오는'하고 말했을 때는, 건괘 구오가 변해서 대유괘로 갔다는 뜻이다. 각 괘명만을 따서 '건지대유乾之大有'라고 읽는다. 물론 '건지대유'는 변해서 가는 진행의 성격이 강하므로, 대유괘의 뜻을 갖고 있을 뿐이지 완전한 대유괘는 아니다. 지금 본괘의 효사 내용이 '대유'로 잘 된다는 뜻이다.

건괘 구오효사에 "나는 용이 하늘에 있으니, 대인을 봄이 이롭다"고 되어 있고, 대유괘 괘사에 대유는 "크게 착하고 형통하다"고 되어 있다. "나는 용이 하늘에 있음"은 이 세상의 부귀영화를 마음껏 누린다는 뜻이고, "크게 착하고 형통하다"는 것은 하는 일마다 잘될 뿐만 아니라 남의 원망도 없다는 뜻이니 서로 통한다.

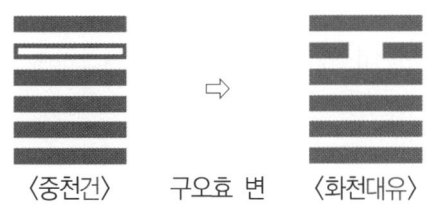

〈중천건〉　구오효 변　〈화천대유〉

---

3 지괘는 설시법에서 매우 중요한 의미를 갖는다. 설시법은 괘를 만드는 방법으로 「계사상전」 9장에 설명되어 있다. 효사의 이름을 지칭할 때 9와 6을 쓰는 것도, 노양인 9가 동해서 소음인 8로 변하고, 노음인 6이 동해 소양인 7로 변했다는 뜻이다. 주공이 쓴 효사는 바로 이 지괘에 대한 설명이다. 제 5부의 설시법에서 다시 설명됨.

『주역』 64괘의 384효를 풀이한 효사는 모두 지괘를 설명한 것이다.

건괘 초구 효사에 "초구는 잠긴 용이니 쓰지 말라"고 한 것은 건괘 초구가 변해서 천풍구괘가 되었다는 말이다(☰→☴). 천풍구괘 괘사에 "구괘는 여자가 드세고 점점 성해지니 취하지 말라"고 하였으니, 내용이 서로 통한다.

이 두 내용을 연결해 보면 나 자신은 아직 양의 기운이 미미하고, 처지가 움직일 상황이 아니므로 가만히 있어야 하고, 상대방은 드세고 점점 성해지므로(또는 처지가 아닌데 움직인다면 상황이 점점 꼬이고 험해지므로), 움직이지 말아야지 공연히 움직였다가는 화를 입는다는 뜻이 된다. 또 천풍구괘 초육효사를 보면 그 직접적인 관련을 더 확실히 볼 수 있다.

수뢰둔괘를 예로 들면, 초구효사에 "초구왈初九曰…"이라고 쓴 것은 둔괘의 처음효인 양효가 변해서 음효로 되었다는 뜻이다. 즉 본괘는 둔괘이고 지괘는 수지비괘라는 것이다(☵☳→☵☷).

곤괘 육이 효사에 "육이는 곧고 방정하고 큰지라, 익히지 않아도 이롭지 않음이 없느니라."고 한 것은, 곤괘 육이가 변해서 양효가 됨으로써 지수사괘가 되었다는 말이다(☷☷→☷☵). 지수사괘 괘사에 "사는 바르게 함이니, 장인丈人이라야 길하고 허물이 없으리라"고 했으니, 뜻이 서로 통한다.

즉 자신은 현재 곧고 방정한 큰 덕이 있으므로, 이러한 덕을 길러나간다면 타의 모범이 되는 장인이 될 것이고, 장인으로서 사람들을 이끌고 일을 해나가면 어떤 어려움도 이겨내서 큰 공이 있게 된다는 것이다. 지수사괘 구이효사를 보면 더욱 잘 알 수 있다.

3) 호괘互卦

초효와 상효를 가리고, 2·3·4효를 하괘下卦로 하고 3·4·5효를 상괘上卦로 하여 이루어지는 괘이다. 또 2·3·4효로 이루어진 괘를 안의 호괘라는 뜻으로 내호괘內互卦라 하고, 3·4·5효로 이루어진 괘를 밖의 호괘라는 뜻으로 외호괘外互卦라고 한다.

공자께서는 「계사하전」 9장에서 "물건을 섞는 것과, 덕을 가리는 것과, 시비를 분별하는 것은 중효中爻(호괘)가 아니면 갖추지 못하리라"고 하여, 호괘로 괘의 성격과 재질을 구분한다는 것을 밝히셨다.

예를 들어 수뢰둔괘 육삼효사의 "오직 숲으로 들어감"의 '숲(林)'과 "그침만 같지 못하다"의 '그침(舍)'은 내호괘인 곤(☷:미로)와 외호괘인 간(☶:山, 止)에 의해서만 풀이가 된다.

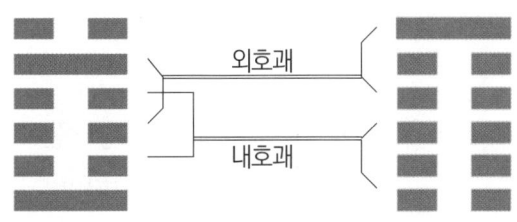

윗 그림에서 보듯이 수뢰둔괘의 호괘는 산지박괘라서 열매가 추위에 박락되고, 갖고 있는 것을 모두 탈탈 털리게 된다.

효사에 나오는 말은 본괘와 지괘, 그리고 호괘의 내용에 의해서 90% 이상이 결정된다고 보아도 무방하다. 따라서 괘를 해석할 때는 먼저 본괘의 구성을 살펴야 하고(현재의 능력 및 처해있는 환경을 알 수 있다), 다음으로 **지괘**(진행과정 및 결과를 알 수 있다), 그리고 **호괘**(숨어있는 성격 및 자질, 그리고 일의 중간과정을 알 수 있다)를 연구해야 한다.

4) 종합적인 풀이

중천건괘를 예로 들면 다음과 같다. 중천건괘일 경우는 본괘는 굳세고 밝으며 먼저 움직이는 건(☰)으로만 이루어졌다.

- 초구효가 동했을 경우 상괘는 그대로 건(☰)이지만, 하괘는 손(☰→☴)이 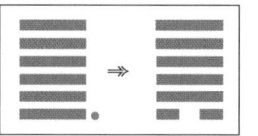 된다. 손은 공손하다, 안으로 들어간다는 뜻이 있으므로, 굳세고 굳센 건이지만 겸손하게 안으로 들어갈 때를 기다리는 것이다. 호괘로 볼 때는 내호괘(2,3,4효)도 건(☰)이고 외호괘(3,4,5효)도 건(☰)이므로 굳센 성격은 그대로 간직하게 된다. 공손하게 안으로 들어가서 굳건한 마음으로 흔들림 없이 때를 기다리는 것이다. 그래서 효사에 "아직 어려서 못 속에 잠긴 용과 같으니 움직이지 말라"고 하였다.

- 건괘의 두 번째 효가 동했을 때도 본체괘의 상괘는 그대로 건(☰)이고,  하괘는 리(☰→☲)가 된다. 리는 현명하다, 밝다는 뜻이 있으므로, 하늘의 해가 중천에 뜬 것은 아니지만, 아침 해로 떠오르기 시작하여 만물이 잘 자라고 화합하게 한다. 호괘로 볼 때는 내호괘는 손(☴)이 되고, 외호괘는 그대로 건(☰)이 된다. 따라서 굳건하고 지혜로우면서도 공손하게 처신하므로, 모든 사람들이 믿고 따르게 된다. 그래서 효사에 "밖으로 드러난 용이 밭에 있으니, 자신을 알아주는 귀인을 만나면 이롭다"고 하였다.

- 건괘의 세 번째 효가 동했을 때도 본체괘의 상괘는 그대로 건(☰)이고, 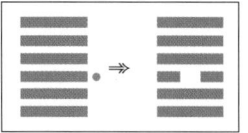 하괘는 태(☰→☱)가 된다. 「태」는 기뻐한다, 말한다, 서쪽의 뜻이 있으므로, 하늘의 해가 서쪽으로 지려는 때가 되어 하루의

일과를 돌이켜 반성한다. 호괘로 볼 때 내호괘는 리(☲)가 되고, 외호괘는 손(☴)이 된다. 따라서 밝은 지혜로 냉철히 판단하며 공손하게 처신하므로, 어두워지기 시작하는 위태할 때이지만 허물이 없게 된다. 그래서 효사에 "하루 종일 열심히 살다가 저녁때 돌아와서 두려운 마음으로 반성하면 위태한 처지이긴 하지만 허물이 없다"고 하였다.

• 건괘의 네 번째 효가 동했을 때는 본체괘의 상괘는 손(☰→☴)이고, 하괘는 그대로 건(☰)이 된다. 손은 겸손하다, 안으로 들어간다는 뜻이 있으므로, 하늘의 해가 중천을 넘어서 서쪽하늘로 들어가려

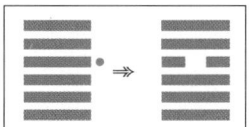

한다. 호괘로 볼 때 내호괘는 태(☱)가 되고, 외호괘는 리(☲)가 된다. 따라서 걱정하는 말(태)이 조금 있지만 밝은 지혜로 냉철히 판단하여 훼손될 것(태)을 막는다. 그래서 효사에 "혹 뛰어 보았다가 다시 제자리로 오면 허물이 없을 것이다"고 하였다.

• 건괘의 다섯 번째 효가 동하면 외호괘는 태(☱)가 되고 내호괘는 건(☰)이다. 굳건한 몸과 마음으로 즐겁게 호령을 하며 백성을 다스리는 것이다.

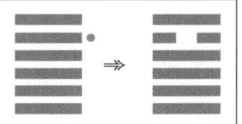

• 건괘의 상효가 동하면 내호괘 외호괘가 모두 굳건하다는 건(☰)이다. 다만 해가 서산으로 넘어간 때라서 집으로 들어가 쉬어야 하는데도, 자신의 굳건함만 믿고 계속 일을 하려하니 주변으로부터 지나

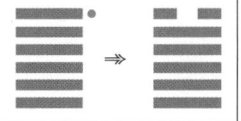

치다는 비난을 받게 된다.

2. 배합괘·도전괘·착종괘

> 배합괘는 여섯 효 모두 각각 반대되는 음양효로 바꾸어 만든 괘로 음양의 재질이 바뀐 상황, 도전괘는 괘를 반대편에서 본 괘로 제3자적 입장에서 일의 경과를 살필 때 쓰며, 상괘와 하괘를 뒤바꾼 착종괘는 입장을 바꿨을 때의 변동을 살필 때 쓰인다.

1) 배합괘配合卦

여섯 효 모두 각각 반대되는 음양효로 바꾸어 만든 괘이다. 설시를 해서 모든 효가 다 변했을 때 이루어지는 괘로, 음양의 재질이 바뀜으로 인한 변화를 살필 때 쓰인다. 본괘에서 배합괘로 바뀌었다면, 본괘의 성질을 내재하면서 겉으로는 배합괘의 성질로 행동하는 것을 뜻한다.

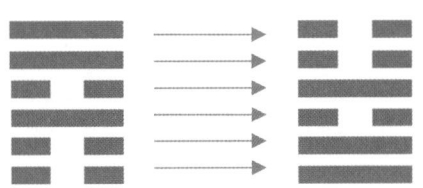

배합괘의 예는 중천건괘의 용구用九(☰→☷)와 중지곤괘의 용육用六(☷→☰)을 들 수 있다. 중천건괘의 용구에는 "뭇 용을 보되 앞장서서 머리로 나섬이 없으면 길하다"고 하여 양효가 모두 음효로 바뀌었을 때는 본래 양효로서 가지고 있는 '앞으로 나서려 함, 으뜸이 되려 함, 존귀함' 등등의 성질을 내재하고 있지만, 겉으로는 앞장서지 않음이 길하다고 한 것이다.

또 중지곤괘의 용육에는 "영원토록 바르게 함이 이롭다"고 하여 음효가 모두 양효로 바뀌었을 때는 본래 음효로서 가지고 있는 '순하게 따름, 비천함, 탐욕' 등등의 성질을 내재하고 있지만, 겉으로는 양효처럼 자기주장을 고집하며 내세워야 한다고 한 것이다.[4] 배합괘의 성질은 생겼지만, 본래 있었던

성질이 아니므로 오래가지 못한다.5

---

4 용구와 용육의 예는 주역의 모든 효에서 적용된다. 즉 건괘 초구에서 "잠긴 용이니 쓰지 말라"고 한 것도 초구의 양효에서 초육의 음효로 바뀌었으므로, 나서려는 양효로서의 기질을 내재하되 겉으로는 음효의 순함을 따르라는 뜻으로 말한 것이다.

5 주역 64괘의 배열 순서에 있어서도, 부도전괘는 배합괘로 짝을 이루어 차례한다. 즉 「상경」의 중천건괘(䷀)와 중지곤괘(䷁), 산뢰이괘(䷚)와 택풍대과괘(䷛), 중수감괘(䷜)와 중화리괘(䷝)의 6괘이고, 「하경」에는 풍택중부괘(䷼)와 뇌산소과괘(䷽)의 2괘로 모두 여덟괘이다.

중천건괘는 모두 양효로 이루어져서 가장 굳건한 하늘을 상징하는 괘이고, 중지곤괘는 모두 음효로 이루어져서 가장 순하고 쌓임(또는 탐욕)이 많은 땅을 상징하는 괘이다. 그래서 건괘에는 하늘이 쉬임없이 운행함을 말했고, 곤괘에는 땅에서 만물이 길러짐을 말했다.

산뢰이괘는 초효와 상효는 양효로 단단하고 중간은 모두 음효로 비어있는 괘이고, 택풍대과괘는 초효와 상효는 유약한 음효로 되어있고 중간은 모두 굳건한 양효로 되어있는 괘다. 그래서 이괘는 중간의 비어있는 곳에 음식을 넣고 씹어 기른다고 했고, 대과괘는 처음과 끝은 약한데 중간만 너무 강해서 뒤집어지고 넘어진다고 하였다.

중수감괘는 물로만 이루어지고 중화리괘는 불로만 이루어졌으며, 중부괘는 단단한 양으로 부드러운 음을 감싸는 신뢰와 믿음을 말했고, 소과괘는 유약한 음이 오히려 강한 양을 에워쌈으로 인해 허물이 있게 된다고 하였다.

2) 도전괘 倒轉卦

괘를 반대편에서 본 괘이다. 제3자적 입장에서 일의 경과를 살필 때 쓴다. 일반적으로 괘는 도전괘와 부도전괘로 나누어 볼 수 있다. 도전괘란 본괘를 반대편에서 볼 때 다른 괘로 되는 경우를 의미하고, 부도전괘란 본괘를 반대편에서 보았을 때도 본괘와 같은 괘가 되는 경우를 의미한다.

예를 들어 다음의 그림과 같이 풍산점괘를 반대편에서 보면 뇌택귀매괘가 되니 도전괘이고, 택풍대과괘(䷛)는 반대편에서 보아도 택풍대과괘이니 부도전괘이다.

풍산점괘는 격식을 갖추며 결혼을 하는 괘이고, 뇌택귀매괘는 격식을 갖추지 않고 동거하거나 정실이 아닌 후실로 가는 괘이다. 또 수뢰둔괘는 만물이 처음 태어나서 고통과 어려움을 겪는 괘이고, 도전괘인 산수몽괘는 자라기 시작하는 어린아이를 잘 가르치고 기르는 괘이다. 수천수괘는 잘 먹여서 기르는 괘이고, 도전괘인 천수송괘는 서로 자기 거라고 주장하며 먼저 먹겠다고 다투는 괘이다. 이렇게 도전괘는 상대방의 입장에서 일의 진행을 살피고 개입한다는 뜻이 있다.

풍산점괘와 뇌택귀매괘처럼 '격식을 갖췄다'와 '격식을 갖추지 않았다'라든가, 수뢰둔괘와 산수몽괘처럼 '막 태어나서 어렵다'와 '가르쳐서 제대로 된 인간을 만든다'라든가, 수천수괘와 천수송괘처럼 '먹을 것을 주어 배부르게 한다'와 '먼저 먹겠다 또는 내 것이다라고 하는 다툼' 등으로, 도전괘는 반대적인 입장일 수도 있고, 연속적인 입장일 수도 있으며, 보는 시각의 차이일 수도 있는 경우가 있을 수 있다.

『주역』의 괘는 대부분이 도전괘로 짝을 이루고 있다. 「상경」에 배합괘로 짝을 이룬 6괘를 제외한 24괘와, 「하경」의 2괘를 제외한 32괘가 모두 도전괘로 짝을 이룬다.6

3) 착종괘 錯綜卦

상괘와 하괘의 위치를 바꾸어 만든 괘로, 상하의 위치가 바뀜으로 인한 변동을 살필 때 쓴다. 사장과 직원이, 부모와 자식이, 선생과 학생이,…, 각각 역할을 바꿔보는 것이다.

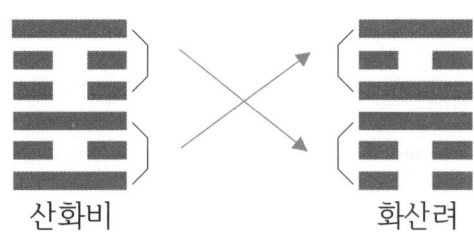

산화비   화산려

또 전반기운과 후반기 운 등, 시간적인 변화를 나타낼 때 쓰인다. 위의 그림처럼 산화비괘가 착종되어 화산려괘가 되었다면, 먼저는 실질을 잘 꾸며서 더 아름답고 그럴 듯하게 보이는 일에 치중했다면, 나중에는 실질이 없어져서 떠돌아다니게 된다고 보는 것이다.

학자들 간에는 배합괘를 착괘錯卦로, 도전괘를 종괘綜卦로 보기도 하고 또 다른 이름으로 부르기도 한다.

---

6 도전괘는 한 괘만 그리더라도, 바로 보고 거꾸로 봄에 따라 두 괘가 된다. 따라서 2괘를 1괘로 치면, 「상경」의 괘는 18괘(배합괘 6, 도전괘 12)이고, 「하경」의 괘도 18괘(배합괘 2, 도전괘 16)로 상하경의 괘수가 똑같아진다. 그래서 『주역』 64괘를 36괘라고도 한다.

2장 | 중정응비와 주효

1. 중中과 응應

> '중'은 때(時)와 중용의 덕을 얻은 것이고, '응'은 정당한 사귐으로 서로 돕는 것이다. 중과 응은 대성괘가 되었어도 소성괘일 때의 특성을 가지고 있다는 뜻이다.

괘를 판단하는 데 있어서 두 번째로 중요한 것은 각 효 사이에 있어서의 상관관계이다. 효의 상관관계에서 중요시 되는 것이 중·정·응·비인데, 중과 응은 대성괘가 되었어도 소성괘일 때의 상과 성격을 중요시 한다는 뜻이다7

즉 팔괘가 되면 성격과 형상이 생기므로 더 이상 분화를 하지 않고, 다른 팔괘와 결합해서 대성괘가 된다. 대성괘가 되었더라도 팔괘일 때의 성격과 형상은 그대로 유지하므로, 소성괘일 때의 중을 인정하고 또 소성괘일 때의 삼재끼리 서로 응원한다고 한 것이다.

두 개의 소성괘가 하나가 되어 한 괘를 이루었지만, 그 본래 가지고 있는 속성의 대부분은 그대로 유지하고 있는 것이다. 남자와 여자가 결혼을 하여 부부가 되어 한 뜻 한 몸이 되어 살더라도, 결혼하기 전에 본래 가지고 있던 속성의 대부분은 그대로인 것으로 비유할 수 있는 것이다.

---

7 중과 정 : 득중했으면서 선하지 않은 것이 없으므로, 득중한 것은 정을 얻지 못했어도 득정한 것으로 친다. 그러나 득정은 했지만 득중하지 못한 것은 조금 하자가 있음을 면치 못한다. 또한 득정한 것이 반드시 득중한 것은 아니다. 득정한 것은 자리가 마땅할 뿐이다. 중을 얻은 효는 아래와 위 등 주변을 배려하고 소통하려고 노력하기 때문이다. 중을 얻었다는 것은 때를 얻고 때에 맞게 행동한다는 뜻이다.

1) 중中

주역에서의 중은 때를 얻고 중용의 덕을 갖춘 가장 좋은 덕목이고, 주변의 효를 배려하며 소통할 수 있다는 뜻이다.

주역에서는 2효와 5효를 중이라고 한다. 즉 상괘(또는 외괘)의 중은 5효이며, 하괘(또는 내괘)의 중은 2효이다. 중효中爻를 괘의 중간에 있는 3효와 4효로 하지 않고, 2효와 5효로 하는 것은, 여섯 획으로 이루어진 괘가 천지인 삼재三才를 기본단위로 한 소성괘를 중복한 것이기 때문이다.

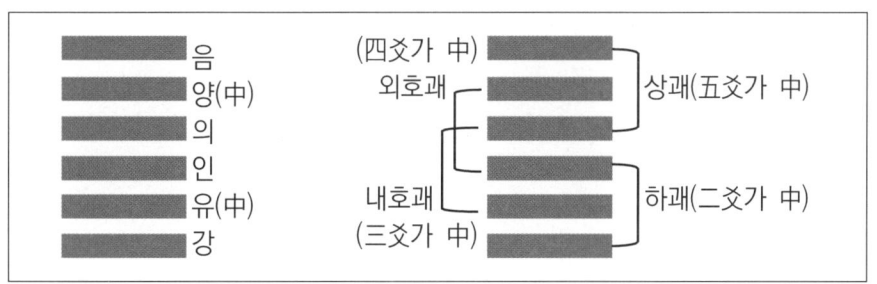

여섯 효에서 볼때 2효와 5효를 중이라 하고, 그 자리(2나 5자리)를 얻음을 '득중得中(중을 얻었다)'이라 한다. 하괘의 중효(2효)는 주변에 있는 초효와 3효는 물론이고 자신을 응원하는 5효와도 소통하고 배려한다. 또 상괘의 중효(5효, 임금, 최고 지도자)는 주변에 있는 4효와 상효는 물론이고, 하괘의 모든 효와도 소통하고 배려하는 노력을 아끼지 않는다.

또 『주역』에서 '득중'이라고 하면 중용의 덕을 얻었다는 뜻 외에도 때를 얻었다는 덕목이 추가된다. 그래서 승강(乘剛:강을 탐, 즉 양효 위에 있는 음효)을 한 효를 제외하면 득중한 효는 거의 모두 길하게 된다. 승강한 효는 자신을 제어하지 못하고 무절제한 행동을 할 가능성이 많기 때문이다.8

'중'은 중심이라는 뜻이다. 우주에 있어서 중심이라는 뜻도 되며, 사고와

---

8 『주역』 64괘 가운데 중을 말한 괘가 모두 55괘이며, 중이라는 표현을 하지 않은 괘가 9괘(屯,否,賁,剝,頤,咸,遯,明夷,革)이다. 이 9괘에 있어서도 중을 얻었다는 표현은 없지만, 득중한 효에는 흉하다는 말 대신에 길하다는 뜻을 강하게 말했다.

행동에 있어서 중을 행한다는 뜻도 된다. 중(中, φ)은 우주의 중심이라는 뜻이 있고, 시간에 있어서는 시의적절하게 딱 맞는 때가 되므로 치우지지도 않고 잘못될 리도 없는 것이다.

또 대성괘를 두 효씩 묶어 보면 5효와 상효가 하늘의 음양이고, 3효와 4효가 사람의 음양이며, 초효와 2효가 땅의 음양이 된다.9 따라서 하늘과 땅 사이에 있는 3효와 4효를 중으로 볼 수도 있다. 그러나 중을 말할 때는 2효와 5효를 뜻하는 것이며, 3효와 4효는 참고적으로 볼 뿐이다.

2) 응應

응이란 정당한 관계로 어울리는 것을 말한다. 주변환경에 의해 막히지 않고 잘 어울릴 수 있으면 길하다.

대성괘의 여섯 효에서 하괘의 첫효인 초효와 상괘의 첫효인 사효, 하괘의 둘째 효인 이효와 상괘의 둘째 효인 오효, 하괘의 셋째 효인 삼효와 상괘의 셋째 효인 상효가 서로 짝이 되어 응원함을 말한다. 이렇게 보는 것도 소성괘일 때의 특성을 중시하는 관점이다.

이 관계가 음과 양으로 응하면 이를 '정응正應(정당한 짝이 되는 응)' 또는 '합응合應(서로 힘을 합하는 응)'이라 하고, 양과 양 또는 음과 음으로 대치된 경우를 '적응敵應(적대시 하는 응)' 또는 '무응无應(응원함이 없음)'이라 한다. 즉 음과 양은 서로 좋아해서 응하지만, 음과 음 또는 양과 양은 서로 합하지 못하고 밀쳐낸다.

---

9 같은 음양이라도 하늘은 음양, 땅은 강유, 사람은 인의로 나누기도 한다. 이렇게 볼 때, 상효는 하늘의 음이고 5효가 하늘의 양이 되며, 3효는 사람의 양인 인(仁)이고, 4효가 사람의 음인 의(義)가 되며, 초효는 땅의 양인 강(剛)이고, 2효는 땅의 음인 유(柔)가 된다.

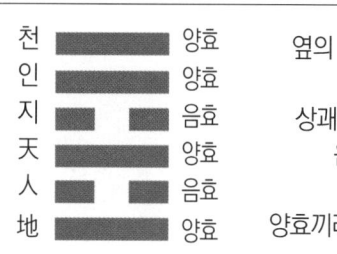

　일반적으로 응이 되는 자리에서 음과 양으로 만나면 서로 돕고 힘이 되므로 좋고, 적응으로 만나면 서로 싫어하여 밀어내므로 좋지 않다.

　다만 부모에 해당하는 중천건괘와 중지곤괘를 비롯한 8순괘八純卦10는 모든 효가 적응관계로 만나지만, 덕德으로 응한다고 하여 다른 적응관계의 효와는 달리 특별히 나쁘게 보지는 않는다. 이를 건괘(䷀)에서는 '같은 덕으로 서로 응함(同德相應)'이라고 한다. 사람으로 치면 뜻을 같이한 동지애라고 할 것이다. 하지만 사랑으로 뭉치는 정응보다는 못하므로, 대부분의 8순괘는 어려움에 처해있다고 보면 큰 무리가 없다.

　또 공부하는 괘인 풍지관괘(䷓)나 천뢰무망괘(䷘) 등은 음양으로 응하는 것을 오히려 경계하였다.

① 주역에서 모든 효가 다 응하는 괘

　지천태(䷊), 천지비(䷋), 택산함(䷞), 뇌풍항(䷟), 산택손(䷨), 풍뢰익(䷩), 수화기제(䷾), 화수미제(䷿)의 여덟 괘가 있다. 모든 효가 다 응하는 여덟 괘는 양효와 음효의 비율이 3:3이라는 특징이 있다. 즉 음양의 세력이 같은 다음에야 모든 효가 서로 응하여 협조할 수 있다는 뜻을 포함한다. 양효와 음효의 비율이 3:3인 효는 연애나 혼인과 관계가 깊다.

---

10 같은 소성괘끼리 만나 대성괘를 이룬 괘로, 중천건, 중지곤, 중뢰진, 중풍손, 중수감, 중화리, 중산간, 중택태의 여덟 괘가 있다.

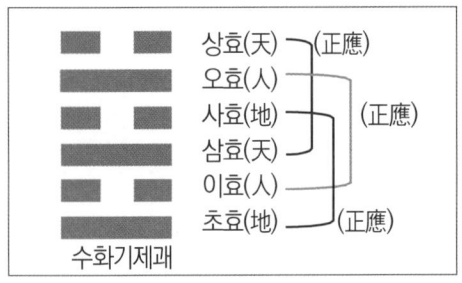

② 주역에서 모든 효가 다 응하지 않는 괘

　중천건괘(☰), 중지곤괘(☷), 중수감괘(☵), 중화리괘(☲), 중뢰진괘(☳), 중산간괘(☶), 중풍손괘(☴), 중택태괘(☱) 등 '중重'자가 들어가는 8순괘이다. 모든 효가 다 응하지 않는 괘는 같은 소성괘끼리 중첩했다는 특징이 있다. 다른 괘와 어울리지 않고 자신만으로 이루어진 괘는 서로 응하여 사귀지 못하는 것이다.

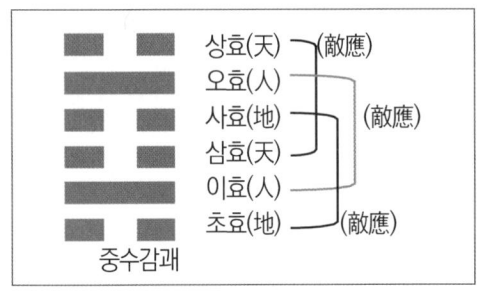

2. 정과 비

> '정'과 '비'는 소성괘 둘이 결합해서 대성괘를 이루어야 생기는 괘의 덕목이다. '정'은 양이 양자리를 얻고 음이 음자리를 얻었으므로 바른 행동을 한다는 것이고, '비'는 정당한 사귐이 아니라서 문제를 일으키지만 이웃한 효끼리 음양으로 만나서 서로 돕는다는 것이다.

1) 정正

정은 각 효가 제자리를 얻었다는 뜻으로, 자신의 능력에 맞게 지위를 얻었다는 뜻이 된다.

음자리에 음효가 놓이고 양자리에 양효가 놓인 상태를 말한다. 여섯 효 중에 초初·삼三·오五는 양수(홀수)이므로 양자리(양위陽位)가 되고, 이二·사四·상上은 음수(짝수)이므로 음자리(음위陰位)가 된다.

양자리에 양효가 오고 음자리에 음효가 오는 것을, 바름을 얻었다는 뜻으로 '득정得正', 바른 자리를 얻었다는 뜻으로 '득위得位', 마땅한 자리를 얻었다는 뜻으로 '당위當位'라고 한다. 이와는 반대로 양자리에 음효가 놓이고 음자리에 양효가 놓임을 '실정失正' 또는 '부정不正', '부득위不得位' 또는 '실위失位', '부당위不當位'라 한다.

주역에서는 정을 얻지 못한 경우, 바르지 못하게 행동하므로, 후회와 인색함이 따른다고 한다. 그렇다고 정을 얻은 효가 길한 것만은 아니다. 나는 옳다고 생각해서 실천했는데, 주변에서 그르다고 생각할 수도 있고, 또 옳은 행동을 해서 오히려 해침을 당할 때도 있기 때문이다.

예를 들어서 신호등이 있는 사거리 길을 건너는 것을 생각해보자. 녹색불이 들어오면 건너가라고 하는 신호이다. 이 때 좌우를 돌아보지 않고 그냥 건너는 사람이 득정한 사람이다. 반면에 나의 신호이긴 하지만 어떤 상황이 벌어질지 모르므로, 좌우를 살펴서 안전하다고 생각할 때 건너는 사람이 득중한 사람이다. 나의 신호가 떨어졌다고 그냥 건너면, 무사할 수도 있지만, 때로는 급하게 달려오는 오토바이나 혹은 신호를 보지 못하고 우회전하는 차에 치일 수도 있다. 득정한 효는 종종 이런 위험에 노출이 된다. 부정한 효는 내 신호도 아닌데 부정하게 길을 건너는 사람에 해당한다.

① 정正의 예

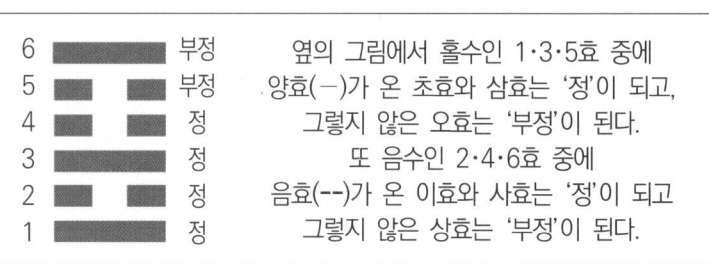

㉠ 초구初九 비록 득정하였지만 모든 일의 시작 단계이고, 양의 기운이 미미할 때이므로 조심하라는 경계가 많다.

㉡ 육이六二 음이 음자리를 얻었고, 더구나 가장 좋은 덕목인 중中을 얻었다. 다만 승강(아래 있는 효가 양효이다)하였고 응원하는 효가 같은 음효라서 이끌어주지 않으므로, 초효와 3효 사이에서 왔다갔다하며 절제를 못한다.

㉢ 구삼九三 내괘에서 외괘로 올라가는 과도기적 상황이므로, 양이 지나치게 강하게 나갈 경우 위태하게 된다. 따라서 대부분의 경우는 조심하라는 경계사를 두었다. 물론 구삼일지라도 지산겸괘와 같이 지극히 겸손하게 행동하면, 모든 사람에게 추앙을 받게 되는 길함이 있다.

㉣ 육사六四 육사 역시 내괘에서 외괘로 막 넘어온 과도기적 상황이나, 점차 안정되는 때이므로 대부분이 좋은 뜻으로 해석된다. 또 풍지관괘와 같이 공부하는 괘는 물론, 초구와 정응이 되는 지뢰복괘나 지택림괘 등도 좋게 해석한다.

㉤ 구오九五 득중得中한데다 득위得位하여 만인을 다스리는 임금의 자리에 있으므로 당연히 크게 길하다.

㉥ 상육上六 일이 끝나는 때이므로 길흉이 반반이다. 이는 일을 마무리 지음에는 양의 굳센 덕이 필요하나, 겸손하고 순하게 고집피우지 않고 순리를

따르는 덕도 필요하므로 상황에 따라 길흉이 나뉘는 것이다.

② 중정과 정중

주역은 중정사상이라고 할 정도로 중과 정은 주역에서 중요한 개념이며, 서로 불가분의 밀접한 관계가 있다. 중과 정을 동시에 얻은 상태를 중정中正이라 하여, 주역에서 가장 좋은 상태의 효로 본다.

또 중정中正이라 하지 않고, 정중正中이라고 한 곳이 있는데,11 예를 들면 수괘(䷄) 단전에 '이정중야以正中也'의 '정중'은 ① 구오가 정과 중을 모두 얻었다는 뜻도 되지만, ② '정히 중中하였다'는 뜻으로 '중中'을 강조한 표현이다. ③또 운韻을 맞춘 것인데, 구오 소상전에서는 '이중정야以中正也'라 하여 중을 먼저 썼는데, 이는 육사 소상전 '순이청야順以聽也'의 '청'과 운을 맞춘 것이다. 소상전은 시 형식으로 지었기 때문에 운을 중시한 것이다.

③ 기제괘와 미제괘

주역 64괘 중에 모든 효가 정을 얻은 괘는 기제괘이고, 모든 효가 정을 얻지 못한 괘는 미제괘이다. 주역 64괘는 양으로만 구성된 건괘(䷀)와 음으로만 구성된 곤괘(䷁)로 시작하여, 음양이 가장 잘 섞인 괘인 기제괘(䷾)와 미제괘(䷿)로 끝맺음을 하였다.

이것은 음양이 서로 사귀어 "자기에게 최적인 방위와 장소에 따라 모이고, 사물의 종류에 따라 무리 짓는 가장 이상적인 배열로 마무리 된 것을 뜻한다. 즉 순수한 양(☰)과 순수한 음(☷)이 서로 섞여 가장 완벽한 조합을 이룬 것이 기제괘(䷾)이므로, 주역에서는 기제괘를 가장 이상적인 괘로 삼는다.

또 기제괘는 모든 효가 득정한 것 이외에도, 육이효와 구오효가 중정한 효

---

11 '정중正中'이라고 한 곳 : 모두 다섯 곳이 있다. 즉 "용덕이정중자야(龍德而正中者也 : 건괘乾卦 문언전 구이), 위호천위乎天位 이정중야以正中也(수괘需卦 단전), 현비지길顯比之吉 위정중야位正中也(비괘比卦 구오상전), 부우가길孚于嘉吉 위정중야位正中也(수괘隨卦 구오상전), 구오지길九五之吉 위정중야位正中也(손괘巽卦 구오상전)"

이며, 모든 효가 상응하고 상비하는 관계로 되어 있다.

④ 왕필의 초상무위지설初上无位之說

참고로 학계의 논란이 되어온 왕필의 '초상무위지설'을 간단히 살펴보면 다음과 같다.

왕필은 그의 『주역약례周易略例』의 「변위辨位」편에 "안상案象 무초상득위실위지문无初上得位失位之文"이라 하여, "소상전을 살펴보면, 초효와 상효에는 득위했다는 말도 없고 실위했다는 말도 없다." 또 "계사전에서도 2효, 3효, 4효, 5효의 공과 지위를 말할 때도 초효와 상효에 대해 언급하지 않은 까닭은 무엇인가?" 하였다.

즉 "만약 상효가 양의 자리(陽位)라면 건괘(☰) 문언전 상구에 '귀이무위貴而无位(귀하되 지위가 없음)'라고 하지 못했을 것이고, 상효가 음의 자리(陰位)라면 수괘(☵) 상육에 '부당위야不當位也(자리가 마땅치 않음)'라고 하지 못했을 것"12이라 하였다. 초효와 상효는 일의 시작과 끝이라서 '음자리다,

혹은 양자리다' 하고 정할 수 없다고 주장하였다.

　이에 반대하는 학자들은 기제괘 단전의 "강(양)과 유(음)가 바르고 지위에 마땅하기 때문이다." 및 설괘전 2장의 "음으로 나누고 양으로 나누며, 유와 강을 차례로 썼기 때문에 역이 여섯 자리로 문채를 이루는 것이다."의 귀절을 들어 초효와 상효 역시 음양 또는 강유의 마땅한 자리가 있다고 주장하였다.

　아마도 초효에는 양이 와서 그 바름을 얻었다 하더라도, 아직 일의 미미한 때이고 자신의 능력도 제대로 갖추지 못한 때이므로 발동하지 말라는 경계사가 많고, 상효에는 음이 와서 바름을 얻었다 하더라도 일의 마침에 음의 유약함으로써 대처함은 위태롭다는 경계사가 많은 것으로부터 연유된 논쟁이라고 생각한다.

　그러나 아무리 조짐만 보이는 미미한 때일지라도 그 때에 따른 바름이 없을 수 있겠는가? 다만 그 정도가 미미하여 확연히 구분이 안갈 뿐이다. 시작에서 머리카락만큼의 차이가 나중에는 걷잡을 수 없는 간격으로 벌어지는 것이 일이라면, 아직 일의 결과가 뚜렷하지 않을 때 바름을 생각하고 경계하여야 할 것이다. 개과천선改過遷善을 가르치는 것이 주역의 학문이라면, 시작과 끝에 바름을 말하지 않을 리가 없는 것이다. 곤괘(䷁) 초효에 "서리를 밟으면 결국 굳은 얼음이 된다."고 한 말을 깊이 새겨야 할 것이다.

　아기가 처음 태어났을 때 남자건 여자건 별 차이가 없지만, 그 차이가 미미하다해서, 남자를 여자처럼 키우고 여자를 남자처럼 키운다면 그 잘못된 결과는 엄청날 것이다. 또 일이 끝나간다 해서 흐지부지 한다면, 여태껏 바름을 지켜온 일이 허사가 될 것이니, 어찌 만물의 도道를 모두 실은 주역이 이러한 사실을 간과했겠는가!

　초효는 양자리이고 상효는 음자리로 자리가 정해져 있지만, 양효가 오건

---

12 상효가 양의 자리라면 양이 양자리에 온 건괘 상구효에 "귀하되 지위가 없음"이라고 하지 않았을 것이고, 또 상효가 음자리라면 음이 음자리에 온 수괘 상육에 "자리가 마땅치 않다"는 말을 안했을 것이라는 것이다. 즉 상효는 음이나 양의 자리가 아니라는 것이다.

음효가 오건 그 영향이 크지 않다고 보면 좋을 것이다. 마치 어린이에게 남자냐 여자냐를 크게 묻지 않는 것이고, 노인에게 남자냐 여자냐를 크게 상관하지 않는 것과 비슷하다. 그러나 남녀의 구분은 엄연히 있는 것이다.

2) 비比

비는 정당한 관계가 아니고, 이웃이라는 이름으로 사사로이 친한 것을 말한다. 이웃에 있기 때문에 사귀는 것이 좋지만, 사사로움에 매여 자신이 얻고 사귀어야 할 정응을 놓치면 좋지 않다.

서로 이웃한 효끼리의 관계를 말하는데, 이 경우에도 음양의 이치로 판단한다. 즉 양효와 음효가 서로 이웃한 것을 '상비相比(이웃끼리 서로 도움)'라 한다. 응應관계는 정당한 짝끼리 합하는 것이고, 비比일 경우는 사사로이 좋아하는 것으로 정당한 짝이 아닌 경우를 말한다.

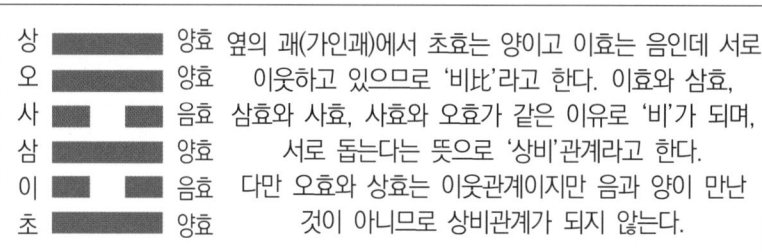

이웃끼리 음과 양의 관계(상비관계)로 만나면 일단은 도움이 된다. 그러나 이웃끼리 너무 친해지면 자신의 본래 짝(응)을 못 만나게 방해할 수도 있다. 천화동인괘에 하나밖에 없는 음효(육이)를 이웃에 있는 구삼효가 탐을 내서 정응관계인 구오효를 못 만나게 하여, 10년이라는 긴 세월 동안 어려움에 처하게 한 것이 그 예다. 그렇지만 절제를 하면서 사귄다면 상비관계도 도움이 된다.

위의 괘에서 보듯이 초효와 상효는 비가 될 확률이 다른 효의 반이다. 다른 효는 위와 아래로 상비가 될 가능성이 있고, 초효는 2효만, 상효는 5효만 상비가 될 가능성이 있는 것이다. 그래서 초효와 상효는 다른 효에 비해서 활동적이지 못한 것이다.

중정응비의 관계를 종합적으로 보면 다음과 같다.

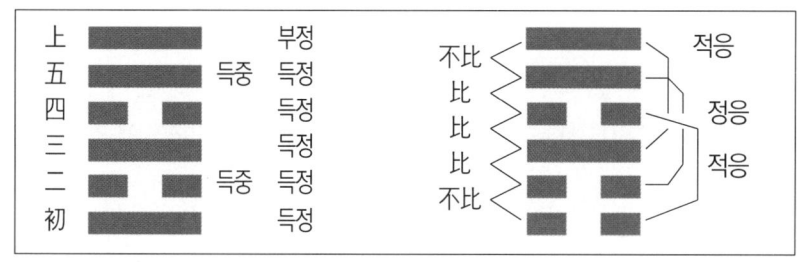

중과 정을 얻지 못했다 하더라도, 응이나 비가 있어서 도와주면 흉하게 되지는 않는다. 내편이 많을수록 좋은 것이다.

3. 주효主爻

> 소성괘의 주효는 각 소성괘의 성격을 가장 잘 나타내는 효이고, 대성괘의 주효는 대성괘를 이끌어가는 효이다.

괘에서 주인공처럼 중요한 역할을 하는 효를 주효라고 한다. 괘는 주효에 의해서 성격이 결정될 정도로 그 영향력이 크다. 그러므로 주효를 판별한다는 것은 괘의 속성을 잘 판별한다는 뜻이다.

주효의 판별은 ①득중한 효, ②그 효로 인해 괘의 뜻이 성립한 효, ③괘에 음효가 많을 때는 양효가, ④괘에 양효가 많을 때는 음효가 주효일 가능성이 높다.

1) 소성괘의 주효

① 건(☰)과 곤(☷)은 양효 또는 음효로만 구성되어 있으므로, 득중한 효인 2효가 주효이다.

② 진(☳)·감(☵)·간(☶) 등 양괘는 양효 하나와 음효 둘로 이루어졌으므로, 양효가 주효이다. 주효의 상태에 따라 성정이 달라진다. 진은 양이 음의 아래에 있으므로 위로 올라가려고 많이 움직이는 것이고, 감은 양이 음과 음 사이에 빠져 있어서 험한 것이고 숨어 있는 것이며, 간은 양이 위에까지 다 올라가서 만족하므로 그쳐있는 것이다.

③ 손(☴)·리(☲)·태(☱) 등 음괘는 음효 하나와 양효 둘로 이루어졌으므로 음효가 주효이다. 손은 음이 양 밑으로 들어와 있으므로 공손한 것이고, 리는 음이 양과 양 사이에 걸려서 안심하는 것이며, 태는 음이 양의 위에 있다고 철없이 기뻐하므로 다칠 염려가 있는 것이다.

2) 대성괘의 주효

　대성괘에 있어서는 앞서 4가지 주효판별법이 모두 적용된다. 예를 들어 중천건괘(䷀)와 같이 양효만으로 이루어진 괘는, 득중한 효인 구오효가 주효이다. 구이효도 득중했지만, 중천건괘가 하늘괘이고(따라서 높은데 주효가 있다), 또 구이효는 득중은 했지만 정正을 얻지 못했다.

　중지곤괘(䷁)와 같이 음효만으로 이루어진 괘는 득중한 효인 육이효가 주효이다. 육오효도 득중했지만, 중지곤괘가 땅괘이고(따라서 낮은데 주효가 있다), 또 육오효는 득중은 했지만 정正을 얻지 못했다.

　산지박괘(䷖)와 같이 음효 다섯에 양효 하나만으로 이루어진 괘는 유일한 양효인 상구가 주효이다. 혹 임금 자리인 육오효를 주효로 볼 수도 있지만, 득정을 못했고, 상구효는 '깎일 박剝'이라는 괘명을 이루게 하는 효이기 때문이다(밑에서부터 음이 양을 깎아 올라가 양효 하나만 남아서 붙인 이름).

　화천대유괘(䷍)와 같이 양효 다섯에 음효 하나만으로 이루어진 괘는 유일한 음효인 육오가 주효이다. 득중한데다 임금의 자리이고, 다섯 양효가 모두 하나의 음효를 향해 모여들기 때문이다.

　이상의 예에서 보듯이 주효를 판별하면 괘에 대한 대강의 해석이 나오므로, 주효를 판별하는 것은 괘해석에 있어서 중요하다.

4. 효의 지위

> 효에는 각기 지위와 때가 있는데, 아래에 있는 효가 낮은 신분이고 위에 있는 효가 높은 신분이며, 아래에 있는 효가 처음이며 위에 있는 효가 나중이 된다. 또 양효는 건(☰)의 굳센 덕이 있고, 음효는 곤(☷)의 유순한 덕이 있는 것으로 판별한다.

「계사전」에 "팔괘가 배열을 함에 지위가 그 가운데 있다"고 하였다. 초효와 상효는 지위가 있지만 영향력이 미미하고, 오효는 임금의 자리이고, 사효 삼효 이효는 신하의 자리이다. 또 초효와 이효는 땅의 자리이며, 삼효와 사효는 사람의 자리이고, 오효와 상효는 하늘의 자리이다. 또 양효가 양자리에 있고 음효가 음자리에 있는 것은 다 제 자리를 얻은 것이다.

384효 중에 192효는 양효인데, 이는 모두 중천건괘의 성질을 갖고 있다. 따라서 초효에 있을 때는 잠겨있고 숨어있는 것이니 쓰지 말라는 뜻이 있고, 이효에 있을 때는 대인을 봄이 이로운 뜻이 있으며, 삼효에 있을 때는 부지런히 노력하는 뜻이 있고, 사효에 있을 때는 위태하고 두려워해야 하는 뜻이 있으며, 오효에 있을 때는 임금의 천덕天德이 있고 또 그에 합당한 지위도 있는 것이고, 상효에 있을 때는 너무 높아져서 후회가 되는 뜻이 있다.

192효는 음효인데, 양효와 마찬가지 방법으로 중지곤괘의 각 효사의 뜻으로 보면 된다. 즉 음효가 초효에 있을 때는 잘못된 사람을 따르게 되지 않도록 주의해야 하고, 이효에 있을 때는 곧고 바른 덕이 있으므로 좋은 사람을 만나기만 하면 좋은 결실을 맺는 것이고, 삼효에 있을 때는 훌륭한 덕을 속에 품고 있으면서 기회가 오면 펼치고 오지 않으면 감추어야 하며, 사효에 있을 때는 자신의 덕을 잘 숨기고 나서지 말아야 하며, 오효에 있을 때는 훌륭한 덕이 있으므로 움직이지 않아도 저절로 사방에서 알아주게 되며, 상효에 있을 때는 음으로서의 역할이 다하는 때이므로 조심해야 한다.

제 4부 주역의 구성

4부 주역의 구성

1장 주역의 구성체계
1. 경經과 전傳　　　　　　　　159
2. 주역 64괘의 순서 체계　　　161

2장 주역책 보는 법
1. 괘　　　　　　　　　　　　167
2. 경문　　　　　　　　　　　169
3. 보기　　　　　　　　　　　174

1장 | 주역의 구성체계

1. 경經과 전傳

> 주역은 64괘 및 경(괘사와 효사)과 전(공자의 십익)으로 구성되어 있다. 64괘 및 경은 상경과 하경으로 나뉘며, 십익 중에 단전·대상전·소상전·건문언전·곤문언전은 상경과 하경의 해당되는 곳에 어우러져 있고, 특정한 경문의 해설이 아닌 계사상전·계사하전·설괘전·서괘전·잡괘전은 독립되어 하경 뒤에 편제되어 있다.

  유교의 경전은 성인聖人이 쓴 경經과, 이를 현인賢人이 풀이한 전傳으로 구분되지만, 『주역』은 문왕의 괘사와 주공의 효사만 '경'에 해당되고, 공자의 십익은 '전'이라고 한다.
  그러나 공자는 그 사상이나 경륜에 있어서 유학의 조종祖宗이 되며 성인으로 받들고 있기 때문에, 십익 특히 계사전을 대전大傳이라 하여 일반 전과 구분하며, 정자와 주자같은 유학의 대현인들도 「십익」에 주석을 달았음은 물론, 「십익」에 대한 주석들도 전으로 높여 부르고 있다. 즉 공자의 십익은 문왕 주공의 경문經文과 더불어 『주역』이라는 경전을 구성하고 있다고 보는 것이다.[1]

---

[1] 십익 중에 특히 단전·상전·건문언전·곤문언전 등은 주역 64괘의 본문과 함께 어우러져 있으며, 계사상전·계사하전·설괘전·서괘전·잡괘전 등도 독립된 편으로 구성되어 있으나, 경문에 이어져 있어 경문과 같은 대우를 받고 있다.

현재 내려오고 있는 주역의 구성을 살피면 다음과 같다.

> ❖ **주역의 구성**
>
> ① 상경 30괘(乾·坤~坎·離)
> ② 하경 34괘(咸·恒~旣濟·未濟)
> ③ 계사전 상·하
> ④ 설괘전
> ⑤ 서괘전 상·하
> ⑥ 잡괘전
> ※ 공자의 십익 중 단전·대상전·소상전·문언전(건·곤)은 상경과 하경 속에 포함되어 있다.

2. 주역 64괘의 순서 체계

> 주역 64괘는 상경 30괘 하경 34괘로 나누어 졌으며, 건괘와 곤괘를 제외한 나머지 62괘는 동일한 구성체계를 이루고 있다.

주역 64괘는 「상경上經」과 「하경下經」으로 나누어진다.

또 「상경」 30괘는 하늘괘인 건괘와 땅괘인 곤괘로부터 시작하여 물괘(水 또는 月)인 감괘와 불괘(火 또는 日)인 리괘로 마치고, 「하경」 34괘는 소남·소녀가 만나는 함괘와 장남·장녀가 가정을 이끌어 가는 항괘로 시작하여 물과 불이 서로 사귀는 기제괘와 미제괘로 마쳤다.

상경과 하경의 원리를 비교하면 다음과 같다.

상경	선천	체	형이상적	자연
하경	후천	용	형이하적	인사

1) 상경 30괘(乾→離)

건·곤·둔·몽·수·송·사·비·소축·리·태·비·동인·대유·겸·예·수·고·림·관·서합·비·박·복·무망·대축·이·대과·감·리의 순서로, 30괘가 도전괘 또는 배합괘로 짝을 이루고 있다.

상경 : 1에서 30까지 아라비아 숫자는 상경의 순서를 쓴 것이다.

1. 중천건 重天乾	2. 중지곤 重地坤	3. 수뢰둔 水雷屯	4. 산수몽 山水蒙	5. 수천수 水天需	6. 천수송 天水訟
7. 지수사 地水師	8. 수지비 水地比	9. 풍천소축 風天小畜	10. 천택리 天澤履	11. 지천태 地天泰	12. 천지비 天地否
13. 천화동인 天火同人	14. 화천대유 火天大有	15. 지산겸 地山謙	16. 뇌지예 雷地豫	17. 택뢰수 澤雷隨	18. 산풍고 山風蠱
19. 지택림 地澤臨	20. 풍지관 風地觀	21. 화뢰서합 火雷噬嗑	22. 산화비 山火賁	23. 산지박 山地剝	24. 지뢰복 地雷復
25. 천뢰무망 天雷无妄	26. 산천대축 山天大畜	27. 산뢰이 山雷頤	28. 택풍대과 澤風大過	29. 중수감 重水坎	30. 중화리 重火離

중천건괘(1)와 중지곤괘(2), 산뢰이괘(27)와 택풍대과괘(28), 중수감괘(29)와 중화리괘(30)는 부도전괘이므로 서로 배합되는 괘끼리 짝을 이루고, 나머지 괘는 도전괘로 짝을 이룬다.

2) 하경 34괘(咸→未濟)

함·항·돈·대장·진·명이·가인·규·건·해·손·익·쾌·구·취·승·곤·정·혁·정·진·간·점·귀매·풍·려·손·태·환·절·중부·소과·기제·미제의 순서로, 34괘가 도전괘 또는 배합괘로 짝을 이루고 있다.

하경 : 31에서 64까지 아라비아 숫자는 하경의 순서를 쓴 것이다.

31. 택산함 澤山咸	32. 뇌풍항 雷風恒	33. 천산돈 天山遯	34. 뇌천대장 雷天大壯	35. 화지진 火地晉	36. 지화명이 地火明夷
37. 풍화가인 風火家人	38. 화택규 火澤睽	39. 수산건 水山蹇	40. 뇌수해 雷水解	41. 산택손 山澤損	42. 풍뢰익 風雷益
43. 택천쾌 澤天夬	44. 천풍구 天風姤	45. 택지취 澤地萃	46. 지풍승 地風升	47. 택수곤 澤水困	48. 수풍정 水風井
49. 택화혁 澤火革	50. 화풍정 火風鼎	51. 중뢰진 重雷震	52. 중산간 重山艮	53. 풍산점 風山漸	54. 뇌택귀매 雷澤歸妹
55. 뇌화풍 雷火豊	56. 화산려 火山旅	57. 중풍손 重風巽	58. 중택태 重澤兌	59. 풍수환 風水渙	60. 수택절 水澤節
61. 풍택중부 風澤中孚	62. 뇌산소과 雷山小過	63. 수화기제 水火旣濟	64. 화수미제 火水未濟		

풍택중부괘(61)와 뇌산소과괘(62)는 부도전괘이므로 배합괘로 짝을 이루고, 나머지 32괘는 도전괘로 짝을 이루고 있다.

3) 괘에 따른 경문의 구성체계

앞서 본 바와 같이 64괘의 괘사와 384효의 효사는 주역 본문으로써 '경'을 구성하고 있다. 그런데 공자의 십익 가운데 단전·대상전·소상전·문언전(건괘 문언전·곤괘 문언전)이 본문에 포함되어 있어 각 괘의 구성체계에 약간의 차이가 있다. 그러나 건괘와 곤괘를 제외한 나머지 62괘는 동일한 구성체계를 이루고 있다.

※ 이를 도표화하면 다음과 같다.

중천건괘	중지곤괘	수뢰둔괘(일반괘)
괘상(☰)	괘상(☷)	괘상(☳☵)
괘사	괘사	괘사
효사(초구효사 구이 효사 구삼 효사 구사 효사 구오 효사 상구 효사 용구 효사)	단전(괘사에 대한 풀이)	단전
	대상전(괘상☷의 풀이)	대상전
	초육 효사 초육 소상전	초구 효사 초구 소상전
	육이 효사 육이 소상전	육이 효사 육이 소상전
단전	육삼 효사 육삼 소상전	육삼 효사 육삼 소상전
대상전	육사 효사 육사 소상전	육사 효사 육사 소상전
소상전(초구 소상전 구이 소상전 구삼 소상전 구사 소상전 구오 소상전 상구 소상전 용구 소상전)	육오 효사 육오 소상전	구오 효사 구오 소상전
	상육 효사 상육 소상전	상육 효사 상육 소상전
	용육 효사 용육 소상전	
문언전(1~6절)	문언전(1~2절)	

이렇게 구성체계가 다른 것은, 본래 경문과 공자의 십익이 다른 책으로 떨어져 있던 것을, 한漢나라의 비직費直이 단전과 상전을 경문에 붙여(특히 '상전'은 지금의 건괘乾卦와 같이 붙였다) 합본하였었다. 그러던 것을 정현鄭玄과

왕필王弼이 소상전을 나누어 해당하는 효사밑에 붙이고, 여기에 문언전을 덧붙여 지금처럼 전해졌다.

그 후로 모든 괘의 으뜸인 건괘乾卦에서만은 『주역』이 이루어진 처음 모습을 그대로 표현하여 다른 괘와 달리하였고, 본문에서는 경문과 십익을 구별하기 위해 '단왈彖曰, 상왈象曰, 문언왈文言曰' 등의 말을 첨가했다. 이런 체계를 금역今易이라하여 정자 등이 따랐고, 조열지晁說之·여조겸呂祖謙 등이 경문과 십익을 구별하여 판본을 만든 것을 고역古易이라하여 주자 등이 따랐다.

2장 | 주역책 보는 법

> 주역의 원문 보는 방법으로, 주역책이 어떻게 생긴 것이고, 어떤 형식으로 되어 있는지를 살피려고 한다. 『대산주역강의』와 같은 해설서에는 소제목을 붙여 어느 부분을 설명하는지 알기 쉽게 되어 있다.

1. 괘

주역책을 펼치면 가장 먼저 나오는 것이 괘이다. 괘는 주역을 구성하는 기본적인 부호체계로, 소성괘와 대성괘로 구분된다. 문자가 나오기 이전에 우주의 체계와 운행을 부호로 상징한 것이다. 괘는 소성괘 2개가 결합해서 대성괘를 이루며, 아래에 있는 것을 하괘(내괘) 위에 있는 것을 상괘(외괘)라고 부른다.

예) 상괘, 외괘
    하괘, 내괘

1) 소성괘

소성괘는 모두 8개이므로 8괘라고도 하며, 대성괘를 이루는 기본단위가 되는 괘이다. 건·태·리·진·손·감·간·곤의 8개가 있다. 이 팔괘가 본문에서는 본주本註 형태로 표시되는데, 예를 들어 지천태괘(䷊)일 경우 '坤上(곤상: 상괘는 ☷이다), 乾下(건하: 하괘는 ☰이다)' 등으로 표시된다.

예) ䷀ 乾上/乾下 ䷁ 坤上/坤下 ䷂ 坎上/震下 ䷃ 艮上/坎下 ䷅ 坎上/乾下 …

2) 대성괘

　대성괘는 모두 64개이므로 64괘라고도 하고, 소성괘 둘이 한 쌍을 이루며, 한 괘 한 괘가 독립적인 우주를 구성하고 있다.² 예를 들어서 중천건괘(䷀)는 양으로만 이루어진 세상으로, 모든 효가 공명정대하고, 자신의 일에 충실하며, 명예를 소중히 알고 원칙을 강조하는 사회가 되는 것이다.
　일반적으로 괘라고 하면 대성괘를 가리킨다.

---

2 주역 64괘에 관한 자세한 설명은 대유학당에서 간행한 『대산주역강의』1,2,3을 보면 된다. 대산 선생님의 흥사단 강의를 바탕으로 하여 64괘와 384효를 세세히 정리하여 초보자부터 전문연구가 모두 언제나 곁에 두며 보아야 할 책이다.

2. 경문

> 『주역』의 경문은 괘사와 효사가 있다.

1) 괘사

괘사는 대성괘 전체에 대한 설명이다. 주역 64괘에 대한 대강의 설명을 한 것으로, 2000여 년 전에 주周나라의 문왕이 지었다고 한다. 괘는 본래 단彖[3]이라는 이름으로 불렸기 때문에, 괘사를 단사彖辭(단을 풀이한 글) 또는 단경彖經(단을 풀이한 경전)이라고 한다. 그래서 공자의 십익 중 단전이라고 하는 것은 문왕의 단경에 주석(전)을 붙였다는 뜻이다.

2) 효사

한 괘는 여섯 효[4]로 구성되어 있다. 따라서 64괘에는 모두 384(64×6)효가 있게 되는데, 이 384효 하나하나에 대한 설명이 주나라 때 주공周公이 지었다는 효사이다. 괘사가 괘에 대한 대강적인 설명이었다면, 효사는 각 효에 대한 구체적인 설명이라고 할 수 있다. 효사는 상象[5]이라는 이름으로 불렸다.

---

[3] 단彖은 무소(犀)의 상으로 맹수의 이름이고, 멧돼지라고도 한다. 무소는 외뿔이 있는데, 변화에 민감해서 조짐을 통해 결과를 미리 알 수 있고, 또 그 어금니가 견고해서 어떤 물건이든지 씹어 끊을 수가 있다고 한다. 그러므로 괘의 뜻을 결단하는 이름으로 쓴 것이다.

[4] 효爻는 이것과 저것이 교통한다는 뜻으로, 음과 양이 교통한다는 의미가 들어있다.

[5] 코끼리(象)는 큰 짐승이므로, 코끼리에 모든 종류의 짐승고기가 다 들어 있다고 생각했다. 그래서 나누어서 효爻와 같이 하면 모든 물상의 이치를 표현할 수 있다고 생각한 것이다. 또 코끼리에는 12종류의 고기가 포함되어 있으므로, 12시진과 12월로 나누어 쓸 수 있기 때문에 상象이라고 했다는 설도 있다.

그래서 공자의 십익 중 상전이라고 하는 것은 주공의 상경象經에 주석을 붙였다는 뜻이다.

3) 십익十翼

64괘와 괘사 그리고 효사를 합하여 역경易經이라고 하는데, 이에 대한 다각적이고도 자세한 설명이 공자께서 지었다는 십익이다. 공자께서는 가죽으로 엮은 책을 세 번이나 해지게 만들만큼 역에 심취한 끝에, 당신의 사상과 경륜을 담은 십익을 완성하였다.

공자의 십익을 나누는 데는 몇 가지 이견이 있다. 예를 들면 『주역』이 「상경」과 「하경」으로 나뉜 것을 중시하여, 단상전彖上傳, 단하전彖下傳, 상상전象上傳·상하전象下傳, 계사상전繫辭上傳, 계사하전繫辭下傳, 문언전文言傳, 설괘전說卦傳, 서괘전序卦傳, 잡괘전雜卦傳으로 보는 것이다.

여기서는 이야산李也山(1889~1958)선생이 십익을 내용에 따라 나눈 단전, 상전(대상전, 소상전), 건문언전, 곤문언전, 계사상전, 계사하전, 설괘전, 서괘 상전, 서괘 하전, 잡괘전의 설을 따른다. 혹은 상전을 '대상전, 소상전'으로 나누어 보고, '건문언전, 곤문언전'을 '문언전'으로 통합해 보아도 좋다.

공자께서 십익을 지었다는데 대하여 당唐나라 때까지는 이설이 없었으나, 송宋나라 때의 구양수歐陽修가 『역동자문易童子問』을 지어 십익이 공자의 저작이 아니라고 주장한 후로, 학자들 간에 그 진위에 대하여 논란이 있어 왔다. 그러나 그러한 논란에도 불구하고 십익에 공자의 사상과 경륜이 담겨 있음에는 의심의 여지가 없다.[6]

① 단전彖傳

---

[6] 『사기史記』의 「공자세가孔子世家」편에는 "孔子 晚而喜易 序彖繫說卦文言"으로 되어 있고, 『한서漢書』의 「예문지藝文志」에는 "孔氏爲之 彖象繫辭文言序卦之屬 十篇"으로 되어 있는 등, 십익이 공자의 작이라는 의견을 뒷받침하고 있다.

문왕이 쓴 괘사(卦辭 또는 彖이라고도 함)를 공자께서 해석한 글. 본문에서는 경문(괘사)과 구별하기 위해 "단에 말하기를(彖曰)"이라는 말을 글머리에 붙였다.

② 상전象傳

괘卦의 상象을 설명한 대상전大象傳과 효爻의 상을 설명한 소상전小象傳으로 나뉜다. 대상전이나 소상전 모두 글머리에 "상에 말하기를(象曰)"이라는 말을 붙였다. 대상전은 단전 다음에 두었고, 소상전은 각 효사의 다음에 두었다.7

③ 건문언전乾文言傳

문언전은 64괘 중에서 건괘(☰)와 곤괘(☷)가 만물의 부모가 되는 괘에 해당하므로, 특별히 중히 여겨 부연 설명한 글이다. 건문언전은 모두 6절로 나뉘는데, 건괘의 소상전 다음에 "문언전에 말하기를(文言曰)"이라는 말로 첫머리를 시작한다.

④ 곤문언전坤文言傳

곤문언전은 건문언전과는 달리 2절로 이루어져 있으며, 곤괘의 소상전 다음에 "문언전에 말하기를(文言曰)"이라는 말로 첫머리를 시작한다.

⑤ 계사상전繫辭上傳

역의 도道에 관한 개론으로, 형이상학적이고 천도적天道的인 내용을 본체적으로 설명한 글이다. 계사하전과 더불어 공자의 사상과 경륜의 진수가 들어있다고 한다. 모두 12장으로 구성되어 있다.

---

7 건괘乾卦만은 단전 다음에 대상전과 소상전을 함께 두었다. 따라서 대상전 앞에만 "象曰"을 붙였다. 상전象傳이라고 한 것은, 주공이 쓴 효사(본래 이름은 象)를 설명해서 주석했다는 뜻이다

⑥ 계사하전繫辭下傳

역의 도道에 관한 개론으로, 형이하학적이고 인사적人事的인 내용을 구체적으로 설명한 글이다. 모두 12장으로 구성되어 있다.

⑦ 설괘전說卦傳

소성괘(八卦)의 만들어진 경위와 변화작용, 그리고 그 해당하는 방위 및 성질을 설명한 글로 모두 11장으로 되어있다. 예를 들어 "손(☴)은 나무(木), 바람(風), 장녀, 먹줄(繩直), 과감하지 못함(不果), … 등등으로 풀이한다." 팔괘에 대해 구체적이고 직설적인 풀이가 들어있어서 주역을 해석하는데 실질적인 도움을 주는 글이다.

⑧ 서괘상전序卦上傳

상경 30괘의 순서를 정한 이유를 의리적으로 설명하여, 상경은 주로 천도의 운행을 따라 배열한 것임을 밝혔다. 서괘하전과 더불어 자연의 이치는 한 번 음하고 한 번 양하는 도에서 벗어나지 않는다는 것을 밝힌 글이다.[8]

⑨ 서괘하전序卦下傳

하경 34괘의 순서를 정한 이유를 의리적으로 설명하여, 하경은 인사적인 내용을 주로 하여 배열했음을 밝힌 글이다.

⑩ 잡괘전雜卦傳

천지만물이 뒤섞여 자리잡고 있는 상태 및 그렇게 된 이유를 설명한 글로, 64괘로 대표되는 천지만물이 아무리 섞여 있어도, 그 섞임 속에는 도가 존재하고 있음을 밝힌 글이다. 각 괘의 특징을 한마디로 압축하여 풀이하여 64괘

---

[8] 복희 64괘 차서와는 달리 문왕 64괘의 순서는 섞여 있어 일정한 규칙이 없어 보임을 걱정한 공자께서, 그 배열한 이치를 이학적理學的으로 풀이하여 천지와 인물의 변화과정을 차례대로 설명하여, 자연의 이치는 한 번 양하고 한 번 음하는 도에서 벗어나지 않는다는 것을 밝히신 것이 바로 서괘전이다.

를 이해하는데 도움을 준다.9

※ 이를 도표로 요약하면 다음과 같다.

> ● 공자의 십익
> ① 단전 　　： 문왕이 쓴 괘사(彖)를 해석한 글.
> ② 상전 　　： 괘의 상을 설명한 대상전과 효의 상을 설명한 소상전.
> ③ 건문언전 ： 중천건괘를 부연 설명한 글.
> ④ 곤문언전 ： 중지곤괘를 부연 설명한 글.
> ⑤ 계사상전 ： 역도에 관한 개론으로 본체적으로 설명한 글.
> ⑥ 계사하전 ： 역도에 관한 개론으로 현상적으로 설명한 글.
> ⑦ 설괘전 　： 팔괘의 발생경위 및 변화작용과 그 해당하는 방위 및 성질을
> 　　　　　　 설명한 글.
> ⑧ 서괘상전 ： 상경 30괘의 순서를 설명한 글.
> ⑨ 서괘하전 ： 하경 34괘의 순서를 설명한 글.
> ⑩ 잡괘전 　： 64괘를 서괘 순서와는 달리 뒤섞어 배열하여 설명한 글.

---

9 십익 중에 ①(단전)부터 ④(곤문언전)까지는 『주역』의 경문과 섞여 있고, ⑤(계사상전)부터 ⑩(잡괘전)까지는 『주역』의 말미에 독립된 상태로 차례로 놓여있다.

3. 보기

주역 책에 나와 있는 괘와 경문을 예로 들면 다음과 같다.[10] 여기에서는 제일 처음에 나오는 중천건괘, 중지곤괘, 수뢰둔괘의 세 괘를 들어 설명한다. 그 이유는 중천건괘와 중지곤괘는 다른 괘와 경문구성이 조금 다르고, 나머지 62괘는 경문 구성이 같으므로, 수뢰둔괘 이후로는 한 괘만 예로 들어도 다 통하기 때문이다.

1) 중천건괘重天乾卦

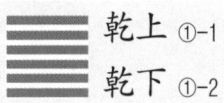 乾上 ①-1
　　　　　乾下 ①-2
② 乾은 元코 亨코 利코 貞하니라.
③ 初九는 潛龍이니 勿用이니라.
　九二는 見龍在田이니 利見大人이니라.
　九三은 君子ㅣ 終日乾乾하야 夕惕若하면 厲하나 无咎리라.
　九四는 或躍在淵하면 无咎리라.
　九五는 飛龍在天이니 利見大人이니라.
　上九는 亢龍이니 有悔리라.
　用九는 見群龍호대 无首하면 吉하리라.

① 본주本註

---

10 주역 경문과 토, 해석을 간단히 볼 수 있는 책은 『주역인해周易印解』가 있다. 경문에 일일이 음을 달아 바르게 읽을 수 있도록 한 것이 장점이며, 글씨가 큰 독송용과 휴대용 2가지가 있다. 경문에 대한 자세한 설명이 필요하면 『대산주역강의』를 참고하면 좋다.

여기까지가 괘의 그림과 괘사·효사이다. 괘 그림 옆에 '乾上(①-1) 乾下(①-2)'라고 한 것은, 아래의 세 효(초효, 이효, 삼효)로 이루어진 괘가 건(☰)이고, 위의 세 효(사효, 오효, 상효)로 이루어진 괘도 건(☰)이라는 뜻이다. 즉 중천건괘(䷀)는 하괘도 건(☰)이고 상괘도 건으로 이루어진 괘라는 뜻이다. 이 '乾上 乾下'를 주자는, 복희씨가 그린 괘상卦象에 대한 주석이라는 뜻으로, '본주本註'라고 이름하였다.

② 괘사卦辭

"乾은 元코 亨코 利코 貞하니라"는 문왕이 중천건괘에 대해 지은 괘사이다. 복희씨가 그린 괘상을 보고, 이렇게 양효로만 이루어진 괘는 하늘의 굳세고도 끊임없이 움직이는 덕을 지녔다고 설명한 것이다.

본래의 경문은 "乾元亨利貞"인데, "乾은 元코 亨코 利코 貞하니라"고 토를 붙인 것은, 공자의 뜻을 받든 정자程子의 해석을 번역한 것이다(이렇게 토를 붙인 것은 주역 경문 전체에 있어 동일하다). 주자는 "乾은 元亨코 利貞하니라(건은 크게 형통하고 바르게 함이 이로우니라)"로 해석해야, 문왕이 지은 괘사의 뜻에 맞는다고 주장하였다.

③ 효사爻辭

"初九는 潛龍이니 勿用이니라"부터 "用九는 見群龍호대 无首하면 吉하리라"까지가 건괘의 효사이다. 효사는 해당하는 효를 지칭하는 부분, 그 효가 현재 처해진 상황(象), 그리고 어떻게 행동해야 한다고 가르쳐주는 말(占)의 세 부분으로 나뉘어진다.

㉠ 효사를 지칭 효사의 앞부분에 있는 "초구初九는, 구이九二는, 구삼九三은, 구사九四는, 구오九五는, 상上九는, 용구用九는" 등이 효를 지칭하는 말이다. 예를 들어 '초구初九는'이라고 한 것은 '중천건괘의 처음 효가 동해서 음효가 되면(䷀→䷫)'이라는 뜻이다.

ⓛ 효의 상 효를 지칭하는 말 다음에 "潛龍이니(물속에 숨어 있는 용이니), 見龍在田이니(밖으로 드러난 용이 밭에 있으니), 厲하나(위태하나), 飛龍在天이니(나는 용이 하늘에 있으니), 亢龍이니(너무 지나치게 높아진 용이니), 見群龍호대(여러 용을 보되)" 등이 현재 처해진 상황을 설명하는 말이다.11

ⓒ 효의 점 "勿用이니라(사용하면 안된다), 利見大人이니라(대인을 봄이 이롭다), 君子ㅣ 終日乾乾하야 夕惕若하면…, 无咎ㅣ리라(군자가 종일토록 성실히 노력하고 저녁에 혹 잘못하지 않았나 반성하면…, 허물이 없을 것이다), 或躍在淵하면 无咎ㅣ리라(높은 곳을 향해 도전을 해봤다가 다시 제자리로 돌아오면 허물이 없을 것이다), 利見大人이니라(대인을 봄이 이롭다), 有悔리라(후회가 있을 것이다), 无首하면 吉하리라(앞장서서 머리로 나서지 않으면 길할 것이다)" 등이 어떻게 하라는 행동지침으로 점(占)에 해당한다.12

④ 단전象傳

象曰 大哉라 乾元이여. 萬物이 資始하나니 乃統天이로다.
雲行雨施하야 品物이 流形하나니라. 大明終始하면 六位時成하나니

---

11 구사효는 행동지침(占)의 말에 처해진 상황이 숨겨져 있다.

12 "君子ㅣ, 无咎ㅣ" 등에 있는 'ㅣ'는 딴이토(또는 땡이토)라고 하는 것으로, 모음인 'ㅣ'가 다른 모음에 이어져 붙어서 복모음을 만들때를 '딴이'라고 일컫는다. 한문에 토를 붙일 때 받침이 없는 글자 밑에 붙어서 주격조사 또는 말을 고르는 역할을 한다.
"君子ㅣ"는 '군자가'라는 뜻으로 '가'라고 하는 주격조사가 붙어야 할 때이지만, 옛날에는 '가'라는 주격조사 대신에 '이' 또는 'ㅣ'를 썼다. 여기서는 받침이 없기 때문에 '이' 대신에 'ㅣ'를 쓴 것이다. "无咎ㅣ리라"는 '무구이리라'의 뜻으로 'ㅣ'는 말을 고르는 역할을 한다. 여기서 딴이토를 쓰는 이유는, 훈민정음은 초성·중성·종성이 합해져야 하나의 글자를 이루는데, '子'의 옛 한글표기는 'ᄌᆞ'이고 '咎'의 옛 표기는 '궁'으로, 소리값이 없는 'ㅇ'이 종성으로 되어 있기 때문이다.
딴이토가 있는 글을 읽을 때는 'ㅣ'를 앞의 글자와 합쳐서 읽는다. 즉 "君子ㅣ"는 '군재'로, "无咎ㅣ"는 '무귀'로 읽는다.

> 時乘六龍하야 以御天하나니라. 乾道ㅣ 變化애 各正性命하니
> 保合大和하야 乃利貞하니라. 首出庶物애 萬國이 咸寧하나니라.

여기까지가 단전이다. 괘사와 효사는 주역의 경문이고, 단전과 이 다음에 나오는 상전·문언전은 공자의 십익에 속한다.

"象曰 大哉라 乾元이여"부터 "首出庶物애 萬國이 咸寧하나니라"까지가 단전으로 괘사를 공자께서 다시 부연설명한 것이다.

⑤ 상전象傳

> 象曰 天行이 健하니 君子ㅣ 以하야 自彊不息하나니라.
> 潛龍勿用은 陽在下也ㅣ오 見龍在田은 德施普也ㅣ오
> 終日乾乾은 反復道也ㅣ오 或躍在淵은 進이 无咎也ㅣ오
> 飛龍在天은 大人造也ㅣ오 亢龍有悔는 盈不可久也ㅣ오
> 用九는 天德은 不可爲首也ㅣ라

상전은 괘 전체의 상을 말한 대상전大象傳과 효 하나 하나의 상을 말한 소상전小象傳으로 나뉜다.

㉠ 대상전 "象曰 天行이 健하니 君子ㅣ 以하야 自彊不息하나니라"가 대상전이다. 중천건괘는 상괘도 건(☰)이고 하괘도 건이니, 하늘의 운행이 굳건한 상이다. 군자가 이를 본받아 끊임없이 자기 수양을 한다는 말이다.

㉡ 소상전 "潛龍勿用은 陽在下也ㅣ오"는 초구효에 대한 소상전이고,
"見龍在田은 德施普也ㅣ오"는 구이효에 대한 소상전이며,
"終日乾乾은 反復道也ㅣ오"는 구삼효에 대한 소상전이고,
"或躍在淵은 進이 无咎也ㅣ오"는 구사효에 대한 소상전이며,
"飛龍在天은 大人造也ㅣ오"는 구오효에 대한 소상전이고,
"亢龍有悔는 盈不可久也ㅣ오"는 상구효에 대한 소상전이며,

"用九는 天德은 不可爲首也ㅣ라"는 중천건괘의 여섯 효가 모두 동했을 경우(☰→☷)의 소상전이다.13

⑥ 문언전文言傳

> 文言曰 元者는 善之長也ㅣ오 亨者는 嘉之會也ㅣ오
> 利者는 義之和也ㅣ오 貞者는 事之幹也ㅣ니
> 君子ㅣ 體仁이 足以長人이며 嘉會ㅣ 足以合禮며
> 利物이 足以和義며 貞固ㅣ 足以幹事ㅣ니
> 君子ㅣ 行此四德者ㅣ라 故로 曰乾元亨利貞이라.

이상이 건문언전 1절이다. 괘사의 뜻(元亨利貞)을 부연설명한 것으로, 천도(元亨利貞)와 인륜(仁禮義智)을 대비시켜 말한 것이다.

> ○ 初九曰 潛龍勿用은 何謂也오. 子ㅣ曰 龍德而隱者也ㅣ니 不易乎世하며 不成乎名하야 遯世无悶하며 不見是而无悶하야 樂則行之하고 憂則違之하야 確乎其不可拔이 潛龍也ㅣ라.
> … 중략 …
> ○ 上九曰 亢龍有悔는 何謂也오. 子ㅣ曰 貴而无位하며 高而无民하며 賢人이 在下位而无輔ㅣ라 是以動而有悔也ㅣ니라.

이상이 건문언전 2절로, 효사의 뜻을 부연설명하여 건괘의 덕을 말한 것이다.

---

13 다른 괘는 효사 밑에 소상전이 놓인다. 즉 초구효의 소상전은 초구효의 효사 아래에, 구이효의 소상전은 구이효의 효사 아래에 …, 하는 식으로 놓인다.

> ○ 潛龍勿用은 下也ㅣ오
> ○ 見龍在田은 時舍也ㅣ오
> ○ 終日乾乾은 行事也ㅣ오
> ○ 或躍在淵은 自試也ㅣ오
> ○ 飛龍在天은 上治也ㅣ오
> ○ 亢龍有悔는 窮之災也ㅣ오
> ○ 乾元用九는 天下ㅣ 治也ㅣ라.

이상이 건문언전 3절이다. 소상전의 뜻을 부연설명한 것으로, 건괘의 자리(位)를 말한 것이다.

> ○ 潛龍勿用은 陽氣潛藏이오
> ○ 終日乾乾은 與時偕行이오
> ○ 或躍在淵은 乾道ㅣ 乃革이오
> ○ 飛龍在天은 乃位乎天德이오
> ○ 亢龍有悔는 與時偕極이오
> ○ 乾元用九는 乃見天則이라.

이상이 건문언전 4절이다. 소상전의 뜻을 부연설명한 것으로, 건괘의 때(時)를 말한 것이다.

> 乾元者는 始而亨者也ㅣ오 利貞者는 性情也ㅣ라.
> 乾始ㅣ 能以美利로 利天下ㅣ라 不言所利하니 大矣哉라.
> 大哉라 乾乎여. 剛健中正純粹ㅣ 精也ㅣ오
> 六爻發揮는 旁通情也ㅣ오 時乘六龍하야 以御天也ㅣ니
> 雲行雨施ㅣ라 天下平也ㅣ라.

이상이 건문언전 5절이다. 괘사의 뜻을 다시 부연설명한 것으로, 하늘의 덕은 사사로움도 없고 미치지 못하는 곳도 없다는 것을 말한 것이다.

> ○ 君子」 以成德爲行하나니 日可見之」 行也」라 潛之爲言也는 隱而未見하며 行而未成이라 是以君子」 弗用也하나니라.
>
> … 중략 …
>
> ○ 亢之爲言也는 知進而不知退하며 知存而不知亡하며 知得而不知喪이니 其唯聖人乎아. 知進退存亡而不失其正者」 其唯聖人乎인뎌.

이상이 건문언전 6절이다. 효사의 뜻을 다시 부연설명함으로써, 역을 체득해서 실천하는 군자의 덕, 즉 역(易)이 체가 되고 군자가 용(用)이 됨을 말한 것이다.

여기까지가 문언전이다. 문언전은 중천건괘와 중지곤괘에만 있고, 해당하는 괘의 끝에 놓여 있다. 건문언전은 모두 6절로 구성되어 있다.

이상에서 살펴본 바와 같이 중천건괘는 괘상(☰)과 본주(乾上, 乾下), 괘사·효사·단전·대상전·소상전·문언전의 차례로 구성되어 있다.

2) 중지곤괘重地坤卦

```
☷ 坤上①-1
   坤下①-2
```
② 坤은 元코 亨코 利코 牝馬之貞이니 君子의 有攸往이니라.
　先하면 迷하고 後하면 得하리니 主利하니라.
　西南은 得朋이오 東北은 喪朋이니 安貞하야 吉하니라.

① 본주本註

여기까지가 괘의 그림과 괘사이다. 괘 그림 옆에 '곤상坤上 곤하坤下'라고 한 것은, 아래의 세 효(초효,이효,삼효)로 이루어진 괘가 곤(☷)이고, 위의 세 효(사효,오효,상효)로 이루어진 괘도 곤(☷)이라는 뜻이다. 즉 중지곤괘(䷁)는 하괘도 곤(☷)이고 상괘도 곤으로 이루어진 괘라고 주석을 단 것이다. 이 '坤上 坤下'가 곤괘의 상에 대한 본주本註이다.

② 괘사卦辭

"坤은 元코 亨코 利코 牝馬之貞이니 …, 安貞하야 吉하니라"는 문왕이 중지곤괘에 대해 지은 괘사이다. 복희씨가 그린 괘상을 보고, 이렇게 음효로만 이루어진 괘는, 하늘의 굳세고도 끊임없이 움직이는 덕과 짝이 되어 움직이는 땅의 덕을 지녔다고 설명한 것이다.

③ 단전彖傳

象曰 至哉라 坤元이여. 萬物이 資生하나니 乃順承天이니
坤厚載物이 德合无疆하며 含弘光大하야 品物이 咸亨하나니라.
牝馬는 地類니 行地无疆하며 柔順利貞이 君子攸行이라.
先하면 迷하야 失道하고 後하면 順하야 得常하리니
西南得朋은 乃與類行이오 東北喪朋은 乃終有慶하리니

安貞之吉이 應地无疆이니라.

여기까지가 단전이다. 중천건괘와는 달리 중지곤괘부터는 경문과 십익이 섞여 있다.14 단전은 괘사에 대한 설명이므로 경문인 효사보다 앞에 놓인 것이다.

④ 대상전大象傳

象曰 地勢ㅣ 坤이니 君子ㅣ 以하야 厚德으로 載物하나니라.

대상전은 괘 전체 상에 대한 설명이므로 효사 앞에 놓였다.

⑤ 효사爻辭와 소상전小象傳

○ 初六은 履霜하면 堅冰이 至하나니라.
象曰 履霜堅冰은 陰始凝也ㅣ니 馴致其道하야 至堅冰也하나니라.
○ 六二는 直方大라 不習이라도 无不利하니라.
象曰 六二之動이 直以方也ㅣ니 不習无不利는 地道ㅣ 光也ㅣ라.
○ 六三은 含章可貞이니 或從王事하야 无成有終이니라.
象曰 含章可貞이나 以時發也ㅣ오 或從王事는 知光大也ㅣ라.
○ 六四는 括囊이면 无咎ㅣ며 无譽리라.
象曰 括囊无咎는 愼不害也ㅣ라.

---

14 여기서 십익이라고 할 때는 단전·상전(대상전, 소상전)을 말한다. 단전과 대상전은 괘 전체에 대한 설명이므로 괘사 바로 아래에 놓고, 소상전은 효 하나 하나에 대한 설명이므로 각 해당하는 효사 아래에 놓은 것이다. 이렇게 한 것은 후학들이 공자의 경륜을 높여서 십익을 경의 위치로 본 것이며, 한漢나라의 비직(費直)·정현(鄭玄)·왕필(王弼) 등이 앞장선 것이다.

○ 六五는 黃裳이면 元吉이리라.
象曰 黃裳元吉은 文在中也ㅣ라.
○ 上六은 龍戰于野하니 其血이 玄黃이로다.
象曰 龍戰于野는 其道ㅣ 窮也ㅣ라.
○ 用六은 利永貞하니라.
象曰 用六永貞은 以大終也ㅣ라.

중지곤괘 부터는 여섯 효사 아래에 각기 해당하는 소상전을 두었다. 앞에서 보듯이 "初六은 履霜하면 堅冰이 至하나니라"고 하는 초육 효사 아래에 바로 "象曰 履霜堅冰은 陰始凝也ㅣ니 馴致其道하야 至堅冰也하나니라"는 초육의 소상전을 둠으로써, 초효에 대한 설명을 한꺼번에 볼 수 있게 되었다.[15]

다른 효도 마찬가지로 효사와 해당하는 소상전을 묶어 놓고, 효사와 구별하기 위해 소상전 앞에 "상왈象曰"을 붙였다(중천건괘에는 대상전과 소상전이 붙어 있으므로, 대상전 앞에만 "상왈"을 씀으로써 경문과 구별하였다).

⑥ 문언전文言傳

文言曰 坤은 至柔而動也ㅣ 剛하고 至靜而德方하니
後得하야 主(利)而有常하며 含萬物而化ㅣ 光하니
坤道ㅣ 其順乎인뎌. 承天而時行하나니라.

---

15 효사의 앞부분에 있는 "初六은, 六二는, 六三은, 六四는, 六五는, 上六은, 用六은" 등이 효를 지칭하는 말이다.
예를 들어 '初六은'이라고 한 것은 '중지곤괘의 처음 효가 동해서 양효가 되면(☷→☳)'이라는 뜻이다. 또 "用六은 利永貞하니라, 象曰 用六永貞은 以大終也ㅣ라."는 중지곤괘의 여섯 음효가 모두 변해서 양효로 되었을 때(☷→☰)의 설명이다. 중천건괘는 양효로만 이루어진 괘이고 중지곤괘는 음효로만 이루어진 괘이기 때문에, 다른괘와는 달리 '용구'와 '용육'을 더 설명함으로써, 양이 변해서 음이 되고, 음이 변해서 양이 되었을 때를 설명하였다. 다른 괘의 모든 효에도 이러한 설명을 원용하라는 뜻이다.

이상이 곤문언전 제1절이다. 괘사의 뜻을 부연설명한 것으로, 곤괘의 덕이 건괘의 덕과 짝이 되어 운행할 수 있음을 말한 것이다.

> ○ 積善之家는 必有餘慶하고 積不善之家는 必有餘殃하나니 臣
> 弑其君하며 子弑其父ㅣ 非一朝一夕之故ㅣ라. 其所由來者ㅣ 漸
> 矣니 由辨之不早辨也니 易曰 履霜堅冰至라하니 蓋言順也ㅣ라.
> … 중략 …
> ○ 陰疑於陽하면 必戰하나니 爲其嫌於无陽也ㅣ라 故로 稱龍焉하고
> 猶未離其類也ㅣ라 故로 稱血焉하니 夫玄黃者는 天地之雜也ㅣ니
> 天玄而地黃하니라.

이상이 곤문언전 제2절이다. 「용육용六」을 제외한 효사와 상사의 뜻을 부연설명한 것으로, 곤괘의 덕(德)과 때(時) 및 지위에 따른 쓰임(用)을 말한 것이다.

여기까지가 중지곤괘의 문언전이다. 곤문언전은 모두 2절로 구성되어 있다.

이상에서 살펴본 바와 같이 중지곤괘는 괘상(䷁)과 본주(坤上, 坤下), 괘사·단전·대상전·효사와 소상전(초육 효사와 초육 소상전, 육이 효사와 육이 소상전, 육삼 효사와 육삼 소상전, 육사 효사와 육사 소상전, 육오 효사와 육오 소상전, 상육 효사와 상육 소상전, 용육과 용육소상전)·문언전의 차례로 구성되어 있다.

3) 그 밖의 괘(수뢰둔괘의 경우)

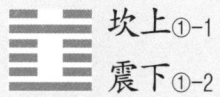
坎上①-1
震下①-2
② 屯은 元亨코 利貞하니 勿用有攸往이오 利建侯하니라.

① 본주本註

여기까지가 괘의 그림과 괘사이다. 괘 그림 옆에 '감상坎上 진하震下'라고 한 것은, 아래의 세 효(초효,이효,삼효)로 이루어진 괘가 진(☳)이고, 위의 세 효(사효,오효,상효)로 이루어진 괘는 감(☵)이라는 뜻이다. 즉 수뢰둔괘(䷂)는 하괘가 진(☳)이고, 상괘는 감(☵)으로 이루어진 괘라는 뜻이다. 이 '감상 진하'가 수뢰둔괘의 상에 대한 본주(本註)이다.

② 괘사卦辭

"屯은 元亨코 利貞하니 勿用有攸往이오 利建侯하니라"는 문왕이 수뢰둔괘에 대해 지은 괘사이다. 복희씨가 그린 괘상을 보고, 물(☵) 속에서 생명이 꿈틀 꿈틀 움직여 나오는(☳) 형상의 괘는, 생명이 처음 태동하는 초기이니 크게 좋으나, 단지 이제 막 나왔으니 함부로 움직이는 것보다는 자신의 힘을 기르며, 경륜이 높은 사람에게 일을 맡겨서 하는 것이 좋다고 해석한 것이다.

③ 단전彖傳

彖曰 屯은 剛柔ㅣ 始交而難生하며 動乎險中하니
大亨貞은 雷雨之動이 滿盈일새라.
天造草昧에는 宜建侯ㅣ오 而不寧이니라.

여기까지가 단전이다. 단전은 괘사에 대한 설명이므로 경문인 효사보다 앞에 놓은 것이다.

④ 대상전大象傳

> 象曰 雲雷ㅣ 屯이니 君子ㅣ 以하야 經綸하나니라.

대상전은 괘 전체 상에 대한 설명이므로 효사 보다 앞에 놓였다.

⑤ 효사爻辭와 소상전小象傳

> ○ 初九는 磐桓이니 利居貞하며 利建侯하니라.
> 象曰 雖磐桓하나 志行正也ㅣ며 以貴下賤하니 大得民也ㅣ로다.
> ○ 六二는 屯如邅如하며 乘馬班如하니 匪寇ㅣ면 婚媾리니 女子ㅣ 貞하야 不字ㅣ라가 十年에야 乃字ㅣ로다.
> 象曰 六二之難은 乘剛也ㅣ오 十年乃字는 反常也ㅣ라.
> ○ 六三은 卽鹿无虞라 惟入于林中이니 君子ㅣ 幾하야 不如舍ㅣ니 往하면 吝하리라.
> 象曰 卽鹿无虞는 以從禽也ㅣ오 君子舍之는 往하면 吝窮也ㅣ라.
> ○ 六四는 乘馬班如하니 求婚媾하야 往하면 吉하야 无不利하리라.
> 象曰 求而往은 明也ㅣ라.
> ○ 九五는 屯其膏ㅣ니 小貞이면 吉코 大貞이면 凶하리라.
> 象曰 屯其膏는 施ㅣ 未光也ㅣ라.
> ○ 上六은 乘馬班如하야 泣血漣如ㅣ로다.
> 象曰 泣血漣如ㅣ어니 何可長也ㅣ리오.

위의 글은 수뢰둔괘의 효사와 소상전으로, 여섯 효사 아래에 각기 해당하는 소상전을 두었다. 앞에서 보듯이 "初九는 磐桓이니 利居貞하며 利建侯하니라"고 하는 초구 효사 밑에 "象曰 雖磐桓하나 志行正也ㅣ며 以貴下賤하니 大得民也ㅣ로다"는 초구효의 소상전을 둠으로써, 초효에 대한 설명을 한꺼번에 볼 수 있게 되었다. 다른 효도 마찬가지로 효사와 해당하는 소상전을 묶

어 놓고, 효사와 구별하기 위해 소상전 앞에 "상왈"을 붙였다.16

수뢰둔괘의 배열 순서는 뒤에 나오는 괘들과 동일하다.

4) 계사전·설괘전·서괘전·잡괘전

계사전·설괘전·서괘전·잡괘전은 64괘에 대한 경문이 끝난 다음에 계사전 상(12장), 계사전 하(12장), 설괘전(11장), 서괘전 상, 서괘전 하, 잡괘전의 차례로 실려 있다. 이 부분은 주역이 만들어진 원리와 역사적인 사실 등 주역을 전체적으로 이해하는데 좋은 참고가 된다.

사실 계사전 등은 주역의 총론격이므로 제일 앞부분에 배열하는 것이 주역을 배우고자 하는 초학자들에게 좋겠지만, 여러 가지 이유17로 64괘 경문이 모두 끝나고 난 다음에 배열되었다. 초학자들은 주역 경문을 보기 전에 이 부분을 두세 번 먼저 읽는 것도 좋은 방법일 것이다.

---

16 효사의 앞부분에 "初九는, 六二는, 六三은, 六四는, 九五는, 上六은" 등이 효를 지칭하는 말이다.

17 특히 경문 앞에 전문을 놓을 수 없다는 이유.

제 5부 설시법과 주역용어

5부 설시법과 주역용어

1장 주역과 점
1. 복卜과 점占   191
2. 주역은 점서인가?   192
3. 점은 판결하는 것이다   194
4. 설시법   196
5. 척전법   212

2장 경문해석에 필요한 용어
1. 원형이정   215
2. 구와 육   219
3. 동과 정의 의미   221
4. 길흉·회린·이해   222
5. 선왕·대인·후·상·군자   224
6. 기타 혼동하기 쉬운 용어   226

1장 | 주역과 점

1. 복卜과 점占

> 복卜은 하늘과 땅 사이(丨)의 이치를 묻는 것(丶)이고, 점占은 이렇게 물어서 알게 된 것을 말해주는 것(丨+丶+口)이다.

요즈음 사람들은 점복이라 하면 미신이라 하여 경원시 하는 경향이 있지만, 점복의 본뜻은 미신과는 거리가 멀다.

'복卜'은 점을 친다는 말이고, '점占'은 점친 것을 입으로 말한다는 뜻이다. '卜복'자에서 '丨'은 하늘에서 땅까지의 이치를 뜻하고, '丶'은 그 이치 중에서 한 가지 물음을 틀림없이 찍었다는 뜻이다. '占'자의 밑에 있는 '口'는 그렇게 점친 것을 입으로 말하는 것이다.[1]

점과 관련 깊은 글자 중에 '무당 무巫'자[2]도 위의 '一'은 하늘을, 아래의 '一'은 땅을 나타내며, 가운데의 '丨'는 '卜'자와 마찬가지로 하늘에서 땅까지의 이치를 뜻한다. 따라서 '巫'자도 하늘에서 땅까지의 이치를, 점을 물으러 온 사람(人)과 점을 쳐주는 사람(人)이 서로 문답하는 형상이 된다. 물론 '점서筮'자는 이러한 일을 대나무가지(竹+巫=筮)로 한다는 뜻이다.

---

1 본래 '복卜'이라고 하면 은殷나라 시대에 유행하던 거북점을 말하고, '점占'은 주역점을 비롯한 모든 점치는 행위를 포함하는 포괄적인 언어이다.

2 '무巫'자는 갑골문에서 어린 여자가 장신구를 들고 춤을 추는 모습을 상형한 글자이나, 후대로 가면서 위의 글과 같이 뜻이 바뀌었다.

2. 주역은 점서인가?

> 평소에 읽으며 사색할 때는 철학서이고, 일이 있어서 점을 치고 그 풀이를 찾아 읽을 때는 점서가 되는 것이다.

주역을 피상적으로 보면 점서占書로 볼 수 있으며, 실제로 주역의 본문 속에도 '길하다(원하는 것을 얻었다)' 또는 '흉하다(원하는 것을 잃었다)' 등의 말은 물론, 주어진 상황과 그에 따른 해결책을 제시해주는 내용으로 되어 있다. 특히 「계사상전」 9장에 보면 시초점에 대한 설명이 있다. 『주역』이 점과 관계없다고 볼 수 없는 것이다.3

또 점치는 것은 자신을 수양하는 방편이다. 집중을 해야 점을 칠 수 있고, 마음이 욕심에 의해 오염되지 않아서 투명하게 되어야 틀리지 않는 해석을 할 수 있기 때문이다. 「계사상전」 10장에는 영통靈通(신령이 서로 통함) 또는 감통感通(느낌으로 저절로 통함)에 관한 내용이 있는데, "역은 생각도 하지 않고, 하고자 함도 없어서, 고요히 움직이지 않다가, 드디어 느껴서 모든 이치에 통하게 되니, 천하의 지극한 신이 아니면 그 누가 여기에 참여하리오?"라는 귀절이 그것이다.

지극한 마음으로 신과 감통感通하는 것이 주역이며, 그 신의 작용으로 모든 조화가 이루어지게 된다. 자신의 욕심을 내려놓아야 "생각도 하지 않고,

---

3 점치는 책은 『복서정종卜筮正宗』, 사주보는 책은 『명리정종命理正宗』, 상相보는 책은 『마의상서麻衣相書』 등이 유명하다. 『주역』은 이러한 책들의 조종祖宗이 되는 책으로, 우주 안에 벌어지고 있는 모든 사건과 사고를 다 포함하고 있기 때문에 보는 시각에 따라 달리 해석하는 것이다.

즉 점치는 사람은 점책이라 하고, 정치하는 사람은 정치서라하며, 책력으로 이용하는 사람은 책력이라고 하며, 이외에도 백과사전이니, 족보책이니, 역사책이니 하고 말들이 많은 것도 『주역』이 이들의 내용을 모두 포괄하기 때문이다. 어떤 사람이 보냐에 따라 달리 보는 것이다.

하고자 함도 없음"의 경지가 된다. 이러한 경지가 될 때까지, 정신적 수양과 학문적 탐구를 해야 비로소 신에 통할 수 있는 것이며, 점은 그런 경지에 이르기 전까지 수양의 한 방편이라는 것이다.

3. 점은 판결하는 것이다.

> 점친다는 것은, 어떤 일을 하기 전에 일의 성패를 묻는 것을 뜻한다. 즉 어떤 일을 결정하기 위한 모든 과정이 점이다.

점을 치는 것은 자신과의 대화이다. 유식론에서는 인간의 정신을 8단계로 보았다. 이 중 두뇌로 생각하는 단계가 여섯 번째에 해당한다. 두뇌가 생각하기 이전의 단계를 전5식이라고 하는데, ①눈으로 보고, ②귀로 듣고, ③입으로 맛을 보고, ④코로 냄새를 맡고, ⑤온 몸으로 촉감하는 다섯 가지를 말한다. 이 전5식에서 보내온 정보를 두뇌가 종합적으로 받아들인 뒤 결정을 하는 것이다. 그런데 두뇌가 최종결정권자가 아니다. 그 윗 단계로 말라식(자아, 에고)이 있고, 말라식 윗 단계로 아뢰야식이라는 8식이 있는 것이다.

말라식(7식)은 두뇌의 결정을 방해한다. 근거 없는 자신감을 보이며 판단을 흐리게 한다. 8식이 "좋은 투자야. 빨리 계약해."하고 똥 꿈을 꾸게 하면, 7식이 얼른 나서서 "아! 더러워. 기분 나쁘니까 투자하지 말자." 하고 방해하는 것이다.

사실 점치는 것은 8식에게 물어보는 것이다. 자기 자신에게 묻는 것이다. 8식은 아주 오래 전부터 살아온 경험 많은 영혼이고, 우주와 하나가 되어 소통을 할 수 있는 객관적인 존재이다. 내 몸에 들어와서 나를 좋은 곳으로 인도하고 싶은 또 다른 나이다.

그런데 안타깝게도 두뇌와 소통이 쉽지 않다. 서로 통하는 언어가 없는 것이다. 다만 '똥'이 거름이 되어서 수확량을 몇십 배 늘린다는 생각에, 똥꿈을 꾸게 해서 대박 나는 투자라고 인도할 뿐이다. 깨어 있는 세계에서는 알릴 방법이 없어서, 무의식의 세계인 꿈을 통해서 가르친 것이다. 그런데 7식이 방해한 것이다.

점을 친다는 것은 두뇌와 아뢰야식이 약속한 부호(8괘 또는 64괘)를 통해 서로 소통을 하는 과정이다. 내가 물으면, 아뢰야식이 점괘(64괘)로 대답을 하고, 그러면 나는 그것을 해석해서 미래를 예측하는 것이다. 이 점괘를 담은 책이 주역책이고, 점괘를 풀이하는 마음이 투명하면서도 명철보신할 줄 아는 지혜인 것이다. 그러니 얼마나 수양을 해야 말라식의 방해를 이기고 아뢰야식과 소통할 수 있겠는가? 세상일에 경험이 많고, 세상사람들을 사랑하는 마음을 가져야, 그래서 우주와 한 몸이 되어야 가능한 것이다.

옛날에는 점을 치는 것을 신중히 하였다. 목욕재계를 하고 부정한 마음을 멀리 한 뒤에 점을 쳤다. 점은 스스로는 어떻게 해야 할지 잘 모를 때 신에게 묻는 것이다.4 안 물으면 그만이지만, 일단 물었을 경우에는 그 결과에 절대적으로 따라야 한다. 왜 따라야 하는가? 신에게 묻고 신이 우주의 정보를 이용하여 방법을 가르쳐 주었는데, 따르지 않는다면 신이 좋아할 리가 없다. 그렇게 되면 다음부터는 신에게 물을 수 없게 되는 것이다. 여기에서 말하는 '신'은 내 몸 안에 사는 아뢰야식일 수도 있고, 자신이 믿고 존경하는 신일 수도 있다. 어떤 신이든 간에, 마음으로 승복해서 신이라고 생각했으면 믿고 따라야 한다.

그런데 왜 안 따르는가? 신의 대답이 자기 마음에 들지 않기 때문이다. 욕심이 신탁을 거부한 것이다. 그러면 어떤 결과가 올까? 스승에게 묻고 스승이 답했는데, 마음에 들지 않는다고 따르지 않으면 스승과의 관계가 멀어진다. 직장 상사에게 묻고 답을 얻었는데, 마음에 들지 않는다고 따르지 않으면 직장 상사와의 관계가 틀어진다. 세상의 이치가 그런 것이다. 꼭 이루겠다는 집착을 버리고, 나를 객관화 할 줄 알아야 점을 잘 풀이할 수 있고, 그런 마음이라야 점괘대로 잘 따를 수 있는 것이다. 그러려면 자신의 마음을 갈고닦아 깨끗이 해야 가능하다. 어떤 신탁에도 승복할 줄 아는 마음이야말로 우주와 한 몸이 되어 미래정보를 얻을 자격이 있는 것이다.

---

4 『서경書經』에서는 왕이 정사政事를 결정함에 있어, "먼저 왕 자신에게 묻고, 그래도 판단이 서지 않을 때는 신하들에게 묻고, 그래도 의심이 갈 때는 백성에게 묻고, …"라는 대목이 나온다. 의심스러운 것이 있어서, 그것을 판단해 결정하는 과정(생각하는 것이나 묻는 것)이 바로 점이라는 뜻이다.

4. 설시법撰蓍法

> 설시법은 세상 일을 예측하기 위해, 해가 뜨고 달이 떠서 1년을 만들고, 그 안에서 만물이 살아가는 우주의 운행이치를 본떠서 공자께서 만든 주역 점법이다. 산가지 50개를 이용하여 점을 치는 방법이다.[5]

설시하는 모습

설시법은 공자께서 만드셨다는 방법으로, 주역을 배우는 사람들이 자신의 수양도 되고, 알고 싶은 사항도 신의 도움을 받아 예단豫斷하는 방법이다. 가장 보편적이고 잘 맞는 방법이기 때문에 주역에서 점이라고 하면 이 방법을 뜻하기도 한다. 여기서 "태극을 상징한다" 또는 "양의를 상징한다" 등등의 표현이 있는데, 이럴 때는 마음속으로 '우주가 처음 생길 때 태극에서 양의가 나오고, …' 하는 식으로 경건한 마음을 가지면 된다. 사람에 따라서는 "그것이 무슨 의미가 있겠느냐?"고 반문할지 모르지만, 사람은 마음이 바뀌면 행동도 변하기 마련이고, 자기만의 공간에서 우주의 축소판을 만들어 운영한다는 마음은 바로 우주의 마음, 달리 말해 신의 마음과 일치하고자 하는 정성이기 때문이다. 따라서 주역에서 점을 친다는 것은, 신이나 성인聖人의 말씀을 정성을 다해 따른다는 뜻이다. 성인은 천지와 그 덕을 같이하기 때문에, 천지의 운행에서 일어나는 모든 일과 성인의 행동에 어긋남이 있을 수가 없는 것이다.

점을 치기 전에는 반드시 점치는 방법과 해석방법을 정해야 한다. 같은 효

---

[5] 50은 대연수라고 부르는데, 이에 관한 내용은 부록의 「대연수와 책수」 부분에 자세하게 설명하였다.

가 동했는데, 각 책마다 내용이 조금씩 달라 결과가 차이날 수 있기 때문이다. 통상적으로 한 효를 동하는 방법을 택했다면 『주역점해』6나 『주역점』『주역점비결』을 참고하면 좋고, 설시나 동전점을 하여 여러 효가 동했다면 『초씨역림』을 활용하는 것이 좋다.

1) 준비사항

① 서죽筮竹

시초점蓍草占은 시초(가새풀)의 줄기로 점을 치던 것인데, 후대에 이르러 시초를 구하기 힘들게 되자, 대나무로 시초 모양의 살을 만들어서 점을 치게 되었다. 서죽筮竹이라고 하는 말은 바로 이 대나무로 시초모양의 살을 만든 것을 뜻한다.7

서죽은 길이 12~30cm 정도의 대를 직경 2~5mm정도 되게 가늘게 쪼개어 50개를 만드는데, 조릿대를 적당한 크기로 잘라 준비해도 된다.8 이 산가지 50개는 주머니에 넣어 습기가 차지 않는 곳에 잘 보관했다 써야 한다.

---

6 『주역점해』는 점하는 방법부터 해석하는 방법까지 그림과 함께 자세히 설명되어 있다. 구체적인 예단을 실어 누구나 쉽게 일상생활에서 응용할 수 있도록 한 점해석의 필독서이다.

7 시초 : 명협蓂莢이라고 하는 풀로, 달력풀 또는 책력풀이라고도 한다. 중국의 요堯임금 때 났다는 전설상의 상서로운 풀로, 초하루부터 보름까지는 잎이 하나씩 났다가 그 후부터 그믐까지는 한 잎씩 떨어져 날짜가 지나가는 것을 알게 했다고 한다.
대나무 중 조릿대는 5년 만에, 왕대나 솜대는 60년(60甲子) 만에 꽃을 피운 후 말라죽는다. 이러한 주기성과 소리나 기후 등 환경에 민감한 성질이 책력 풀로 쓰이는 명협의 이치와도 통한다.

8 길이와 직경은 자신이 점하기 좋은 크기로 맞춘다. 서죽은 시중에서 판매하는 김밥을 마는 발을 풀어서 50개를 세어 사용하면 편리하다.

② 장소

남향의 깨끗한 방안 한 가운데에 책상을 두고 북쪽을 향해 앉아 경건한 마음으로 점을 친다. 방 한가운데라고 하는 뜻은, 한쪽으로 치우치면 치우친 쪽의 기운으로 쏠리게 되어 점이 정확치 않기 때문이다.

③ 필기구

점의 결과를 그릴 수 있는 깨끗한 종이와 필기구를 준비한다.

종이 위쪽에는 날짜와 자신의 이름, 알고자 하는 내용을 적은 후 점을 친다.

```
2017년 8월 15일[9]
坤命 ○○○이 ○○사업을 하려는데 결과가 어떠하겠습니까?[10]
```

---

[9] 혹은 '정유년丁酉年 무신월戊申月 갑술일甲戌日'로 간지를 적기도 한다.

[10] 남자일 경우는 「건명乾命」이라 하고, 여자일 경우는 「곤명坤命」이라고 한다.

2) 설시법(揲蓍)

"천하언재天何言哉시리오 고지즉응告之卽應 하시나니, ○○생生 ○○○가 ○○○일을 하려는데 여하如何합니까? 물비소시勿秘昭示 물비소시勿秘昭示!"는 점을 칠 때 공통적으로 외우는 주문이다.

해석해보면 "하늘이 어찌 말씀하시리오? 그러나 물으면 곧 대답하여 주시니, ○○생 ○○○가 ○○○일을 하려는데 그 결과가 어떠하겠습니까? 감추지 마시고 밝게 보여주소서! 감추지 마시고 밝게 보여주소서!"라는 뜻이다. 여기서 '대답하여 주신다'라고 하는 것은, 말로써 대답해 준다는 것이 아니라, 괘상으로써 가르쳐 준다는 뜻이다. 위와 같은 마음의 염원을 효를 뽑을 때마다 외우고, 아래와 같은 설시에 들어간다.

① 그림과 같이 50개의 산가지(산算가지 또는 산대) 중에서 하나를 뽑아 상위에 가로로 놓는다. : 태극太極을 상징한다.

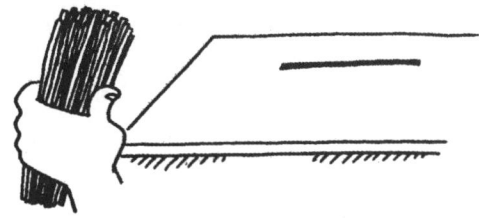

② 나머지 49개의 산가지를 들고 정성스러운 마음으로 두 무더기로 나눈다. : 양의兩儀를 상징한다.

③ 오른손에 있는 산가지 무더기를 상에 내려놓고, 그 중 하나를 뽑아 왼손의 넷째와 새끼손가락 사이에 끼운다. : 왼손의 산가지 무더기는 하늘(천天), 상위에 내려놓은 오른손의 산가지 무더기는 땅(지地), 손가락 사이에 끼운 것은 사람(인人)으로 삼재三才를 상징한다.

④ 오른손으로 왼손에 들고 있는 산가지 무더기(천)를 넷씩 센 후, 나머지(1·2·3·4 중의 하나가 나온다)를 왼손 셋째와 넷째 손가락 사이에 끼운다. 손가락 사이에 끼운 나머지를 제외한 산가지 무더기를 왼쪽 상위에 내려놓는다. : 네 개씩 세는 것은 사계절을 뜻하고, 나머지를 끼우는 것은 윤달을 상징한다.

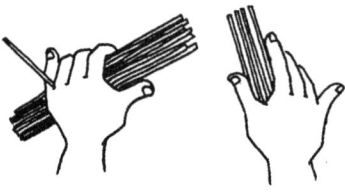 

⑤ 오른손으로 ③에서 상위에 놓아두었던 산가지 무더기(지)를 든다. 다음 왼손으로 오른손에 들고 있는 산가지를 위와 같은 방법으로 센 후, 나머지를 둘째와 셋째 손가락 사이에 끼운다. 손가락 사이에 끼운 것을 제외한 산가지 무더기는 오른쪽 상위에 내려놓는다.

  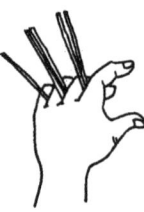

⑥ 왼손에 모인 산가지를 모두 합하여, 처음 'ㅡ'자로 내려놓은 산가지(태극을 상징한 산가지)의 왼쪽 위에 수직방향으로 놓는다.

※ 이것이 18변 중 제1변이다. 설시는 3변을 단위로 한 효가 이루어지며, 이것을 6번, 즉 18변이 끝나야 한 괘를 얻는다. 이 한 괘를 얻는 과정이 우주의 64운행 중에 있는 한 개의 세상을 상징하는 것이다.

⑦ 태극과 ⑥에서 내려놓은 산가지를 제외한 나머지 무더기로 ②③④⑤를 반복한 후 태극을 상징한 산가지의 중간에 수직 방향으로 올려놓는다.

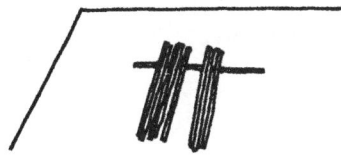

⑧ 태극과 ⑥과 ⑦에서 내려놓은 것을 제외한 나머지 무더기로 ②③④⑤를 반복한 후 태극을 상징한 산가지 제일 오른쪽에 수직방향으로 올려놓는다.

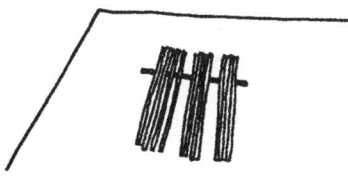

⑨ 이렇게 하면 첫 번째 효를 얻을 수 있다. 태극을 상징하는 산가지의 왼쪽에 놓인 무더기는 9개 아니면 5개이고, 가운데에 놓인 것과 오른쪽에 놓인 산가지는 8개 아니면 4개로 이루어진다. 이것을 여섯 번 하여 여섯 효 즉 한 괘를 얻는다.

3) 효의 판별법 및 표시법

효가 소양(━)이나 소음(╌)일 경우는 변하지 않지만, 노양(□)은 현재는 양이지만 동해서 음이 되고, 노음(×)은 현재는 음이지만 동해서 양이 되는 효로 각기 양동陽動·음동陰動이라고 한다. 즉 □→╌, ×→━으로 각기 변한다.

사상(四象)	판별법 ( )안은 산가지 숫자	일반적인 표시법 (①②는 그리는 순서)	간략 표시법
노음 (老陰 또는 太陰)	三多 (9·8·8)	✕ ①②	▬ ▬ •
소양 (少陽)	一少兩多 (9·8·4 또는 5·8·8)	▬▬▬	▬▬▬
소음 (少陰)	一多兩少 (9·4·4 또는 5·8·4)	▬ ▬	▬ ▬
노양 (老陽 또는 太陽)	三少 (5·4·4)	② ▭ ③①	▬▬▬ •

① 설시를 하여 태극 산가지 위에 놓인 산가지 숫자가 4 또는 5면 '소少:적다'라 하고, 8 또는 9면 '다多:많다'라고 한다.

② 순서에 상관없이 '소'가 한 무더기이고 '다'가 두 무더기 일 때 '일소양다一少兩多:한 무더기는 적고 두 무더기는 많다'라고 하며, 소양少陽(━)으로 표시한다.[11]

③ '소'가 두 무더기이고 '다'가 한 무더기 일 때 '일다양소一多兩少:한 무더기는 많고 두 무더기는 적다'라고 하며, 소음少陰(╌)으로 표시한다.[12]

---

[11] 이 경우는 처음 무더기는 9개이고, 두 번째 무더기는 8개이며, 세 번째 무더기는 4개이거나, 처음 무더기는 5개이고, 두 번째 무더기는 8개이며, 세 번째 무더기는 8개의 두 종류로, 총 합이 21이 된다. 이를 시초의 운용수인 49에서 빼면 28(소양책수)이 되므로 소양이 되는 것이다.

[12] 이 경우는 처음 무더기는 9개이고, 두 번째 무더기는 4개이며, 세 번째 무더기는 4개이거나, 처음 무더기는 5개이고, 두 번째 무더기는 8개이며, 세 번째 무더기는 4개로, 총 합이

④ 세 무더기가 모두 「다」일 경우는 「三多:세 무더기가 다 많다」라고 하며 노음老陰(⨯ 또는 ▬▬·)으로 표시한다.13

⑤ 세 무더기가 모두 「소」일 경우는 「三少:세 무더기가 다 적다」라고 하며 노양老陽(▭ 또는 ▬·)으로 표시한다.14

4) 해석방법

설시를 한 후 해석하는 방법에는 크게 두 가지가 있다. 하나는 주자의 방식을 따라 동효의 개수에 따라 체용을 나누어 보는 것이고, 다른 하나는 초연수라는 사람이 지은 『초씨역림』에 의거해서 내용을 찾아 해석하는 것이다. 『초씨역림』은 64괘가 변하여 64괘로 되는 모든 과정을 설명한 책으로 총 4,096가지의 경우의 수가 나오게 된다.15

두 가지가 다 사용되지만 똑같이 점을 하더라도 결과가 다른 것이 있으므로, 점하기 전에 반드시 점하는 방법과 해석 방법을 정해야 한다. 정하지 않고 점을 치게 되면 자신에게 유리한 방식으로 볼 우려가 있기 때문이다. 또 점을 치기 전에 충분히 생각하여 질문의 내용을 자세하고 구체적으로 기록해

17이 된다. 이를 시초의 운용수인 49에서 빼면 32(소음책수)가 되므로 소음이 되는 것이다.

13 이 경우는 처음 무더기는 9개이고, 두 번째 무더기는 8개이며, 세 번째 무더기는 8개로, 총 합이 25가 된다. 이를 시초의 운용수인 49에서 빼면 24(노음책수)가 되므로 노음이 되는 것이다.

14 이 경우는 처음 무더기는 5개이고, 두 번째 무더기는 4개이며, 세 번째 무더기는 4개로, 총 합이 13이 된다. 이를 시초의 운용수인 49에서 빼면 36(노양책수)이 되므로 노양이 되는 것이다.

15 『초씨역림』은 2017년 대유학당에서 완역되었다. 주역의 괘상 변화를 경전과 고사를 활용하여 문학적으로 승화한 책으로 2,464쪽의 방대한 양이다. 여러 효가 동하는 육효점 동전점 주역점 시초점 등에 활용되며 사전식으로 찾아 볼 수 있어 명확한 결론을 내릴 수 있다.

야 한다.

또 주자식 점해석 방법은 점을 치고 동한 효를 변하게 한 뒤에 체용을 판단하는 복잡한 단계를 거쳐야 하지만, 초씨역림식 해석방법은 본괘와 지괘를 정한 'A之B'를 책에서 찾아 읽기만 하면 되는 장점이 있다.

5) 주자식 점해석방법

작괘해서 얻은 괘를 본괘本卦라 하고, 효가 동해서 다른 괘가 되어 간 것을 지괘之卦라고 한다.16 본 책에서는 아래와 같이 체용을 나누어 활용한다.

	무동	한 효 변	두 효 변	세 효 변	네 효 변	다섯 효 변	여섯 효 변
체體	본괘 (총론)	본괘의 변한 효	본괘의 변효중 상효	본괘 (총론)	지괘의 변하지 않은 효중 하효	지괘의 변하지 않은 효	지괘 (총론)
용用		지괘의 변한 효	본괘의 변효중 하효	지괘 (총론)	지괘의 변하지 않은 효중 상효	본괘의 변하지 않은 효	

괘의 체용은 위의 표에서 찾아서 보되, 체를 70~80% 용을 20~30%정도의 비율로 풀이한다. 즉 체를 주로해서 본다. 체는 현재 있는 상황을 나타내고 용은 현재 있는 상황을 바탕으로 일이 진행과정과 결과를 뜻한다. 예를 들어 사람이 태어났을 때 집안 환경과 유전적 자질 성격이 체가 되는 것이고, 태어난 후 맞이하는 환경과 노력여하 등에 의한 변화가 용이 되는 셈이다.

① 본괘 중에 한 효도 변하지 않았을 경우는,

체용을 나눌 필요 없이 본괘의 총론격인 '괘사·단전·대상전'의 내용을 보

---

16 동했다는 말은 그 효가 움직여서 다른 성질의 효로 변했다(음효는 양효로, 양효는 음효로)는 뜻이다.

면 된다.

예) 설시를 해서 수뢰둔괘가 무동(無動:소양수와 소음수로만 효가 이루어짐)으로 나왔다면

 수뢰둔괘의 괘사인 "둔은 크게 형통하고 바르게 함이 이로우니, 가는 바를 두지 말고 제후를 세움이 이롭다."를 보면 된다(단전 및 대상전의 내용은 생략, 이하 같음).

② 본괘 중에 한 효만 변했을 경우는,

본괘의 변한 효사와 해당되는 소상전의 내용을 체로 하고, 본괘가 변해서 된 지괘의 해당하는 효사와 소상전을 용으로 한다.

예) 설시를 해서 수뢰둔괘의 초효가 동했다면

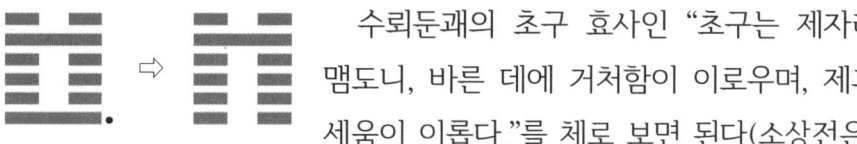 수뢰둔괘의 초구 효사인 "초구는 제자리를 맴도니, 바른 데에 거처함이 이로우며, 제후를 세움이 이롭다."를 체로 보면 된다(소상전은 생략, 이하 같음). 또 지괘인 수지비괘의 초육효사(초육은 믿음 있게 도와야 허물이 없을 것이니, 믿음이 순박해서 질그릇에 가득차면 끝에 가서 다른 길함을 오게 할 것이다)를 용으로 본다. 즉 믿을 수 있는 사람을 대리인으로 세워서 맡기면 길한 일이 오게 된다는 뜻이 된다.

③ 본괘 중에 두 효가 변했을 경우는,

본괘의 변한 효 중에서 위에서 변한 효를 체로 하고 아래에서 변한 효를 용으로 한다.

예) 설시를 해서 수뢰둔괘의 초효와 사효의 두 효가 동했다면

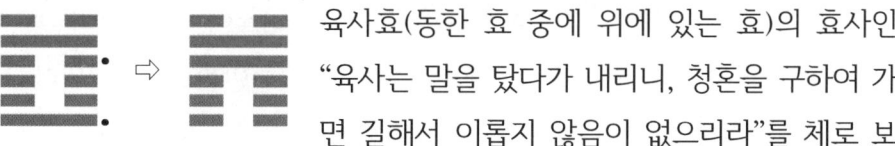 육사효(동한 효 중에 위에 있는 효)의 효사인 "육사는 말을 탔다가 내리니, 청혼을 구하여 가면 길해서 이롭지 않음이 없으리라"를 체로 보고, 초구 효사(초구는 머뭇거림이니, 바른데 거함이 이로우며 제후를 세움이 이롭다)를 용으로 보면 된다.

④ 본괘 중에 세 효가 변했을 경우는,

본괘와 지괘가 세 효씩 변한 셈이므로 그 권리가 반반이지만, 본괘와 지괘의 체용관계는 남아있다. 따라서 본괘의 총론격인 괘사·단전·대상전의 내용을 체로 하고, 지괘의 총론격인 괘사·단전·대상전의 내용을 용으로 한다.

예) 설시를 해서 수뢰둔괘의 초효·이효·삼효의 세 효가 동했다면, 본괘의 괘사인 "둔은 크게 형통하고 바르게 함이 이로우니, 가는 바를 두지 말고 제후를 세움이 이롭다"를 체로 보고, 지괘인 수풍정괘의 괘사인 "정괘는 읍은 고치되 우물은 고치지 못하니, 잃는 것도 없고 얻는 것도 없으며, 가고 오는 이가 우물물을 잘 마시고 가는 것이다. 거의 이르렀어도 두레박줄이 우물물에 닿지 못하고, 또 그 병을 깨면 흉하니라."를 용으로 보는 것이다.

⑤ 본괘 중에 네 효가 변했을 경우는,

본괘는 변한 효가 넷이고 지괘는 둘이므로 지괘에 더 권리가 있다. 그리고 이때는 변한 효 보다는 변하지 않은 효가 더 적으므로 상대적으로 중시된다. 따라서 지괘의 변하지 않은 효 중에서 아래효가 체가 되고 위에 있는 효가 용이 된다(본괘 중에 두 효가 변했을 때와 반대 개념임).

예) 설시를 해서 수뢰둔괘의 초효·이효·삼효·사효가 동했다면

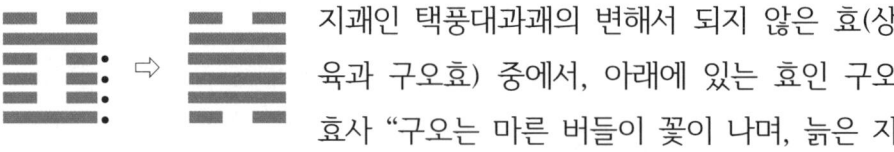

지괘인 택풍대과괘의 변해서 되지 않은 효(상육과 구오효) 중에서, 아래에 있는 효인 구오 효사 "구오는 마른 버들이 꽃이 나며, 늙은 지어미가 젊은 남자를 얻으니, 허물은 없지만 기릴만한 일도 아니다"가 체가 되고, 상육 효사인 "상육은 분수를 넘치게 건너다 이마를 다친 것이므로 흉하니, 허물할 데가 없느니라"를 용으로 보면 된다.

⑥ 본괘 중에 다섯 효가 변했을 경우는,

본괘는 변한 효가 다섯이고 지괘는 하나이므로 지괘에 더 권리가 있다. ④와 마찬가지 논리로 지괘의 변하지 않은 효가 체가 되고, 거꾸로 본괘의 변하지 않은 효가 용이 된다(본괘 중에 한 효가 변했을 때와 반대 개념임).

예) 설시를 해서 수뢰둔괘의 초효·이효·삼효·사효·오효가 동했다면

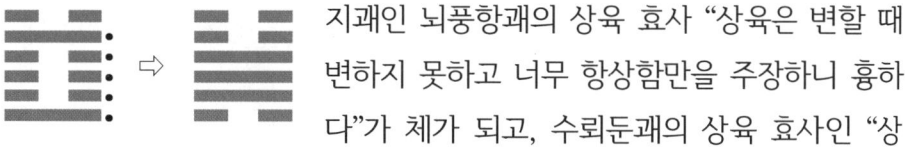

지괘인 뇌풍항괘의 상육 효사 "상육은 변할 때 변하지 못하고 너무 항상함만을 주장하니 흉하다"가 체가 되고, 수뢰둔괘의 상육 효사인 "상육은 말을 탔다가 내려서, 피눈물이 흐르도다"의 내용이 용이 된다.

⑦ 본괘의 여섯 효가 모두 변했을 경우는,

본괘가 완전히 허물어진 것이므로, 지괘로 권리가 넘어간 경우이다. 따라서 체용을 나눌 필요없이 지괘의 총론격인 괘사·단전·대상전의 내용을 보면 된다.

예) 설시를 해서 수뢰둔괘의 모든 효가 동했다면

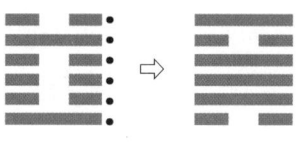

본괘를 볼 것 없이, 지괘인 화풍정괘의 괘사 "정괘는 크게 길하여 형통하니라"의 내용을 보면 된다.

6) 실례 – 주자식 해석과 초씨역림의 해석

예1) 2017년 3월 15일 1970생 金○○(男)이 ○○사업에 대해 점을 하여 다음과 같은 결과를 얻었다.

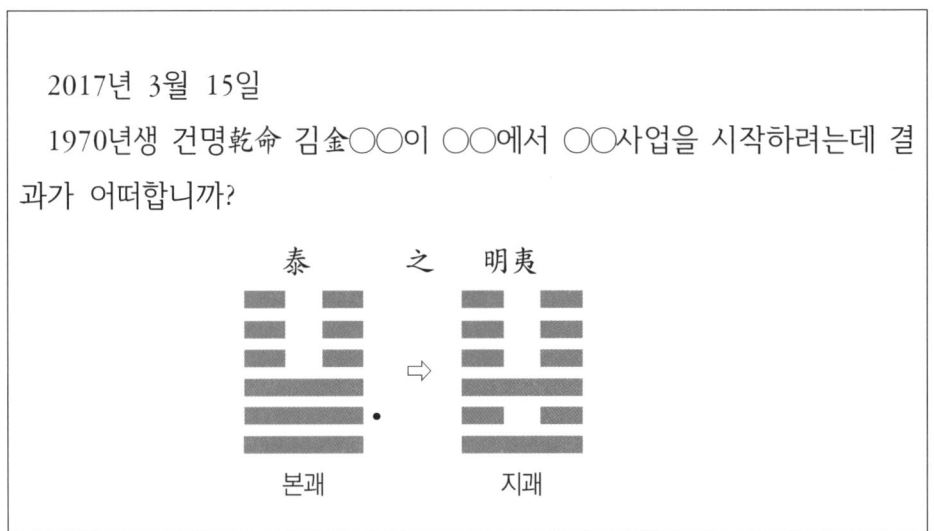

2017년 3월 15일
1970년생 건명乾命 김金○○이 ○○에서 ○○사업을 시작하려는데 결과가 어떠합니까?

泰 之 明夷

본괘   지괘

① 주자식 해석방법

설시를 해서 지천태괘 두 번째 효가 변했을 때, 「泰之明夷:지천태괘에서 지화명이괘로 갔다」고 하며, 효가 하나만 변했으므로 본괘인 지천태괘의 구이효사를 체로 하고, 지화명이괘의 육이 효사를 용으로 해서 점해석을 한다.

지천태괘 구이효사에 "구이는 거칠고 못난 것도 포용하며, 큰 용기를 갖고 개혁하며, 숨어 있는 어진 인재를 등용하면서 사사로운 붕당을 없애면 올바른 정치를 해서 마음을 합하리라"고 하였고, 지화명이괘 육이 효사에 "밝음이 상하는 때에 조금 상함이 있으나, 도와주는 사람이 건장하다면 화를 모면할 수 있을 것이다."고 하였다. 따라서 "모두가 한 마음 한 뜻으로 사사로운 감정을 이겨내면 큰 모임을 얻을 것이다."가 현재의 상황에 따른 점이고(본괘), "많은 사람이 모여 해코지하는 사람이 있어 조금 상함이 있으나, 주변사람을 잘 만나면 무난히 해결된다."가 진행되어 나가면서 얻는 점이다(지괘).

② 초씨역림으로 해석

'태지명이'를 찾으면 『초씨역림』 상권 492쪽에 해설이 있다.

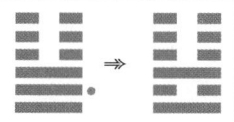 11→36 ○
泰之明夷
태 지 명 이

求兎得獐 過其所望 歡以相迎 高位夷傷
구 토 득 장   과 기 소 망   환 이 상 영   고 위 이 상

┃過 : 지나칠 과   夷 : 상할 이

토끼를 구하려다 노루를 얻으니 / 소망했던 것보다 더 지나치네. / 환대하며 서로 맞이하나 / 높은 자리는 다치기 쉽네.

`지천태괘의` 이효가 동하면 지화명이괘이다.

`이 효사는` 원했던 것 보다 큰 것을 얻는다. 다만 자칫 방종하다 크게 잘못될 수 있다. 이 점괘는 두 가지로 길흉을 나누어 볼 수 있다. 원했던 것 보다 큰 것을 얻었다는 점에서는 길하다. 다만 좀 더 욕심을 부리면 다치게 되므로 흉하다. 즉 생각 보다는 큰 이익을 보지만, 만약 좀 더 많은 이익을 보려고 욕심을 내면 잘못되니, 높은 수준의 절제와 만족이 필요한 점괘이다.

예2) 2017년 7월 8일에 1990년생 李○○(女)가 ○○와 결혼에 대해 점을 하여 다음과 같은 결과를 얻었다.

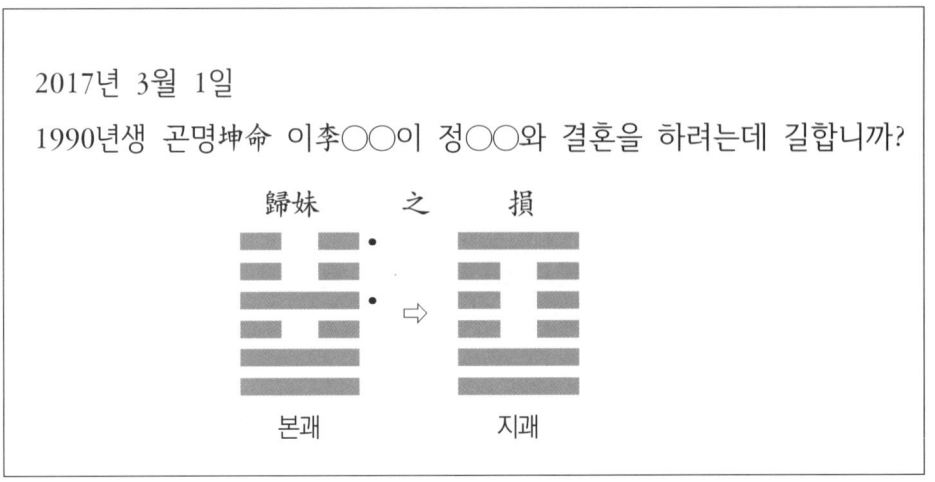

① 주자식 해석방법

설시를 해서 뇌택귀매 사효와 상효가 변했다면, 「歸妹之損:뇌택귀매괘에서 산택손괘로 갔다」고 하며, 두 효가 변했으므로 본괘인 뇌택귀매괘의 상육효사를 체로 하고, 뇌택귀매괘의 구사효사를 용으로 해서 점해석을 한다.

뇌택귀매괘 상육효사에 "혼인은 잘 성립되지 않고, 혼인해도 자식을 낳지 못하며, 노력은 많이 하나 목적한 일이 잘 이루어지지 않는다."고 하였고, 뇌택귀매괘 구사효사에 "시집을 가는 데 늦어진다. 늦게 시집가야 할 경우가 있기 때문이다. 시집가는데 늦어지는 것은 때를 기다렸다가 시집가야 하는 경우이기 때문이다."라고 하였다.

따라서 "처음에는 모든 일이 잘 안되고 결실도 없다."가 현재의 상황에 따른 점괘이고(본괘), "늦은 나이에 시집을 가고, 마음에는 덜 차지만 제 짝을 찾는다."가 진행된 뒤의 점괘이다(지괘). 판단하면 이○○이 혼인 적령기의 여자라면 자존심 세우느라 성립이 안되고, 혼기를 놓친 여자라면 처음에는 자존심 세우며 만나지 않다가, 나중에 마음을 열고 자신에게 맞는 짝이라고 생각하며 혼인한다는 점괘이다.

② 초씨역림으로 해석

'귀매지손'를 찾으면 『초씨역림』 하권 2085쪽에 해설이 있다.

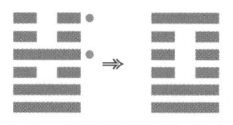
54→41 △
歸妹之損
귀 매 지 손

爭鷄失羊 亡其金囊 利得不長 陳蔡之患 賴楚以安
쟁 계 실 양 망 기 금 낭 리 득 부 장 진 채 지 환 뢰 초 이 안

▍囊 : 주머니 낭 賴 : 힘입을 뢰

닭을 놓고 다투다가 양을 잃고 / 그 돈주머니도 잃어버리니 / 이익을 장기적으로 크게 얻지 못하네. / 진땅과 채땅의 근심이 / 초나라에 힘입어 편안해지네.

뇌택귀매괘의 사효·상효가 동하면 산택손괘이다.

흡사한 괘 恒之夬, 巽之否, 巽之大畜

이 효사는 작고 단기적인 이익을 추구하다보면 큰 이익을 보지 못하고, 장기적인 이익을 도모하면 크게 될 사람의 운이다.

참조 『사기』「공자세가」에, '공자가 주유열국하실 때 광땅 사람이 양호(陽虎)로 착각해서 포위해 죽이려 했고, 진나라와 채나라 사이로 지날 때 또 포위된 데다가 식량마저 떨어졌다. 그 때 초나라에서 군대와 식량을 보내와 공자 일행을 안전하게 맞이하였다.'고 하였다.

사소한 자존심을 내세워 다투고 사소한 이익과 손해를 따지다 보면 결혼을 이루지 못하고 손해를 본다. 그러나 대의명분 아래 현재의 상황보다는 장기적이면서도 미래적인 측면을 보면 길하다고 하였다.

5. 척전법擲錢法

> 척전법은 동전을 던져 괘를 짓는 방법으로, 동효가 없을 수도 있고 많을 수도 있는데, 풀이는 『초씨역림』으로 한다.

이 방법은 동전 세 개를 모두 여섯 번 던져서 양효와 음효 그리고 동효를 결정하는 방법이다.

동전 세 개를 준비하고, 임의로 양이 되는 면(양면陽面)과 음이 되는 면(음면陰面)을 결정한다. "천하언재(天何言哉)시리오? 고지즉응(告之卽應)하시나니, ○○생(生) ○○○가 ○○○일을 하려는데 여하(如何)합니까? 물비소시(勿秘昭示) 물비소시(勿秘昭示)"라고 말한 후 동전을 던진다. 이와 같은 동작을 모두 여섯 번 하여 한 괘를 얻는다.

동전은 평소에 사용하던 것을 써도 되지만, 항상 몸 가까이 두어서 기운을 교감하는 것이 좋다. 아래의 동전은 『초씨역림』의 부록으로 만들어진 것이다.

※ 효의 판별은 아래와 같이 한다.

① 동전 세 개를 동시에 던져 모두 양면(陽面)이 나올 경우, 양효 동으로 본다. ━・ 또는 □로 그린다.

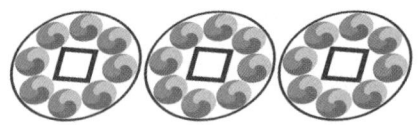

② 모두 음면(陰面)이 나올 경우는 음효 동으로 본다. ━ ━・ 또는 ╳로 그린다.

③ 양면이 하나 음면이 둘 나올 경우는 양효로 본다. ━ 으로 그린다.

④ 양면이 둘 음면이 하나 나올 경우는 음효로 본다. ╍ 으로 그린다.

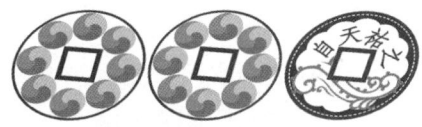

⑤ 효는 나무가 뿌리에서부터 줄기 가지로 자라 오르듯, 초효부터 이효·삼효·사효·오효·상효의 차례로 그려 올라간다. 위와 같은 요령으로 모두 여섯 번 던지면 한 괘가 완성된다.

⑥ 예를 들어 어떤 사업의 길흉에 대해 점을 쳤을 때

처음 던져 양면이 하나 음면이 둘 나오고(양효), 두 번째 던져서 음면이 하나 양면이 둘 나오며(음효), 세 번째는 세 개 모두 양면이 나오고(양효 동), 네 번째는 양면이 하나 음면이 둘 나오며(양효), 다섯 번째는 세 개 모두 음면이 나오고(음효 동), 마지막으로 여섯 번째는 음면이 하나 양면이 둘(음효) 나올 경우, 「풍지수(豊之隨) 즉 뇌화풍괘가 동하여 택뢰수괘가 됨, 55➔17」이 된다. 본 책에서는 상권 맨 뒷부분에 있는 찾아보기 에서 풍지수를 찾으면 아래와 같은 효사와 풀이가 나온다.

55→17 ◎ 豐之隨
풍 지 수

開郭聚業 王迹所起 姬德七百 振以八子
개 곽 취 업   왕 적 소 기   희 덕 칠 백   진 이 팔 자

迹:자취 적   振:떨칠 진

고공단보가 성곽을 열고 왕업의 기틀을 세우기 시작해서 / 주나라 왕업이 일어나기 시작했네. / 희씨(문왕) 주나라 덕이 700년을 가니 / 그 여덟 명의 신하가 크게 떨쳤네.

뇌화풍괘의 삼효·오효가 동하면 택뢰수괘이다.

흡사한 괘 困之小畜↓

이 효사는 조상으로부터 내려온 사업을 더욱 발전시켜서 대대로 부귀를 누리는 운이다.

2장 | 경문해석에 필요한 용어

1. 원형이정

> 원형이정은 하늘이 운행하는 덕으로, 모든 괘에 고루 퍼져서 각 괘의 성질을 결정한다. 원은 봄의 생하는 덕이고, 형은 여름의 무성하게 자라나게 하는 덕이며, 이는 가을의 필요한 것은 결실 맺게 하고 필요 없는 것은 죽이는 덕이며, 정은 가을에 걷어 들인 씨앗을 봄이 올 때까지 잘 간수하는 덕이다.

대자연의 변화 가운데 가장 으뜸가는 것이 4계절의 운행이고, '원형이정'은 각기 봄·여름·가을·겨울의 덕德을 나타낸다.

세상 만물은 봄의 덕인 「원」에 바탕하여 생겨 나오며(生), 여름의 덕인 「형」으로 자라게 되고(長), 가을의 덕인 「리」로 잘잘못을 가리며 결실을 거두어(收), 겨울의 덕인 「정」으로써 갈무리 된다(藏). 삼라만상의 생장수장生長收藏이 사덕四德(원형이정)의 영향을 받는 것이다. 원형이정의 사덕은 64괘에 골고루 퍼져 있으면서, 괘의 성격을 결정한다.

1) 원형이정과 사시·오행·사방·오상

4덕은 아래의 도표와 같이 하늘에는 춘하추동의 사계절, 땅에는 동남서북의 사방, 사람에는 인례의지의 사단四端으로 비견되며, 또 그 덕이 해당하는 것에 고루 퍼져있다.

사덕	원	형	리	정	
사시	춘	하	추	동	
오행	목	화	금	수	토
사방	동	남	서	북	중앙
오상	인	례	의	지	신

『주역』의 첫 번째 괘인 중천건괘의 첫 머리에 나오는 '원형이정'이라는 글은, 괘에 담긴 재질과 형상을 판단한 단象[17]으로, 주周나라 문왕文王이 은나라 말기의 주왕紂王에 의해 유리옥羑里獄에 유폐되었을 당시에 지은 것이다.

이 "건원형이정乾元亨利貞"이라는 문왕의 단象을 공자께서는 사계절의 덕으로 보셨고, 주자朱子는 "크게 형통하고(元亨), 바름을 지킴이 이롭다(利貞)"는 점서적占筮的인 풀이로 보았다.

2) 원형이정을 모두 언급한 괘

64괘의 괘사에 '원형이정'을 전부 언급한 괘로는 상경의 건乾·곤坤·둔屯·수隨·임臨·무망无妄괘와 하경의 혁革괘로 총 일곱 괘이다. 그러나 건괘와 곤괘의 두 괘만 사계절의 덕으로써 설명하고, 다른 괘들은 '크게 형통하고 바르게 하는 것이 이롭다' 정도로 해석한다.

---

[17] 돼지 어금니 같이 단단한 것으로 사물을 끊고 부수어서 판단한다는 말로 괘사卦辭라고도 한다.

3) 원형이정을 전혀 언급하지 않은 괘

64괘의 괘사에 '원형이정'을 언급하지 않은 괘로는 상경의 송訟·예豫·관觀·박剝괘와 하경의 진晉·규睽·해解·익益·쾌夬·구姤·정井·간艮·귀매歸妹괘로 총 13괘이다. 이 괘들도 직접적인 언급만 안했을 뿐 괘사와 효사에 원형이정의 내용이 들어있다.

4) 원형이정 파자해 破字解

원 元 (二+儿)

위의 '一'은 하늘을 아래의 '一'은 땅을 뜻하며, 왼쪽의 'ノ'는 양을, 오른쪽의 'ㄴ'는 음이니 합해서 사람('儿'은 어진사람 인)을 상징한다. 음양의 씨앗(人)이 천지 두 기운의 교합(二)에 의해 땅 속에서 움터 나오는 모습(儿)이므로 봄의 덕을 뜻한다.

형 亨 (亠+口+了)

'口'는 구멍(口.입)을 통해 호흡하고 음식물을 섭취 배설하여 성장하는 것을, '亠'는 초목이 땅위로 줄기를 뻗은 형상이며, '了'는 뿌리가 성장을 완료했다는 의미이니 여름의 덕을 뜻한다.[18]

이 利 (禾+刂)

'利'는 낫을 세워(刂) 벼(禾, 곡식, 열매)를 베는 뜻이니, 결실의 계절인 가을의 덕을 말한다.[19]

---

[18] 了: 마칠 료. 子는 결실을 맺은 것이고, 了는 아직 결실을 맺지 못한 것을 뜻한다.

[19] 禾: 벼 화 刂: 선칼 도

정 貞(卜+貝)

음양의 씨앗(八)에서 싹눈(目)이 움트지(丨) 않도록 빗장을 지르는(卜) 상이다. 추위와 위험이 도사리고 있으니, 밖으로 나가지 못하도록 굳게 갈무리하여 지키는 뜻으로 겨울의 덕을 말한다. 만약 겨울인데도 싹눈이 트면 식물이 죽을 것이고, 여인이 임신을 했는데도 정조를 지키지 않으면 태아를 기르지 못할 것이다. '貞'은 고대에 복서卜筮를 맡은 관리를 '정관貞官'이라고 한 데서도 알 수 있듯이, 신의 뜻을 굳게 지킨다는 뜻이 있다.

元	◦ 천(一) ◦ 지(一) ◦ 인(儿:종자가 움터 나옴)
亨	◦ 땅위로 줄기 뻗음(亠) ◦ 만물의 입(口) ◦ 성숙한 과정으로 결실(子) 되기 전(了)
利	◦ 낫을 세워 벰(刂) ◦ 익어 고개 숙인 벼(禾)
貞	◦ 굳게 지킴(卜:빗장을 거는 상) ◦ 씨앗의 눈(目) ◦ 음과 양(種子 : 八)

2. 구九와 육六

> 주역경문에서 구는 양효를 지칭하는 것이고, 육은 음효를 지칭하는 말이다. 이 외에도 용구用九와 용육用六은 건괘와 곤괘에서는 모든 효가 다 변했을 때의 상황을 말하며, 다른 괘에서는 「건괘를 본받아 구를 씀(양효가 음효로 변함)」과 「곤괘를 본받아 육을 씀(음효가 양효로 변함)」의 뜻이다.

1) 9와 6

주역에서는 음과 양을 표현하는 말로 구와 륙(앞으로는 발음의 편의상 '육'이라고 한다)을 쓴다. 1에서 10까지의 숫자 중에서 1·2·3·4·5는 생수生數라 하고, 6·7·8·9·10을 성수成數라고 한다.[20]

인체로 비유하면 생수는 태아가 모체에서 출산하기 전까지의 단계를 말하고, 성수는 출생한 후를 말한다. 따라서 생수에는 생로병사의 변화가 거의 없고, 성수에는 눈에 띠는 변화가 있게 된다. 이런 이유로 변화를 나타내는 학문인 주역에서는 성수만을 쓰게 되는 것이다.[21]

---

[20] 성수 중에서 10은 모든 수를 통합하는 수이자 끝수이므로 쓰지 않고, 나머지 6·7·8·9만을 쓰게 되는데, 7과 9는 양수로 팽창발현작용을 하고, 6과 8은 음수로 응축수렴작용을 한다. 7은 양의 성장하는 초기를 나타내는 수이므로 소양少陽이라 하고, 9는 양의 성장이 종결되는 때이므로 노양老陽이라고 한다. 궁하면 변하기 때문에 9는 팽창작용을 마치고 8로 수축하게 된다. 그러므로 8은 음의 수축하는 초기가 되고 소음少陰이라고 하며, 6은 음의 수축이 종결되는 때이므로 노음老陰이라고 한다. 궁하면 변하기 때문에 6은 수축작용을 마치고 7로 팽창하게 된다.

소양수 7은 변하더라도 같은 양인 9로 바뀌고, 소음수 8은 변하더라도 같은 음인 6으로 바뀐다. 그러나 노양수 9가 변하면 음으로 바뀌어 8이 되고, 노음수 6이 변하면 양으로 바뀌어 소양수 7이 된다. 주역은 변화를 중시하기 때문에 9와 6을 써서 음양의 변화를 꾀한 것이다

[21] 여자는 소음의 기운을 본받기 때문에 소양수인 7을 만날 때 음양이 교합되어 변화가 생긴다. 따라서 여자는 7달 만에 이가 나고 신기腎氣가 성하기 시작하는 7세에 이를 갈고, 14(7×2)세에 월경이 시작되며, 49(7×7)세에 폐경이 되는 것이다. 이렇게 폐경이 된 후에

경문에서 초구·구이·구삼·구사·구오·상구 등은 양효를 지칭하는 하는 것이고, 초육·육이·육삼·육사·육오·상육 등은 음효를 지칭하는 것이다.

2) 용구用九와 용육用六

용구는 건괘에만 나오는 용어이고, 용육은 곤괘에만 나오는 용어이다. 구(9)는 노양수이고 육(6)은 노음수로, 설시해서 괘를 얻을 때, 9·8·7·6의 4가지 수중에서 하나를 얻게 된다. 이중에 홀수인 9와 7은 양효가 되고, 짝수인 8과 6은 음효가 된다.

또 양효가 되는 9와 7중에 7은 소양수이므로 변하지 않고[22] 9는 노양수이므로 변하며, 음효가 되는 8과 6중에 8은 소음수이므로 변하지 않고[23] 6은 노음수이므로 변한다. 따라서 점법에는 노양수인 9와 노음수인 6만을 쓰는 것이다.

양효(9)가 변하면 음효(8)가 되고 음효(6)가 변하면 양효(7)가 되는데, 중천건괘가 나와서 모두 양효로 표시되었다 하더라도, 노양수로만 효를 이루었다면 변해서 중지곤괘가 된다. 이런 상태를 '용구'라고 하여 모든 효가 구九로 이루어진 내용을 밝힌 것이다. 따라서 용구라고 하면 중천건괘가 변해서 중지곤괘가 됨을 말한다. 마찬가지로 '용육'이라고 하면 모든 효가 육六으로 이루어진 괘로, 중지곤괘가 중천건괘가 됨을 말한다.

는 겉모습만 여자고 말과 행동은 남자처럼 행동하는 것이, 바로 8(소음)→6(노음)→7(소양)의 변화를 이룬 것이다.

남자는 소양의 기운을 본받기 때문에 소음수인 8을 만날 때 음양이 교합되어 변화가 생긴다. 즉 8달 만에 이가 나고 신기가 성하기 시작하는 8세에 이를 갈고, 16(8×2)세에 정기精氣가 장하여 사춘기가 되며, 64(8×8)세에 치아나 모발이 쇠할 정도로 정기가 쇠하게 된다. 이렇게 정기가 쇠한 뒤에는 겉모습만 남자고 말이나 행동은 소녀처럼 부드럽고 수줍음을 타게 된다. 이것이 바로 7(소양)→9(노양)→8(소음)의 변화를 이룬 것이다.

[22] 소양은 자라면 노양이 될 뿐 음으로 변하지는 않는다.

[23] 소음은 자라면 노음이 될 뿐 양으로 변하지는 않는다.

다른 괘에서는 「건괘를 본받아 구를 씀(양효가 음효로 변함)」과 곤괘를 본받아 육을 씀(음효가 양효로 변함)」의 뜻으로 쓰인다.

3. 동動과 정靜의 의미

> 동은 양이 밖으로 팽창발산하는 움직임을, 정은 음이 안으로 응축수렴하는 움직임을 뜻한다.

일반적으로 동이라고 하면 움직이는 것이고, 정이라고 하면 그쳐있는 것으로 개념되어 있다. 그러나 주역에서 말하는 동정의 개념은 조금 차이가 있다. 여기서 조금 차이가 있다고 말한 것은, 겉으로 보기에는 일반적인 동정의 개념과 같으나, 실제로는 다르다는 의미이다.

주역에서 동이라는 개념은 태극운동에서의 양의 움직임, 즉 밖으로 팽창하며 발산하는 운동을 말한다. 또 정이라는 개념은 음의 움직임, 즉 안으로 수렴하며 응축하는 운동을 말한다.

동이나 정은 둘 다 움직이는 개념이지만, 동은 밖으로 발산하기 때문에 움직이는 것이 눈에 띠고, 음은 안으로 응축하기 때문에 그 움직이지 않는 것으로 보일 뿐이다.

참선參禪을 행하는 수도승이나, 도인술導引術 또는 관觀을 행하는 선인仙人들의 행위는 고요히 그쳐 있는 것으로 보이나, 실제로는 엄청난 침잠운동을 하는 것과 마찬가지이다. 안으로 응축하여 힘을 모으는 운동이 없다면, 짧은 시간 안에 그 많은 진리의 문을 넘나들 수는 없는 것이다.

4. 길흉·회린·이해

> 길흉·회린·이해는 효의 중정응비 관계에 따라 좋고 나쁨을 표현한 말이다.

1) 길흉吉凶

길흉과 회린 및 이해는 얻고 잃음에 따른 좋고 나쁨을 표현한 말이다. '길'은 목적한 바를 얻은 것이고, '흉'은 실패해서 잃은 것을 말한다. 중정응비의 조건이 좋으면 길하기 쉽고, 그렇지 않으면 흉하기 쉽다.

2) 회린悔吝

'회(뉘우침)'와 '린(인색함)'은 각기 길과 흉으로 가기 전의 경계점과 같은 것이다. '悔(忄+每)'는 마음(心=忄)이 자주(每) 왔다 갔다 하며 후회를 하는 것이고, '吝(文+口)'은 마음이 없으면서 입(口) 또는 글(文)로만 미안하다고 하니 인색한 것이다.

'회'와 '린'은 대부분 음이 양자리에 있거나 양이 음자리에 있는 경우, 즉 부정위不正位일 때를 말한다. 자기 자리가 아니므로 '회'와 '린'이 있게 되지만, 득중한 자리여서 중덕中德이 있거나, 자기를 도와주는 정응正應이 있어 잘 대처하면 회와 린이 없어진다. 이럴 경우에 뉘우침이 없어진다는 뜻으로 '회망悔亡' 또는 허물이 없다는 뜻으로 '무구无咎'라고 한다. '회망'이나 '무구'는 흉은 아니지만, 그렇다고 길도 아니다. 단지 잘못되었던 것이 없어졌을 뿐이다.

또 '회'는 현재는 잘못되었지만 잘못된 점을 뉘우치므로 길한 데로 가기 쉽고, '린'은 잘못된 점을 뉘우치지 못하고 있는 것이므로 흉한 데로 가기 쉽다.

3) 이해 利害

이해는 길흉회린의 포괄적인 표현이다. 즉 '이'는 주변환경이 우호적이라는 뜻이고, '해'는 주변환경이 적대적이라는 뜻이다. 이로움이 쌓이면 길이 되고, 해로움이 많다보면 흉이 되는 데, 굳이 정도를 나눈다면 길과 회의 중간쯤 되는 말이 '이'이고, 흉과 린의 중간쯤 되는 말이 '해'이다.

정리하자면 길과 흉은 확정적이라서 바꿀 수 없는 것이고, 회와 린은 길흉으로 가는 중간 과정이고, 이해는 자신을 둘러싼 분위기를 말하는 것이다. 하지만 주역은 수신하고 피흉취길하는 하는 학문이므로, 마음속으로부터 반성하고 주의하면 주어진 운명을 고칠 수 있다고 보는 것이다.

※ 길吉 〉 리利 〉 회悔 〉 린吝 〉 해害 〉 흉凶

5. 선왕·대인·후·상·군자

> 선왕·대인·후·상·군자는 주역의 도를 체득해서 실천하는 사람을 지칭하는 말로, 괘의 덕에 따라 64괘의 대상전에 등장하는 불특정한 인물이다.

1) 선왕先王

주역 대상전에 선왕이라고 한 곳이 비比·예豫·관觀·서합噬嗑·복復·무망无妄·환渙의 7괘인데, 나라를 건국하고 아울러 법제法制와 예악禮樂을 지은 성인聖人을 뜻한다.

2) 대인大人

대상전에 대인이라고 칭한 것은 리괘離卦 한 괘 뿐이다. 성인으로 임금의 지위와 덕을 겸비한 사람인데, 전쟁 등 비상시를 다스리는 임금을 뜻한다.[24]

3) 후后와 상上

후라고 칭한 것은 태泰와 구姤 두 괘이고, 상이라고 한 것은 박괘剝卦에만 있다. 제후를 다스리는 천자天子를 말한다. 후와 상은 음양의 사귐을 강조하

---

[24] 리괘의 대상전 외에도 중천건괘의 구이와 구오효사(소상전, 문언전 포함), 천지비괘의 육이와 구오효사(소상전 포함), 지풍승괘의 괘사와 단전, 택수곤괘의 괘사와 단전, 택화혁괘의 구오효사(소상전 포함)에 '대인'이 나온다. 이들은 모두 어렵고 힘든 때를 이겨나가는 뜻이 있다.

되, 후는 음(여자임금)을 강조한 것이고 상은 양(양효)을 강조한 것이다.

4) 군자君子

앞서 말한 선왕·대인·후·상이라고 한 괘 외에는 다 군자라고 했다. 군자는 지위와는 상관없이 덕이 있는 사람을 이른다. 군자에 대對가 되는 사람이 소인小人이다.

5) 기타

이 외에도 나라를 개국하여 논공행상을 하는 절대권력자인 대군大君, 덕망과 경륜을 아울러 갖춘 장인丈人 또는 장자長子, 힘과 능력은 있으나 장자보다는 덕이 모자라는 제자弟子, 돈이 많고 돈으로 일을 해결하려하는 금부金夫, 그리고 실제 인물인 고종高宗·기자箕子·문왕文王 등이 등장한다.

6. 기타 혼동하기 쉬운 용어

1) 무불리 无不利

　이롭지 않은 바가 없다는 뜻이니, 잘못될 리가 없다는 것으로, 나에게 아주 유리한 좋은 환경이라는 뜻이다.

2) 길무불리 吉无不利

　목적한 것을 얻고(길), 또 나에게 우호적이지 않은 게 없다(무불리)는 뜻이니, 이보다 더 좋은 것은 없다.

3) 길무구 吉无咎

　'길'은 목적한 것을 얻는다는 뜻이고, '무구'는 잘못된 점을 잘 대처해서 보완했다는 뜻이다. 즉 목적한 것도 얻고, 남에게 피해를 주거나 위태했던 것을 잘 처신하여 무마했다는 뜻이다.

4) 재 災 와 생 眚

　'재'는 사람으로서는 어찌할 수 없는 재앙, 즉 천재지변 天災地變을 뜻하며, 일반적인 재앙의 통칭이다. 이에 비해 '생'은 스스로 잘못해서 불러들인 재앙, 즉 인위적인 재앙을 뜻한다. 주로 감(☵)이 나왔을 경우에 생 眚자를 쓴다.

5) 이以와 용用

'써 이以'자와 '쓸 용用'자는 모두 쓴다는 뜻과 글자의 획이 삼천양지參天兩地로 이루어졌다는 공통점이 있다. 즉 '이'는 형이상적인 삼천양지(왼쪽의 'ㅣ'는 좌양左陽이며 3획으로 삼천, 오른쪽의 'ㅅ'은 우음右陰이며 2획으로 양지를 뜻하며, '보다 보편적인 이치로써'라는 의미가 있다.

'용'은 형이하적인 삼천양지(안의 'ㅛ'는 붓의 형상으로 삼천이며, 양지인 밖의 'ㄇ'는 멀다의 뜻으로, 붓을 두루(ㄇ) 써서 활용한다는 보다 구체적인 의미가 있다. 따라서 '구체적이고 특정한 방법을 써서'라는 의미가 강하다. 또 卜(점 복)과 中(맞을 중)의 합성자로, 복을 해서 맞는다는 뜻과, 달(月)의 뜻도 있으므로 역경에서는 주로 감괘(☵)가 있을 때 '용'자를 쓴다.

6) 야也, 호乎, 의矣

공자께서는 효사 다음에 소상전을 맺을 때 꼭 결정사決定詞인 '어조사 야也'로 끝을 맺었는데, 이것으로써 주역을 판단 결정하였으니 더 이상 왈가왈부하지 말라는 뜻이다.

다만 비괘比卦의 육삼효 소상전과 혁괘革卦의 구삼효 소상전의 두 곳에서는 예외적으로 '어조사 호乎'와 '어조사 의矣'로 끝을 맺었다. 비괘 육삼효는 모두 서로 도울 때 혼자 딴 짓을 하니, 다칠 것이 분명하므로 안타까운 마음에서 '호'자를 쓴 것인데, 말속에 숨어 있는 뜻이 심장하다 하여 '어은호語隱乎(말이 숨어 있다는 뜻)라고 한다.

또 혁괘의 구삼효는 선천에서 후천으로 넘어가는 중요한 때이므로, 잘못된 것을 완전히 고쳐야 한다는 마음에서 '의'자를 쓴 것인데, 그 중요성을 강조하여 '집어의執語矣(말을 꼭 이룬다는 뜻)'라고도 한다.

7) 종길終吉과 종흉終凶

'종길'은 처음이나 중간은 힘들고 곤란하지만, 끝에 가서는 목적한 바를 얻는다는 뜻이다. '종흉'은 처음이나 중간은 쉽고 무난하지만, 끝에 가서는 실패해서 목적한 바를 얻지 못한다는 뜻이다.

8) 부孚와 신信

'신'은 타인(人)과 약속한 것(言)을 지킴으로써 생기는 믿음이며, 일반적으로 쓰이는 믿음의 통칭이다. 이에 비해 '부孚'라고 함은 닭이 수컷을 하나도 닮지 않은 알에서 수컷 닭은 병아리가 나올 것이라는 믿음을 갖고 알을 품듯이, 자신의 마음과의 약속으로 스스로를 믿는 것이다. 따라서 득중한 효일 때 중심中心이란 뜻으로 주로 사용한다.

9) 지재외야志在外也와 지재내야志在內也

주역에서 '지志'는 그 목적을 말하고, '외外'는 상괘를, '내內'는 하괘를 뜻한다. 즉 그 목적한 바가 상괘에 있고, 하괘에 있다는 뜻이다.

소상전에 '지재외야'를 말한 곳은 태괘泰卦 초구, 함괘咸卦 초육, 환괘渙卦 육삼효의 세 곳인데, 모두 하괘의 양효자리이다. 자신이 음효일지라도(양효일 때는 물론이고) 처한 지위가 양자리이기 때문에, 뜻이 강해서 위로 올라가고자 하는 것이다.

반대로 '지재내야'라고 말한 곳은 임괘臨卦 상육, 건괘蹇卦 상육, 곤괘困卦 구사의 세 곳인데, 모두 상괘의 음효자리이다. 자신이 양효일지라도(음효일 때는 물론이고) 처한 지위가 음자리이기 때문에, 뜻이 약해서 아래로 내려가고자 하는 것이다.

11) 정征과 왕往

모두 간다는 뜻이 있다. 다만 '정'은 상대방을 정벌해서(彳) 바르게 만든다(正)는 뜻이 있으니, 그 명분이나 행함이 바르지 않으면 안 된다. 따라서 '바르게 간다'는 뜻이 강하다.

'왕'은 간다는 뜻의 통칭으로, '일정한 곳을 목표하여 간다'는 뜻이 강하다.

12) 승乘과 승承

양은 강하고 가벼우며 맑으므로 상대적으로 약하고 무거우며 탁한 음보다 위에 있는 것이 정상적이다. 그런데 음효와 양효가 섞여 있으면 종종 위에 있어야 할 양이 아래에 있고, 아래에 있어야 할 음이 위에 있는 경우가 있다.

그래서 음효가 양효의 위에 있을 때는 약한 것이 강한 것의 위에 있는 형국이라서 위태한데도, 양이 음을 예쁘다고 떠받쳐주니까 분수를 모르고 기뻐하게 된다. 이럴 경우를 양을 타고 있다는 뜻으로 '승강(乘剛)'이라고 한다. 승강을 한 효는 비록 중정한 효라도 잘못된 판단을 해서 흉하게 되고 잘못되기 쉽다.

대표적인게 태(☱)이다. 양을 둘이나 밑에 깔고 있으므로, 즐겁게 먹다가도 배탈이 나고, 즐겁게 말을 하다가도 구설수에 오르기 쉬운 것이다. 또 쾌괘(䷪)는 다섯 양이나 깔고 있으므로, 공자님이 단전에 "유가 다섯 양을 타고 있다"고 경계를 하셨고, 실제로도 아래에 있는 양들을 회유하며 못된 짓을 도맡아 한다.

또 음효의 위에 양효가 있을 때, 혹은 자신(효의 음양과 상관없다) 보다 윗자리에 덕과 지위가 높은 효가 있을 때에, 그 덕을 받들고 보호를 받으면 편안하다는 뜻으로 '이을 승承'이라는 말을 쓴다.[25]

---

[25] '탈 승乘'이나 '이을 승承'자는 바로 위나 바로 밑의 효에 따라 쓰는 것이 원칙이다.
예를 들면, 수뢰둔괘水雷屯卦(䷂) 육이효 소상전에 "육이효의 어려움은 강을 탔기 때문이

13) 멸蔑과 멸滅

둘 다 멸한다는 뜻이 있다. '멸할 멸滅'은 완전히 없애는 것이지만, '멸蔑'은 '작을 미微' 또는 '사라질 소消'의 뜻으로, '멸할 멸滅'자와 통용하되 조금 뜻이 약하다. 즉 '멸蔑'에는 술월戌月(剝月, 9月)의 뜻이 있어서, 양이 많이 사라지기는 했지만, 완전히 양이 멸해진 해월亥月(坤月, 10月)보다는 여운이 있는 것이다.

14) 정貞과 정正

둘 다 바르다는 뜻이 있다. 다만 '정貞'은 사덕四德 중에 겨울의 정고한 덕에 해당하므로, 고집스럽게 바르게 한다는 뜻이 있다. 땅이 겨울동안 고집스럽게 씨알을 간직하지 않으면 봄에 새싹이 나올 수 없고, 여자가 잉태한 아기씨를 고집스럽게 간직하여 기르지 않으면 새 생명이 나오지 않듯이, 정貞은 바른 덕이지만 인고忍苦를 요구한다. 효가 놓인 환경이 좋으면 고집스럽게 바르게 해서 좋은 결과를 얻게 되고, 효가 나쁘면 고집을 피우다가 잘못된다는 뜻으로 변한다.

반면에 '정正'은 목적한 하나(一)를 이루었으므로 만족해서 그쳐있다(止)는, 일반적으로 바르게 한다는 뜻으로 쓰인다.

요(六二之難 乘剛也),…"라고 한 것도, 음효인 육이가 양효인 초구 위에 있어 어렵기 때문이다.

또한 수택절괘水澤節卦(䷻) 육사효 소상전에 "편안한 절이니 형통하다는 것은 위의 도를 이음이라(安節之亨 承上道也)"고 한 것은, 음효인 육사가 양효일 뿐만 아니라 중정한 덕이 있는 임금인 구오효의 아래에서, 그 덕화를 입으면서 편안하게 절도를 지켜간다는 뜻이다.

15) 說(기뻐할 열悅, 말씀할 설說, 벗길 탈脫)

　　태(☱)의 뜻(덕)을 말한 것이다. 좋은 말을 하면(설) 기쁘고(說=言+兌), 좋은 음식을 먹어도 기쁘다. 이럴 때는 '기뻐할 열(悅=心+兌)'로 읽는다. 그런데 말하다 보면 지나치게 되어 구설수에 오르고, 먹다 보면 지나쳐서 배탈이 난다. 이럴 때는 '벗길 탈(脫=肉+兌)'로 읽는 것이다.

16) 이섭대천利涉大川

　　대천(大川:큰 내)은 험하고 크기 때문에 건너기 힘든 큰물이라는 뜻이다. 『주역』에서는 이루기 힘든 큰일을 뜻하고, 주로 수천수괘(䷄) 등 감괘(☵:험함, 빠짐, 물) 또는 간괘(☶ 그침)가 있을 때 많이 나오는 낱말이다.
　　'섭涉'은 건넌다는 뜻이니, '이섭대천利涉大川'은 험하고도 어려운 일을 헤쳐나가도 성공할 가능성이 높다는 뜻이 된다. 다만 큰 강을 맨몸으로 건너는 것처럼 죽을 고생을 해야 한다는 것이 전제조건이다. 자신의 능력과 덕이 있고 때가 무르익었으므로, 한 번 큰일을 해보는 것이 좋다는 말이다.

제 6부 오행과 간지

6부 오행과 간지

1장 오행五行이란
1. 오행의 성질 — 236
2. 오행의 상생相生 — 240
3. 오행의 상극相克 — 244
4. 팔괘를 오행에 배속함 — 246
5. 오행과 신체 — 248
6. 괘 기운의 쇠왕(卦氣衰旺) — 252

2장 간지干支
1. 간지의 개요 — 253
2. 간지의 오행배속 — 255

1장 | 오행五行이란

'5'는 만물의 기본요소인 목·화·토·금·수의 다섯 가지 기운을 말하고, '행行'이란 그 다섯 가지 기운이 운행하는 것이다. '行'자의 고자가 '𠦐'이듯이, '行'자는 사방으로 뚫린 길을 막힘없이 간다는 뜻이다. 즉 다섯 가지 기운이 막힘없이 운행하는 것이다. 계절로 비유하면, 목은 봄에 해당하고, 화는 여름에, 금은 가을에, 수는 겨울에, 토는 사계절의 성질을 고루 갖추었다고 볼 수 있다.

한나라 때 상수역象數易이 발달한 이후로, 오행의 생극을 이용하여 괘를 풀이하는 점법이 많아졌다.1 특히 매화역수梅花易數2 같이 팔괘를 오행에 배속시키고, 그에 대한 생하고 극하는 작용으로 길흉을 판단하고 시기를 판단하는 점법을 활용할 때는, 오행의 성질 및 상생·상극관계를 정확히 알아야 한다. 아울러 괘의 쇠하고 왕함을 연구해서 길흉의 정도를 판단할 수 있어야 한다.

---

1 『주역』에서 음양과 오행설이 후대에 생겼다고 하는 주장이 있지만, 일반인이 그 이치를 알 수 있도록 정리된 것이 후대일 뿐이지, 우주를 움직이는 원리는 우주가 존재함으로써 이미 있었던 것이다. 또 주역이 생기기 이전에, 오행의 상생을 나타내는 하도와 상극을 나타내는 낙서에서 이미 오행이 갖추어진 것이다. 대유학당에서는 수나라(581~619년) 이전의 모든 전적들을 망라하여 정리한 『오행대의』상권 하권을 출간하였다. 오행학의 필독서로 오행에 대해 자세한 설명이 필요하다면 읽어보기를 권한다.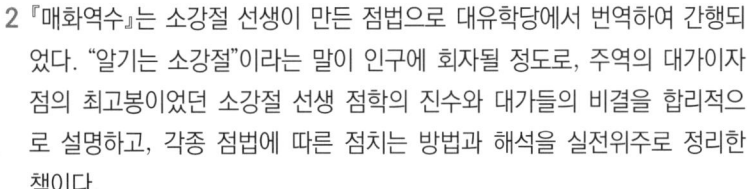

2 『매화역수』는 소강절 선생이 만든 점법으로 대유학당에서 번역하여 간행되었다. "알기는 소강절"이라는 말이 인구에 회자될 정도로, 주역의 대가이자 점의 최고봉이었던 소강절 선생 점학의 진수와 대가들의 비결을 합리적으로 설명하고, 각종 점법에 따른 점치는 방법과 해석을 실전위주로 정리한 책이다.

1. 오행의 성질

> 목은 봄의 만물을 생해주는 성질이 있고, 화는 여름의 만물을 무성하게 해주는 성질이 있으며, 토는 다른 오행을 중재하는 역할을 하고, 금은 가을의 만물을 결실맺게 하는 성질이 있으며, 수는 겨울의 만물을 감추고 간직하는 성질이 있다.

1) 목木

목木은 생겨나게 하는 일을 주관한다. 목은 양의 기운이기 때문에 나무와 같이 밑에서 위로 자라는 성질이 있고, 봄의 성질로 모든 만물을 생해준다. 방위로는 동방에 속하고, 시간으로는 인시와 묘시에 해당하며, 만물이 처음 발생하여 움직이는 성질이 있다. 또 목은 감촉한다는 의미로 땅을 감촉하여 생한다는 뜻이다. 목木자 역시 땅에서 싹이 처음 나온다는 뜻의 ㅛ(초)가 뿌리(八)를 단단히 박은 모습이다. 또 木은 땅의 덮개를 뚫고 나오는 것이므로, '不(땅 밑에 뿌리를 단단히 박은 모습)'자 위에 뾰족하게 순이 나온 형상(木)을 했다.

목의 맛은 시다(酸). 동양인은 목의 기운이 왕성하므로, 상대적으로 토와 금의 기운은 약하다. 따라서 단맛(토)과 매운맛(금)을 좋아하고, 서양인처럼 맛이 신 쥬스를 마시면 부작용이 온다. 반대로 서양인은 금기운이 왕성하고 목과 화기운이 약하다. 따라서 신맛(목)과 커피같이 쓴맛(화)을 좋아하고 매운맛을 싫어하게 되는 것이 일반적이다.

2) 화火

火화는 化(변화)이며, 자라는 것을 주관한다. 화는 불의 성질이며, 양의 기운이 활발히 움직여서 만물이 변화하게 된다. 양기운이기 때문에 목과 마찬가지로 밑에서 위로 오르는 성질이 있고, 여름의 성질로 목기운에 의해 생겨난 만물을 풍요롭게 길러준다. 다만 목은 한 방향으로 자라 오르는 것이고, 화는 동시 다발적으로 여러 방향으로 피어나는 것이 다르다.

방위로는 남방에 속하고, 시간으로는 사시와 오시에 해당하며, 만물을 포용해서 겉모습을 키우며 성장하게 함으로써, 물건이 각기 자신의 성정性情을 충분히 발휘하도록 하는 역할을 한다. '火'자는 '炎(타오를 염)'에서 위에 있는 '火'자를 형상한 것이다.3

3) 토土

토土는 吐(토할 토)의 뜻으로, 조화를 주관한다. 토는 흙의 성질로 땅속에 정기精氣를 머금었다가 토해냄으로써 만물을 생했다가, 다 성장한 만물을 다시 간직하는 일을 한다. 이 머금는 일도 하고 토하는 일도 하는 성질이, 일방적으로 팽창하기만 하고 일방적으로 수축하기만 하는 다른 오행과 다른 점이고, 이 특성이 바로 다른 오행을 중재할 수 있는 것이다.

'土'자에서 수평으로 그은 두 획(二)은 땅과 땅속이라는 뜻이고, 가운데의 'ㅣ'는 초목이 처음 땅을 뚫고 나오는 것을 상징한 것이다. 금의 기운이 빠른 시간에 안으로 응축하는 것이라면, 토는 끈끈한 기운으로 다른 곳으로 흩어지지 않도록 모으는 기능을 한다.

늦은 여름(季夏:음력 6월)의 성질로, 목에서 화로 이어지는 양의 활동에서 금에서 수로 이어지는 음의 활동으로 바뀌는 과도기의 조절작용을 한다. 또 한편으로는 토하고 머금는 기능으로 목·화·금·수에 고루 작용해 각 성질을

---

3 목과 화는 밖으로 팽창 발산하는 양의 기운이다. 다만 목의 기운이 서서히 자라나는 것이라면, 화의 기운은 이를 급격히 자라게 하는 것이라고 볼 수 있다.
목의 기운이 서서히 자라나기는 하지만, 화보다도 강인한 생명력을 가지고 있다. 어떤 난관에서도 굴하지 않는 계속해서 재도전하는 끈기와 쉽고 빠르게 원기를 회복하는 치유능력이 강하다. 화는 활발히 움직여 화려하게 보이지만 목과 같이 한 곳으로 집중하는 끈기와 회복력은 없다.

이루게 하는 동시에 각 성질이 서로 원활한 교대를 하도록 중재하는 역할을 하므로, 늦은 봄(季春, 진) 늦은 여름(季夏, 미) 늦은 가을(季秋, 술) 늦은 겨울(季冬, 축)의 완충 역할을 한다.

'계季'라는 것은 늙었다는 뜻으로, 만물이 성숙해지고 완성되는 것이니, 각 계절의 끝에 붙어서 각 오행의 작용을 완성시키는 것이다. 방위 역시 사방에 고루 작용할 수 있는 중앙에 위치하여 나머지 오행을 조절함으로써, 어느 한 쪽 기운이 너무 성대하게 되는 것을 막는 역할을 한다.

4) 금金

금金은 禁(금지시킬 금)의 뜻으로, 걷어 들이는 것을 주관한다. 금은 쇠의 성질로 음의 기운이 처음 발동하여, 목에서 화로 이어지는 양의 활동이 더이상 드세지지 않도록 막는 역할을 한다.『설문해자』에서는 "토가 금을 낳으니, '金'이라는 글자에 '土'자가 들어가 있는 것이고, '土'자 양 옆의 '점(丷)'은 금이 흙속에 들어 있는 형상이며, 계절은 가을에 해당한다"고 하였다.

금은 음기운이기 때문에 목기운이나 화기운과는 달리 안으로 수축하고, 사물을 긴장시키는 성격이 있다. 밖으로 팽창발산하려는 양의 기운을 순간적으로 포착하여 빠르게 응결시킨다.

가을의 성질로 사방을 근심스럽게 살펴서 의리를 지키도록 하는 뜻이 있다. 엄하게 살피기 때문에 만물이 모두 엄숙하면서도 공경하는 태도를 보이지 않을 수 없다. 따라서 별 생각없이 성장하던 자신을 돌아보고 반성하면서, 자신의 내부로 들어가 단단하게 결실을 맺게 된다. 방위로는 음기가 처음으로 발생한다는 서방에 속하므로, 만물의 성장을 금지시키는 일을 한다. '酉(서녘 서)'라는 글자도, 위로 갈길이 막힌 음과 양이(兀) 안(口)으로 다시 들어가려는 형태를 띠고 있다. 때로는 신과 유에 속한다.

5) 수水

　수水는 물의 성질로 물이 수평을 이루듯이 만물을 평준화하는 역할을 한다. 금과 마찬가지로 응축수렴하는 음기운이므로 감추는 것을 주관하고, 만물이 엎드려 숨어있는 겨울에 해당하므로 귀하고 천함의 구별이 없어지며, 또 물이 스며들듯이 모르는 가운데 부드럽게 젖어들어 몰래 행한다는 뜻(도적 해충 등)이 있다. 수는 땅의 혈기血氣에 해당하고, 오행의 시작이므로 보이지 않는 가운데 만물을 서로 통하게 하며, 방위로는 북방에 속하고 겨울(해, 자)에 해당하니, 만물을 잘 숨겨 간직하는 역할을 한다.

　'수水'자에 두 사람이 서로 사귀면서(人+人=水) 가운데 있는 하나(丨)를 잘 간직했다가 생한다는 뜻이 들어 있다. 하나(一)는 수數의 시작이고, 두 사람은 남녀를 비유한 것이다. 음과 양이 사귀어서 하나가 나온 것이니, 수(水)는 오행의 시작이며, 원기元氣가 모인 진액津液을 뜻한다.[4]

---

　4 금과 수는 음의 오행인 까닭에 안으로 뭉치고 아래로 내려가는 성질이 있다. 이 중에서 안으로 뭉치려는 기운은 금이 강하고 수가 약하나, 내려가는 기운은 금보다 수가 강하다. 반면에 양의 오행에서 위로 오르려는 기운은 목이 강하고 화가 약하나, 밖으로 팽창하려는 기운은 목보다 화가 강하다. 양오행과 음오행의 중간에서 축토(☷)와 미토(☷)는 각기 중간에서 조절완충하는 역할을 한다.

2. 오행의 상생相生

> 오행은 서로 생하면서 순환반복한다. 그 순서는 '목은 화를 생하고(목생화木生火), 화는 토를 생하며(화생토火生土), 토는 금을 생하며(토생금土生金), 금은 수를 생하고(금생수金生水), 수는 목을 생한다(수생목水生木)'이다.

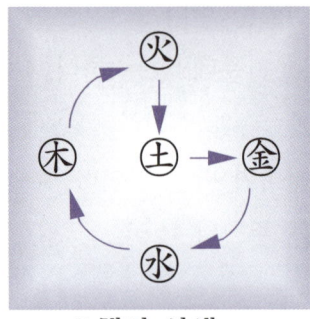

오행의 상생

오행을 방위에 적용하면 원을 그리며 진행되지 않고, 화→토→금에서 땅속으로 한 번 꺾여 들어갔다가 나오는 형태를 취한다.

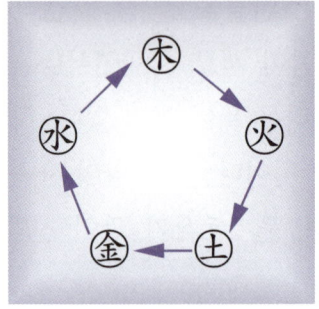

오행의 상생

오행의 상생순서 대로 그리면 오각형이 된다.

오행이 동시에 생겼는데도 주관하는 때가 다른 것은, 일단 생겨나면 각기 다른 성격이 주어지므로, 좋아하는 방위와 싫어하는 방위, 좋아하는 시간과 싫어하는 시간이 다르기 때문이다.

오행은 모두 음양의 기운을 바탕으로 나왔고, 다만 '습한 기운은 물(水)을 낳고, 따스한 기운은 불(火)을 낳으며, 굳센 기운은 나무(木)를 낳고, 강한 기운은 쇠(金)를 낳으며, 화합하는 기운은 흙(土)을 낳으니', 오행이 함께 일어나고 의지하며 서로 생하는 것이다. 여기서 물 불 나무 쇠 흙이라고 한 것은 각 오행기운의 대표가 되는 사물을 예로 들은 것이다.

1) 목생화 木生火

생명이 자랄 수록 열이 더 많이 발생한다는 것이다. 또 나무를 태우면 불이 생기는 것도 목생화이다. 목의 성질이 따스하므로, 화가 그 안에 숨어있다가 마찰해서 뚫고 나온다. 목기운은 서서히 한 곳을 향해 나아가는 성질이 있고, 화기운은 동시에 여러 방면으로 급하게 나가는 성질이 있다.

목기운은 모든 생명체를 살려주고 북돋아주는 어진 성격(仁)을 주관하는데, 어질게 정사를 살펴 백성을 북돋으면 희망을 갖게 되며 모든 것이 풍족하게 되고 나아가 예절을 실천하게 된다. 이것이 "의식이 족해야 예절을 안다"의 뜻이고, 목생화의 원리이다. 예절은 여름의 덕이다.

2) 화생토 火生土

열이 발생하면 그 뒤에 남는 열매가 있다는 뜻으로, 초목이 자라 열매를 맺거나, 나무가 타면 재가 남고, 생명작용이 끝나면 육체만 남는 이치이다. 화는 뜨겁기 때문에 만물을 태우고, 젊음을 즐기고, 남은 것이 토이다. 또 양이 극도로 발산하게 되면 결국 폭발하여 팽창하려던 힘을 잃어 방향을 상실하게 된다. 방향을 잃은 화기운이 모여 쌓이게 된 것이 토이다.

백성들이 예절(火)을 실천하게 되면 정치가 안정되고, 정치가 안정되면 임금이 편안해진다. 임금은 중앙토의 기운에 해당하니, 이것이 화생토의 원리이다. 양의 팽창을 끝내고 음의 수축이 시작할 수 있도록, 중재를 하는 과정이 바로 토기운의 운행이다.

3) 토생금 土生金

땅속의 흙이 단단하게 응축되면 단단한 금속이 된다는 것으로, 열매는 그 안에 생명의 물을 간직하기 위해 더욱 단단해지고, 생명이 끝난 물질은 썩고 엉겨 단단한 돌이나 금속이 된다는 이치이다. 임금이 정치를 잘해 편안하면 위엄과 무력을 쓸 필요 없이 의리가 가득 차게 된다. 의리는 가을의 덕이자

금기운의 덕이니, 이것이 토생금의 원리이다.5

4) 금생수金生水

단단한 쇠가 부드러운 물을 생한다는 말로, 열매가 맺히면 그 안에 물이 생기듯이, 응고凝固하여 축소되면 안에서 액체가 생기게 된다. 또 에어컨이 주위의 공기를 차갑게 하면 공기에 붙어있던 물기운이 엉겨서 물이 흐르게 되듯이, 단단하고 차가운 바위나 쇠는 주변의 기화열을 빼앗아 물방울을 엉기게 하는 이치이다.

소음(⚏)은 윤택하여 진액이 흐르고, 금을 녹이면 물이 된다. 단단한 것이 쌓이면 주변에 약하고 부드러운 것들이 의지해 모인다. 그래서 산에 구름이 끼고 습기가 있게 되는 것이다.

금기운은 의리를 주관하는데, 의리가 잘 다스려져서 도적과 간사한 사람이 없게 되면 법을 집행할 필요가 없게 된다. 그래서 금기운이 잘 다스려지면 수기운이 편안한 것이고, 이것이 금생수의 원리가 된다.

5) 수생목水生木

물을 바탕으로 해서 생명이 태동하는 것으로, 물로 인해 풀이나 나무가 자라는 이치이다. 수기운은 감추는 기운이다. 안으로 감추다 보면 밖으로 반발해 나가는 기운이 생기기 마련이므로, 생기게 하고 커나가게 하는 목기운이 그 뒤를 잇게 되는 것이다.

또 수기운은 법령과 형벌을 주관하는데, 법이 잘 집행되면 모든 것이 제자리를 지키고 각자의 역할에 충실하게 되어 학식이 늘고 재산이 늘게 된다. 그래서 새로운 일을 하거나 새로운 산업을 시작하고자 하는 기운이 발생한

---

5 오행의 상생작용은 음양의 소식작용과 다르지 않다. 한 번은 양이 생겨나 발달하고, 한 번은 음이 생겨나 발달하는 작용이 바로 오행의 상생작용인 것이다. 즉 목에서 화로 진행하는 것은 양이 팽창발산하는 과정이고, 금에서 수로 진행하는 것은 음이 응축수렴하는 과정으로, 중간에 토가 있어 완충조정작용을 하는 것이다.

다. 그러므로 수기운이 잘 다스려지면 목기운이 생겨나는 것이고, 이것이 수생목의 원리이다.

6) 상생의 응용

목생화, 화생토, 토생금, 금생수, 수생목의 원리를 가지고 명리학에서는 '아생식, 식생재, 재생관, 관생인, 인생아'를 응용하여 사주를 판단한다.[6]

아래 두 그림을 비교해 보면 이해가 쉽다. 만약 일주가 목이라면 목이 생하는 화가 식상이 되고(목생화:내가 생하는 것이 일이다), 목이 극하는 토가 재가 되며(목극토:내가 극을 해서 얻는 것이 재물이다), 목을 극하는 금이 관이 되며(금극목:나를 극하는 것이 관이다), 목을 생하는 수가 인성이 된다(수생목:나를 생해주는 것이 인성이다).

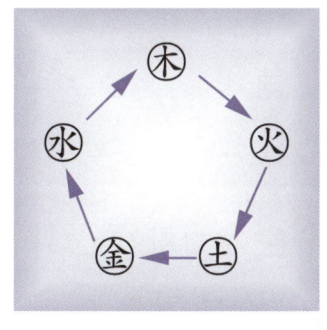 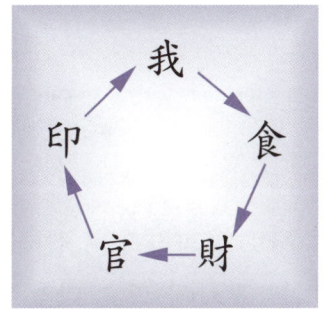

    오행의 상생　　　　　　10신의 상생

일주가 화라면 화가 생하는 토가 식상이 되고(화생토), 화가 극하는 금이 재가 되며(화극금), 화를 극하는 수는 관이 되며(수극화), 화를 생하는 목이 인성이 된다(목생화).

---

6 명리학은 인간의 사주팔자를 가지고 평생의 길흉을 판단하는 학문이다. 명리의 기본은 오행이론에서 출발하여 응용하기 때문에 오행에 대한 깊은 이해가 필요하다. 대유학당에 나온 번역서로는 일주 위주로 사주를 풀이하는 방식을 처음 도입한 서자평의 『연해자평』이 있다. 오행과 간지, 격, 부와 결을 다루고 있다.

3. 오행의 상극相克

> 오행은 상극작용을 하며 서로를 조절한다. 그 방법은 목은 토를 극하며(목극토木克土), 토는 수를 극하며(토극수土克水), 수는 화를 극하며(수극화水克火), 화는 금을 극하며(화극금火克金), 금은 목을 극하는(금극목金克木)을 하며 순환을 한다.

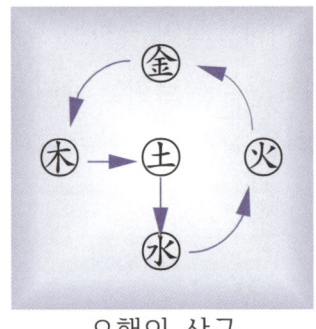

오행의 상극
오행의 상생과는 달리 금과 화의 자리가 바뀌었다.

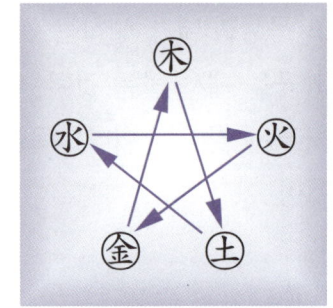

오행의 상극
한 칸 건너 상극을 하므로 전체적으로 별 모양이 된다.

오행은 상생하며 서로 순환하지만, 상극도 해서 서로 조절을 함으로써 지나치게 극성함을 막는 동시에 깎고 단련시켜 쓸모 있게 만든다.

그 순서는 금은 목을 극하여 목이 지나치게 성장함을 막고(금극목), 목은 토를 극하여 토의 기운을 흡수하며(목극토), 토는 수를 극하여 물의 지나친 범람을 막으며(토극수), 수는 화를 극하여 지나치게 타거나 건조해지는 것을 막고(수극화), 화는 금을 극하여 지나치게 강해지는 것을 막는 동시에 쓸모 있게 변화시킨다(화극금).

여기서 유의할 것은 양이 극하면 극을 당하는 오행의 기운을 없어지도록 극을 하지는 않지만, 음이 극하면 극을 당하는 상대방 오행의 기운을 없어지게 한다는 것이다. 양은 생하는 인仁의 덕이 있어 사정을 봐주지만, 음은 심판하고 죽이는 살기가 있기 때문에 사정을 봐주지 않는 까닭이라고 생각하면 될 것이다.

양에 속하는 오행은 목과 화이다. 목이 토를 극하더라도 토를 활용해 자신의 기운을 왕성하게 하거나, 토의 위치를 바꿀 뿐이지, 토의 포용하고 조화시키는 기운을 없애지는 않는다. 또 화가 금을 극하더라도 금의 모양을 바꿀 뿐이지, 금의 차갑게 긴장시키고 수렴하는 기운을 없애지는 않는다.

그러나 음에 속하는 금과 수의 극은 다르다. 금이 목을 극하면 목의 형태가 바뀔 뿐만 아니라 목의 위로 오르고 생하는 기운을 없앤다. 목에 금기운이 닿았을 때 살아서 움직이는 생명력은 감소되거나 없어지고, 오로지 목의 형태만 남게 된다는 것이다.

또 수가 화를 극하면 위로 치솟고 화려하게 꽃피던 화기운이 꺾이고 사라지게 된다. 즉 음의 극은 극을 당하는 오행의 기운을 없애는 역할을 하는 것이다. 양의 극은 상대방 오행을 단련시키고 더 좋은 상태로 만들 수도 있지만, 음의 극은 그렇지 않은 것이다.

1) 상극의 응용

목극토, 토극수, 수극화, 화극금, 금극목의 원리를 가지고 명리학에서는 '아극재, 재극인, 인극식, 식극관, 관극아'로 응용하여 사주를 판단한다.

아래 두 그림을 비교하면서 보면 이해가 쉽다. 만약 일주가 목이라면 목이 극하는 토가 재가 되고, 토가 극하는 수가 수생목하는 인성이 되며, 수가 극하는 화가 목생화하는 식상이 되며, 화가 극하는 금이 금극목하는 관이 되며, 금이 극하는 목이 자기자신이 된다.

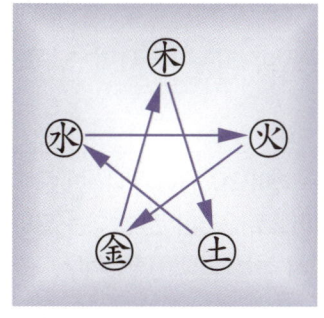 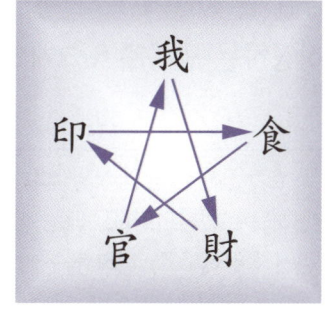

오행의 상극   10신의 상극

4. 팔괘를 오행에 배속함

> 후천팔괘방위도의 방위에 따라 오행이 정해진다. 건(☰)과 태(☱)는 서쪽에 있으므로 금에 속하고, 곤(☷)과 간(☶)은 중앙 또는 양오행(목화)과 음오행(금수)의 중간에 있으므로 토에 속하며, 진(☳)과 손(☴)은 동방에 있으므로 목에 속하고, 감(☵)은 북방에 있으므로 수에 속하며, 리(☲)는 남방에 있으므로 화에 속한다.

건(☰:서북)과 태(☱:서)는 후천팔괘방위도에서 서북과 서에 위치하므로 오행으로는 금이 된다. 건은 세 효가 모두 강건한 양으로 되어 있으므로 양금陽金이 되고, 태는 아래의 두 효는 강건한 양으로 되어 있지만 위의 효는 유약한 음으로 되어 있으므로 음금(陰金)이 된다.7

곤(☷:서남)과 간(☶:동북)은 토에 속하는데, 곤은 세 효가 모두 음으로 되어 있으므로 음토陰土(습기를 갖춘 평지의 흙)가 되고, 간은 양효가 위에 있으므로 양토陽土(위로 볼록 솟은 산 또는 마른 흙)가 된다.8

진(☳:동)과 손(☴:동남)은 동방에 있기 때문에 목이 되는데, 진은 음 밑에 양이 있으므로 위로 성장하는 양목陽木(크게 자라 재목이 되는 나무)이 되고,

---

7 두 괘 모두 아래의 두 효가 단단한 양인 노양(⚌)에서 나온 괘이므로 금이 된다. 이 중에서 건은 상효까지 단단하므로 양금이 되고, 태는 상효가 음이므로 음금이 된다. 태는 밑의 두 양은 안을 말려 강건하게 해주고, 위의 음은 밖을 불려서 물을 모으는 형상이다.

8 두 괘 모두 아래의 두 효가 부드러운 음인 노음(⚏)에서 나온 괘이므로 토가 된다. 이 중에서 곤은 상효까지 부드러우므로 음토가 되고, 간은 단단한 양이 위에 있으므로 산과 같은 양토가 된다.

손은 아래에 음이 있으므로 아래로 숨어 자라는 음목陰木(풀이나 채소류)이 된다.9

감(☵:북)은 수에 속하며 리(☲:남)는 화에 속하는데, 수에 속하는 감은 양효가 중앙에 위치하여 어느 한쪽으로도 치우치지 않았으므로 음양을 나누지 않고, 화에 속하는 리도 음효가 중앙에 위치하여 어느 한쪽으로도 치우치지 않았으므로 음양을 나누지 않는다.10

이를 표로 요약하면 다음과 같다.

팔괘	오행	음양	비고	방위
건(☰)	금	양		서북
태(☱)		음		서
리(☲)	화			남
진(☳)	목	양	나무	동
손(☴)		음	풀, 채소	동남
감(☵)	수			북
간(☶)	토	양	산, 마른 흙	중앙
곤(☷)		음	습기 있는 땅	중앙

---

9 진과 손은 각기 소음(⚎)과 소양(⚍)에서 나온 괘이다. 나무는 자라나는 성질이 있는데, 위나 아래로 많이 자라나는 것이 양목이고, 많이 자라지 못하는 것이 음목이다. 진은 양효가 밑에 있고 음효가 위에 있어, 양이 위로 올라가는 성질에 따라 위로 자라나고 음이 밑으로 내려가는 성질에 의해서 아래로 자라난다. 그러나 손은 음이 밑에 있고 양은 위에 있어, 음과 양이 각기 제자리를 지키고 있으므로 많이 자라는 뜻이 없다.

10 감과 리 역시 소음(⚎)과 소양(⚍)에서 나온 괘이다. 진이나 손은 음과 양이 한쪽으로 치우쳤으나, 감은 양이 중을 지키고 리는 음이 중을 지키는 형상이므로, 중효로 괘의 뜻을 삼는다. 물은 아래로 흘러서 땅 속에(음효의 가운데) 저장되는 것이므로 양이 가운데 있고, 불은 타올라 하늘로(양효 속으로) 나아가므로 음이 가운데 있다.

5. 오행과 신체

> 오행은 생명이 태어나는 것부터 자라나는 과정 등 모든 부분에 참여하지 않음이 없다. 가까이는 자신의 몸에서부터 멀리는 온갖 사물에 이르기까지 오행과 연관되므로, 우주대자연에 오행이 행하지 않는 곳이 없다고 한 것이다.

1) 오행과 태아

 임신해서 다섯 달까지는 오행 중 생수生數(1, 2, 3, 4, 5)의 과정이다. 남녀가 교합해서 정액이 엉기는 첫 달은 물기운이 작용한다. 물기운은 은근하기 때문에, 한 달 동안은 태기가 들어서는지도 잘 모른다(1). 두 달째 되면 불기운으로 기혈氣血이 생긴다. 기혈이 생기다 보니, 입덧을 하게 되어 아기가 들어선 것을 알게 된다(2). 세 달째는 목기운으로 모발이 생기고 힘줄이 생긴다(3). 네 달째는 금기운으로 골격이 생긴다(4). 석 달부터 넉 달까지 모발이 생기고 골격이 갖추어질 때 유산이 되기 쉽다. 그러나 다섯 달째 토기운으로 살이 두터워지며 완전히 형태를 갖추게 되면, 유산이 잘 되지 않는다(5).
 다음 6·7·8·9·10개월은 첫 달에서 다섯 달까지 생한 형체를 완전히 이루는 단계에 이르게 되는 것이다. 즉 성수成數(6, 7, 8, 9, 10)의 달이다. 그래서 『서경書經』 홍범洪範편에 말했듯이, "일왈모(一日貌, 첫 번째는 모습)"라 하여 물기운으로 모양이 되어 나오고, "이왈언(二日言, 두 번째는 말)"이니 불기운으로 발양하여 울고 나오며, "삼왈시(三日視, 세 번째는 보는 것)"니 목기운으로 눈(눈은 간肝에 속함)을 뜨고 두리번거리며, "사왈청(四日聽, 네 번째는 듣는 것)"이니 금기운으로 귀를 울려 소리를 듣게 되는 것이고, "오왈사(五日思, 다섯 번째는 생각)"니 중앙 토기운으로 생각을 하게 되어 의식을 갖게 되는 것이다.

2) 오행과 신체

오행은 모양뿐만 아니라, 오장(심간비폐신心肝脾肺腎)까지도 영향을 준다. 즉 심장은 화, 간장은 목, 비장은 토, 폐장은 금, 신장은 수의 기운으로 이루어진 것이다. 사람은 자연과 많이 닮아 있다. 두 눈은 해와 달을 의미하고, 코는 산을, 모발은 수목, 입은 호수, 오장육부五臟六腑는 5대양 6대주를 의미한다. 따라서 오행이 고른 사람은 이목구비가 뚜렷하고, 오장육부도 고루 발달해 건강하게 되고, 그렇지 못한 경우는 부조화를 이루게 된다.[11]

① 『오행대의』의 설에 의한 분류

『오행대의』의 설에 의하면 지금의 분류방법과 차이가 있다. 참고적으로 기록하면 다음과 같다.

목기운이 많은 사람은 머리형이 아래위로 길게 생겼고, 얼굴이 크며, 골격이 튀어나오고, 눈썹과 등이 풍부하고 넓다.

화기운이 많은 사람은 머리가 뾰족하고, 얼굴은 둥글며, 턱은 네모이고, 눈이 크며, 상체는 작고 하체는 크며, 수염이 가슴에 닿는다.

토기운이 많은 사람은 얼굴이 네모지고, 이마가 넓으며, 턱이 예리하고, 입술이 완만하며, 등이 풍성하고 두텁다.

금기운이 많은 사람은 이마가 각이 지고, 얼굴은 곧으며, 입은 예리하고, 코는 크며, 귀는 작다.

수기운이 많은 사람은 얼굴이 좁고, 머리의 형태는 예리하며, 눈은 깊고, 귀는 두터우며, 배는 처지고, 털은 거꾸로 선다.

---

[11] 1에서 10까지의 수 중에서 천수天數인 1·3·5·7·9의 중앙수는 5이고, 지수地數인 2·4·6·8·10의 중앙수는 6이다. 그래서 음양이 교차되는 배에 5장 6부가 자리하며, 5장은 음체이면서 양을 용으로 하기 때문에 천수의 중인 5를 쓰며, 6부는 양체이면서 음을 용으로 쓰기 때문에 지수의 중인 6을 쓰는 것이다.

② 손가락과 천간 지지

손가락에서도 엄지손가락은 하늘과 땅이 되고, 둘째손가락은 봄, 셋째손가락은 여름, 넷째손가락은 가을, 다섯째손가락은 겨울이라고 볼 수 있다. 봄과 가을은 해의 길이가 중간이며, 여름은 길고 겨울은 짧기 때문이다. 손가락 마디를 1개월씩으로 계산하면, 봄(둘째 손가락)의 정월·2월·3월, 여름(셋째 손가락)의 4월·5월·6월, 가을(넷째 손가락)의 7월·8월·9월, 겨울(다섯째 손가락)의 10월·동지·섣달로 나누어진다.

「갑을병정무기경신임계」의 천간 및 「자축인묘진사오미신유술해」의 지지가 모두 손안에 있다. 더구나 8괘 역시 이 안에 있으니, 예로부터 "천하만사가 이 손안에 있다"라고 한 것이다. 아이들을 키울 때 '손을 쥐었다 폈다' 하면서 "쥐엄 쥐엄"하는 것도 천하가 이 안에 들어 있으니, 그것을 잘 경영하라는 뜻이다.

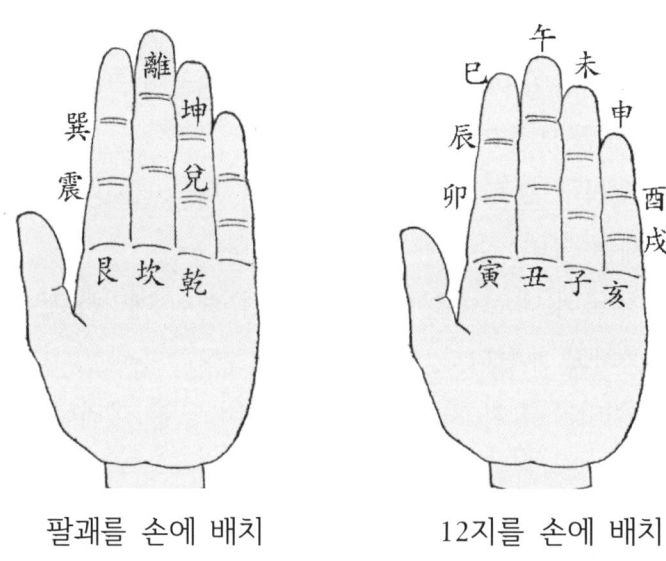

팔괘를 손에 배치   12지를 손에 배치

3) 오행과 오장육부

오장육부와 오행의 관계를 도표로 알아보면 다음과 같다.[12]

---

[12] 자세한 것은 대유학당에서 간행된 『오행대의五行大義』 참조.

① 오장의 정기가 하는 일

오장의 정기	간장(목)	심장(화)	비장(토)	폐장(금)	신장(수)
역할	어질고 사랑하며 은혜를 베풂	예의 바르고 지조가 있으며 진리를 찾는 일	화합하고 후중하며 독실하고 신실함	의롭고 은혜를 베풀며 강하게 결단함	지혜로 분별하고 꾀내어 경영함
다치는 이유	슬퍼함	기뻐하고 성냄이 격하며 간절한 마음	마음대로 노닐고 탐하면서 즐김	근심걱정하고 성을 발끈 냄	피로하고 욕심내며 성을 많이 냄
다쳤을 때의 현상	눈이 어지러워 잘 보이지 않음	코피 나며 토하고 구역질함	음식이 소화되지 않아서 비색하고 막히는 병이 생김	기침하고 구역질하며 헛소리함	총명한 정기를 잃게 되고 수명을 덜게 됨

※ 공자의 뛰어난 제자 중의 한 사람인 복자하ト子夏가 그의 아들이 죽었을 때 너무 슬피 울다가 눈이 멀게 되었다는 기록이 있다.

② 갑을경의 오장과 오관의 증상

오장		폐장	간장	비장	심장	신장
오관과 증상	오관	코	눈	입과 입술	혀	귀
	증상	숨을 헐떡이고 코가 벌렁거림	눈이 감기고 눈자위가 푸르게 됨	입과 입술이 누렇게 되고 마름	혀가 말리고 얼굴이 붉어짐	광대뼈와 얼굴이 검고 누렇게 되며 귀가 먹음

③ 육부의 역할

육부	대장	소장	담	위	삼초와 방광
육부의 짝 (주관하는 오장)	심장	신장	폐장	간장	비장
징후	피부 터럭	맥 피부빛깔	힘줄 손톱	속살 입술	모공 가는 털

6. 괘 기운의 쇠왕(卦氣衰旺)

> 팔괘의 기운은 생함을 받았다고 바로 왕성해지는 것이 아니므로 늦게 성해지고, 극함을 받는 것은 곧바로 효과가 있으므로 바로 쇠해진다.

1) 괘의 기운이 왕성할 때(괘기 왕 卦氣旺)

진(☳)과 손(☴)은 봄에 왕성하고,[13] 리(☲)는 여름에 왕성하며, 건(☰)과 태(☱)는 가을에 왕성하고, 감(☵)은 겨울에 왕성하며, 곤(☷)과 간(☶)은 진술축미辰戌丑未에 해당하는 달에 왕성하다.[14]

2) 괘의 기운이 쇠약할 때(괘기 쇠 卦氣衰)

봄에는 목기운의 극을 받아서 토기운인 곤(☷)과 간(☶)이 쇠약해진다(목극토). 그래서 봄에는 토에 해당하는 소화기관이 목의 극을 받아 잘못되므로, 구안와사 중풍 등에 걸리기 쉽다. 여름에는 금기운인 건(☰)과 태(☱)가 쇠약하며(화극금), 가을에는 목기운인 진(☳)과 손(☴)이 쇠약하고(금극목), 겨울에는 화기운인 리(☲)가 쇠약하며(수극화), 진술축미辰戌丑未월에는 수기운인 감(☵)이 쇠약해진다(토극수).

---

[13] 진과 손은 목이니 수생목水生木을 받는 겨울에 왕성해야 하나, 생하는 기운이 효력을 발휘하는 것은 극하는 기운보다 늦기 때문에 봄이 되어서나 왕성하게 된다. 다른 괘도 마찬가지이다.

[14] 진월 술월 축월 미월은 사계절의 과도기에 해당한다.

2장 | 간지干支

1. 간지의 개요

> '간干'은 십간을 말하는 것으로, 갑甲·을乙·병丙·정丁·무戊·기己·경庚·신辛·임壬·계癸의 10을 주기로 운행하고, '지支'는 12지지를 말하는 것으로 자子·축丑·인寅·묘卯·진辰·사巳·오午·미未·신申·유酉·술戌·해亥의 12를 주기로 운행한다. 실제 사용에는 이 10간과 12지를 결합한 60을 주기로 순환한다.

해의 운행과 연관 지어 만든 것이 천간天干이고, 달의 운행과 연관 지어 만든 것이 지지地支이다. 원나라 진경陳桱의 『통감속편通鑑續篇』에 의하면 "황제黃帝가 대요大撓에게 '오행의 운행을 관찰하고 북두北斗를 살펴서 갑자를 만들게 한 뒤부터' 간지로 날짜를 기록하는 일이 시작되었다."고 하였다.[15] 즉 시간에 따라 북두의 자루(두표斗杓)가 가리키는 방향을 측정하여 그 주기를 10간과 12지로 삼은 것이다.

말하자면 북두성이 가리키는 방향에 따라 해당하는 달(月)이 정해지는 것이다. 새벽에는 두 번째 별에서 첫 번째 별쪽으로 가리키는 방향이 해당월이고, 한밤중에는 세 번째 별에서 네 번째 별쪽으로 가리키는 방향이 해당월이며, 해질 무렵에는 여섯 번째 별에서 일곱 번째 별쪽으로 가리키는 방향이 해당월이다. 한 예로 해질 무렵에 여섯 번째 별에서 일곱 번째 별쪽으로 가

---

[15] 『통력通曆, 제사회편諸史會編, 역대통감집람歷代通鑑輯覽』 등에서는 복희씨가 갑력甲曆을 만들었다고 하였다.

리킨 방향이 인방寅方이었다면, 그 달은 인월(정월)이 된다. 또 축방丑方을 가리켰다면 그 달은 축월(2월)이 된다.

간干은 나무의 줄기(줄기 간幹)를 뜻하는 것으로, 하늘 운행의 줄기가 되는 해의 운행을 주장하고, 지支는 가지(가지 지枝)를 뜻하므로, 하늘 운행의 가지가 되는 달이 해의 운행(줄기)을 이어 유지하는 것이다.

'간'은 갑 을 병 정 무 기 경 신 임 계의 10을 주기로 운행하고, '지'는 자 축 인 묘 진 사 오 미 신 유 술 해의 12를 주기로 운행한다. 이 10간과 12지를 결합하여 만든 60간지를, 10간 12지의 처음 간지이름을 따서 60갑자라고 한다.16

※ 60 갑자표

갑자	을축	병인	정묘	무진	기사	경오	신미	임신	계유	갑술	을해
병자	정축	무인	기묘	경진	신사	임오	계미	갑신	을유	병술	정해
무자	기축	경인	신묘	임진	계사	갑오	을미	병신	정유	무술	기해
경자	신축	임인	계묘	갑진	을사	병오	정미	무신	기유	경술	신해
임자	계축	갑인	을묘	병진	정사	무오	기미	경신	신유	임술	계해

---

16 주역의 수택절괘(☱☵ 60번째 괘)에 "마디로써 법도를 지어 재물을 잃지 않게 하고 백성에게 해가 없게 한다"고 하였으니, 이는 60간지로써 하나의 마디(節)를 지음을 말한다. 또한 18번째 괘인 산풍고괘에 "선갑삼일先甲三日 후갑삼일後甲三日"이라 하고 57번째 괘인 중풍손괘 오효에 "선경삼일先庚三日 후경삼일後庚三日"이라 하여 후천이 오면 간지가 바뀐다는 암시를 하였다.

2. 간지의 오행배속

> 갑과 을은 목이고, 병과 정은 화이며, 무와 기는 토이고, 경과 신은 금이며, 임과 계는 수에 속한다.
> 자와 해는 수에 해당하며, 인과 묘는 목이고, 사와 오는 화이며, 축·진·미·술은 토이고, 신과 유는 금에 속한다.

괘에 납갑을 붙이고, 간지를 오행에 배속시켜서 점을 치는 방법이 한漢나라 이후 성행하였다. 여기서는 이 책의 내용에서 벗어나므로, 단순히 이렇게 배속시킨다는 것만을 밝힌다.

1) 천간天干의 오행배속

갑과 을은 동방이고 목이며, 병과 정은 남방이고 화이며, 무와 기는 중앙이고 토이며, 경과 신은 서방이고 금이며, 임과 계는 북방이고 수에 속한다.[17]

수	1	2	3	4	5	6	7	8	9	10
천간	갑	을	병	정	무	기	경	신	임	계
오행	목		화		토		금		수	
음양	양	음	양	음	양	음	양	음	양	음

---

[17] 천간은 순서대로 둘씩 짝을 지어 오행이 정해지되 상생순서이다. 또 그 음양의 나눔은 양부터 시작하여 홀짝을 번갈아가며 음양이 된다.

2) 지지地支의 오행배속

자는 동물로는 쥐(서鼠)이고 오행으로는 수에 해당하며, 축은 동물로는 소(우牛)이고 토에 해당하며, 인은 동물로는 범(호虎)이고 목에 해당하며, 묘는 동물로는 토끼(토兎)이고 목에 해당하며, 진은 동물로는 용(용龍)이고 토에 해당하며, 사는 동물로는 뱀(사蛇)이고 화에 해당하며, 오는 동물로는 말(마馬)이고 화에 해당하며, 미는 양(양羊)이고 토에 해당하며, 신은 원숭이(후猴)이고 금에 속하며, 유는 닭(계鷄)이고 금에 속하며, 술은 개(견犬)이고 토에 해당하며, 해는 돼지이고(저猪) 수에 해당한다.[18]

수	1	2	3	4	5	6	7	8	9	10	11	12
지지	자	축	인	묘	진	사	오	미	신	유	술	해
오행	수	토	목	목	토	화	화	토	금	금	토	수
음양	양	음	양	음	양	음	양	음	양	음	양	음

지지는 순서대로 둘씩 짝을 지어 오행이 정해지되, 그 사이 사이에 토가 끼어 있으면서 조절작용을 한다. 또 그 음양의 나눔은 천간과 마찬가지로 양부터 시작하여 홀짝을 번갈아가며 음양이 된다.

목에 해당하는 인·묘월(음 1,2월)은 목기운이 왕한 목왕지절木旺之節이라 하고, 화에 해당하는 사·오월(음 4,5월)은 화기운이 왕한 화왕지절火旺之節이라고 하며, 금에 해당하는 신·유월(음 7,8월)은 금기운이 왕한 금왕지절金旺之節이라 하고, 수에 해당하는 해·자월(음 10,11월)은 수기운이 강한 수왕지절水旺之節이라고 하며, 토에 해당하는 축·진·미·술월(음 12,3,6,9월)은 토기운이 강한 토왕지절土旺之節이라고 한다.

---

[18] 간지를 오행으로 나누는 법에는 수리적인 방법과 8간지를 격해서 오행을 붙이는 납음법이 있다.

봄(인·묘·진) 여름(사·오·미) 가을(신·유·술) 겨울(해·자·축)이 각기 90일씩이나, 각 계절 사이에 중재역할을 하는 토왕지절(진·미·술·축) 18일씩을 빼면 각기 72일씩이 된다. 따라서 오행이 각기 72일씩 고르게 주관하게 된다(72=90-18=18×4).

봄 90일	(1월) 인 : 양목(3) ⎤ (2월) 묘 : 음목(8) ⎦ 인·묘·진(12일), 72일	목왕 72일
	(3월) 진 : 양토(5) → 진월 18일	토왕18일
여름 90일	(4월) 사 : 음화(2) ⎤ (5월) 오 : 양화(7) ⎦ 사·오·미(12일), 72일	화왕 72일
	(6월) 미 : 음토(10) → 미월 18일	토왕18일
가을 90일	(7월) 신 : 양금(9) ⎤ (8월) 유 : 음금(4) ⎦ 신·유·술(12일), 72일	금왕 72일
	(9월) 술 : 양토(5) → 술월 18일	토왕18일
겨울 90일	(10월) 해 : 음수(6) ⎤ (11월) 자 : 양수(1) ⎦ 해·자·축(12일) 72일	수왕 72일
	(12월) 축 : 음토(10) → 축월 18일	토왕18일

3) 60간지의 오행배속

납음오행은 간지에 소리와 오행을 배속한 것으로, 공자 이전에 이미 이러한 이론을 활용해 사람의 운명과 때의 길흉을 판단하였다.

예를 들어 갑자와 을축을 해중금(바다속의 금)이라고 하는데, 오행상으로는 갑자와 을축이 금에 해당하고 바다속에 있는 금이니, 아직 쓰일 때가 안 되었지만 가능성은 많은 금으로 본다. 금은 서방에 해당하고 지지로는 신 또는 유에 해당한다. 따라서 신 또는 유가 되어야 제 역할을 하는 것인데, 갑자와 을축은 금은 금이로되 자와 축에 해당하니, 아직 쓰이려면 먼 것이다. 물론 신과 유에 해당하는 임신과 계유는 검봉금(칼날이 되는 금)으로 가장 잘 쓰이는 금이고, 신과 유가 지나 술과 해에 이르면(경술,신해) 이미 전성기가 지나서 힘이 없는 차천금(비녀 금)이 되는 것이다.

육갑	갑자	을축	병인	정묘	무진	기사	경오	신미	임신	계유
납음오행	해중금海中金		노중화爐中火		대림목大林木		노중토路中土		검봉금劍鋒金	
육갑	갑술	을해	병자	정축	무인	기묘	경진	신사	임오	계미
납음오행	산두화山頭火		간하수澗下水		성두토城頭土		백납금白鑞金		양류목楊柳木	
육갑	갑신	을유	병술	정해	무자	기축	경인	신묘	임진	계사
납음오행	천중수泉中水		옥상토屋上土		벽력화霹靂火		송백목松柏木		장류수長流水	
육갑	갑오	을미	병신	정유	무술	기해	경자	신축	임인	계묘
납음오행	사중금沙中金		산하화山下火		평지목平地木		벽상토壁上土		금박금金箔金	
육갑	갑진	을사	병오	정미	무신	기유	경술	신해	임자	계축
납음오행	복등화覆燈火		천하수天河水		대역토大驛土		차천금釵釧金		상자목桑柘木	
六갑	갑인	을묘	병진	정사	무오	기미	경신	신유	임술	계해
납음오행	대계수大溪水		사중토沙中土		천상화天上火		석류목石榴木		대해수大海水	

제 7부 하도와 낙서

7부 하도와 낙서

1장 하도
1. 하도   261
2. 태극 하도   268

2장 낙서
1. 낙서의 유래   278
2. 낙서의 수리   279
3. 낙서의 오행   284

3장 선천팔괘에서 후천팔괘로
1. 건괘 문언전 구오의 이론   286
2. 후천팔괘와 낙서   289

1장 | 하도河圖

1. 하도

> 하도는 우주의 운행을 흰점 25개와 검은점 30개로 표현한 도본으로, 음양과 오행 및 팔괘의 작용 등 만물생성의 이치를 담고 있다.

우주대자연의 움직임을 가장 잘 표현한 것이 하도河圖이다. 하도는 복희씨가 세상을 다스릴 때에 머리는 용龍이고 몸은 말(馬)의 형상을 한 신비로운 짐승이 하수河水에서 출현하였는데, 그 등에 있는 55개의 점[1]이 천지창조와 만물생성의 이치를 담고 있었다고 하는 신비한 그림이다.

용마가 하도를 짊어지고 나왔다는 것은, 어떠한 기운의 흐름이 하도라는 무늬를 상징적으로 형상하였다는 것이다. 상상적 동물인 용으로써 형이상적인 하늘을 상징하고, 실재하는 말로써 형이하적인 땅을 표현하여 천지의 이

---

1 머리의 가마같이 털이 휘돌아 친 무늬

치가 하도에 있음을 강조한 것이다. 일반적으로 아래와 같이 55개의 점(흰점 25개와 검은 점 30개)이 진을 치며 배열한 그림이다.

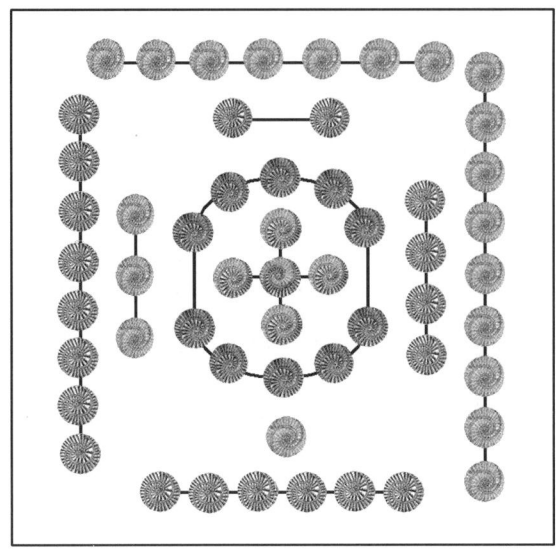

고하도古河圖 : 고하도라고 이름 지어진 그림은 여러 종류이며, 천도를 나타낸 것이므로 대개가 둥글게 원을 이루고 있다. 위의 고하도 그림은 래구당(來瞿唐)이 지은 『주역집주周易集注』에서 따왔다.

	하도 중앙의 다섯 점을 구성하고 있는 것 중에서도 한 가운데 있는 한 점의 무늬이다.
	하도 중앙의 다섯 점을 구성하고 있는 무늬 중에서 주변 네 점의 무늬이다.
	하도의 중앙에 10을 구성하고 있는 무늬로 검은색이다.
	하도에서 중앙의 5와 10을 제외한 양의 무늬로 흰색이다.
	하도에서 중앙의 5와 10을 제외한 음의 무늬로 검은색이다.

하도의 다섯 종류 : 하도를 구성하고 있는 점은 색깔뿐만 아니라, 휘돌아치는 무늬도 다르다. 모두 다섯 종류의 무늬로 나누어진다. 다만 이 무늬가 원본의 무늬인지, 아니면 래구당이 상상해서 그린 무늬인지는 확실하지 않다.

1) 하도의 수리數理

하도를 살피면 1(하)·2(상)·3(좌)·4(우)·5(중)의 수가 안에 있고, 6(하)·7(상)·8(좌)·9(우)·10(중)의 수가 밖을 둘러싸고 있는 모습으로, 모두 55개의 점으로 구성되어 있다(하얀 점은 홀수, 검은 점은 짝수).

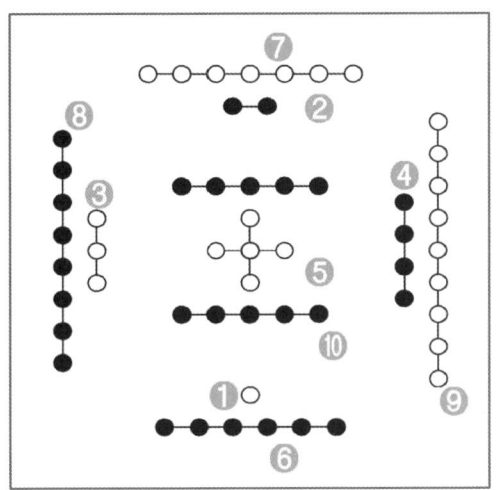

1·2·3·4·5는 안에 있어 만물의 생명을 낳는 근본이 된다하여 '생수生數'라 하고, 6·7·8·9·10은 밖에 있으면서 만물의 형체를 이룬다하여 '성수成數'라고 이른다.

생수	1	2	3	4	5
성수= 생수+5	6	7	8	9	10
오행	수	화	목	금	토

'생수+5=성수'의 의미는 무엇인가? 오행의 씨앗에 토가 더해지면 형체와 성격이 결정된다는 것이다. 토는 흙이고 포용하는 그릇이기 때문이다.

① 1·6수 : 수의 수는 1과 6이다. 생수 1이 5토를 만나면 성수 6이 되는 것이다. 1은 하늘에서 내리는 빗물인데, 어떤 토를 만나냐에 따라 형체와 성격이 바뀐다. 즉 도랑이라는 5토를 만나면 개천이나 강물이 되어 흘러가는 모습의 물이 된다. 그런데 항아리 같이 물을 담을 수 있는 5토를 만나면, 고여 있는 물이 되고 찻잔 속의 물, 호수 속의 물, 바다에 담긴 물이 되는 것이

다. 어떤 5토를 만나서 6이 되냐에 따라서 움직이는 물이 되냐, 그쳐 있는 물이 되냐가 결정되고, 형태도 달라지는 것이다.

② 2·7화 : 지진이 일어날 때 땅에서 솟아나는 불이 생수 2의 불이다. 화로라는 5토를 만나면 화롯불이 되어 한 곳에서 불타는 고정된 불이 되고, 산이라는 5토를 만나면 이리저리 움직이는 불이 된다. 불 역시 5토에 따라 성격과 형태가 달라지는 것이다.

③ 3·8목 : 나무가 조그만 화분을 만나면 크게 자라지 못하고, 넓은 평원을 만나면 크게 자라는 나무가 된다. 또 소나무가 비탈진 언덕을 만나면 솔방울이 작으면서 많이 열리고, 넓은 평야를 만나면 솔방울이 크면서 적게 열린다. 역시 어떤 5토를 만나냐에 따라서 크기가 달라지고, 열매를 맺는 것도 달라지는 것이다.

④ 4·9금 : 땅속에서 캔 금속을 어떤 5토의 거푸집을 썼냐에 따라 생김새와 용도가 달라진다. 칼 모양의 5토를 만나면 칼이 되고, 낫 모양의 5토를 만나면 낫이라는 농기구가 된다.

⑤ 5·10토 : 5토가 양기운이 많은 5토를 많이 만나 쌓이면 높은 산이 되어 거친 동물과 식물을 기르는 흙이 되고, 음기운이 많은 5토를 만나 낮은 곳을 메꾸면 평지가 되어 곡식과 순한 동물들을 기르는 흙이 된다.

이상에서와 같이 5행은 어떤 5토를 만나냐에 따라 성격과 형태가 달라진다. 또 모든 5행에 5토가 들어가 있으므로, 토가 5행을 중재하고 포용할 수 있는 것이다.

기와 우(홀수와 짝수)의 관계로 볼 때 홀수(1·3·5·7·9)는 불안정하여 움직이므로 양수陽數 또는 천수天數라고 하며, 짝수(2·4·6·8·10)는 짝으로 어울려 안정된 상태로 그쳐 있으므로 음수陰數 또는 지수地數라고 한다. 하도수에서 보듯이 천수가 다섯이고 지수가 또한 다섯이며, 그 합은 천수가 25(1+3+5+7+9)이며, 지수가 30(2+4+6+8+10)이므로 천지의 총수는 55가 된다.

2) 하도와 천간의 운행

① 천간의 운행

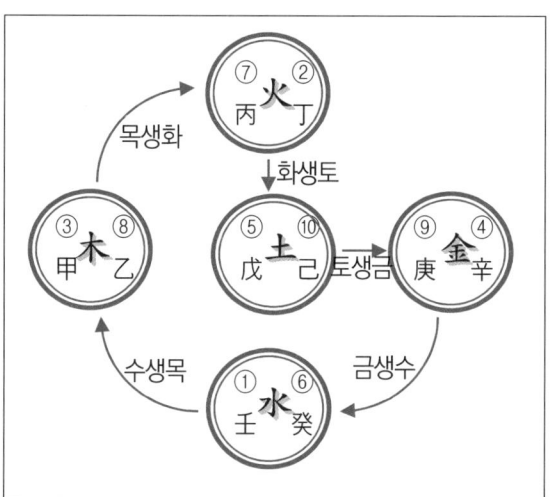

갑甲과 을乙은 밭(전田)에 뿌리가 내려(甲) 움터 나오는(乙) 봄에 해당되며, 병丙과 정丁은 만물이 화창하여 줄기를 튼튼히 뻗는 여름에 해당되며, 무戊와 기己는 성장 과정을 마치고 몸체를 성숙하게 하는 여름과 가을의 과도기이며, 경庚과 신辛은 봄·여름의 과정을 끝내고 개혁·결실하는 가을에 해당되며, 임壬과 계癸는 안으로 갈무리하여 새 봄이 이르기까지 때를 기다리는 뜻이 들어 있다.

② 하도 오행 천간 생성법[2]

- 천일생임수天一生壬水 지육계성지地六癸成之 : 하늘이 1이라는 임수壬水를 생함에 땅이 6이라는 계수癸水를 이루고,
- 지이생정화地二生丁火 천칠병성지天七丙成之 : 땅이 2라는 정화丁火를 생함에 하늘이 7이라는 병화丙火를 이루고,

---

[2] 수목토水木土는 양이 생하고 음이 이루며, 화금火金은 음이 생하고 양이 이룬다.

- 천삼생갑목天三生甲木 지팔을성지地八乙成之 : 하늘이 3이라는 갑목甲木을 생함에 땅이 8이라는 을목乙木을 이루고,
- 지사생신금地四生辛金 천구경성지天九庚成之 : 땅이 4라는 신금辛金을 생함에 하늘이 9라는 경금庚金을 이루고,
- 천오생무토天五生戊土 지십기성지地十己成之 : 하늘이 5라는 무토戊土를 생함에 땅이 10이라는 기토己土를 이룬다.

2) 하도와 지지의 운행

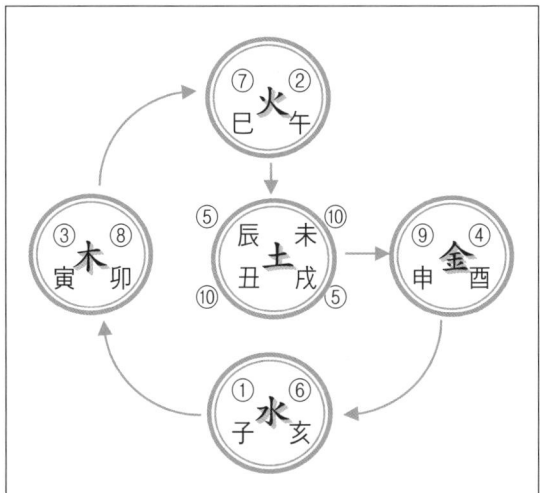

지지도 역시 하도의 오행상생의 이치로 이루어진다. 단 지지는 하도의 10수보다 많으므로 토(5·10)에 '진술축미'를 두고, 나머지 지지 여덟을 '수화목금'에 배당하였다.

① 지지의 운행

하도의 1·6수에 해(6)와 자(1)가, 3·8목에 인(3)과 묘(8)가, 2·7화에 사(2)와 오(7)가, 5·10토에 진·술(5)과 축·미(10)가 있게 되니, 중앙의 5·10토인 진·술과 축·미는 각기 수·화·목·금의 사이에 속하여 조화시키는 역할을 한다.

② 하도의 오행과 지지

- 임자일혜壬子一兮 계해육癸亥六 : 임과 자는 1이고, 계와 해는 6이다.
- 정사이혜丁巳二兮 병오칠丙午七 : 정과 사는 2고, 병과 오는 7이다.
- 갑인삼혜甲寅三兮 을묘팔乙卯八 : 갑과 인은 3이고, 을과 묘는 8이다.
- 신유사혜辛酉四兮 경신구庚申九 : 신과 유는 4이고, 경과 신은 9이다.
- 무진술오戊辰戌五 축미십丑未十 : 무·진·술은 5이고, 축과 미는 10이다.
- 기독백지己獨百之 수지종수지종數之終 : 기는 홀로 100이니, 수의 마침이라.

2. 태극하도 太極河圖

> 　우주의 음양 운동 작용으로 인해 용마에 55개의 점으로 형상을 보인 것이 하도이고, 하도에 표현된 숫자를 넓이로 환산해서 태극모양으로 그린 그림이 태극하도이다. 그 중심은 15개의 점으로 이루어진 태극의 씨알이고, 씨알의 밖으로 20개의 점이 양이 발산하는 것을 구현하고, 역시 20개의 점이 음이 응축하는 운동을 구현해서, 결과적으로 태극모양을 이룬 것이다.

　우주대자연의 시발점은 무엇이고, 과정은 무엇이며, 그 끝은 무엇인가? 하늘은 무엇을 향해 움직임을 시작하고, 진행하고 있으며, 그 귀결은 무엇인가?

　『천부경』에 의하면 "하나로 시작했지만 그 시작한 하나가 없고…하나로 끝을 맺었지만 그 끝맺은 하나가 없다(一始無始一…一終無終一)"고 하였다. 끝없이 순환되는 원을 돌듯이 시작도 끝도 없이 돌고 도는 것이다.

　이러한 순환은 어떠한 힘에 의해서 어떠한 과정을 겪어 이루어지는가? 그 과정을 안다면 우주의 변화를 알 것이고, 따라서 인간의 흥망성쇠와 길흉을 알게 될 것이다. 복희씨 때 나온 하도는 이러한 조짐의 기운이 뭉친 것이라 할 수 있다. 복희씨는 바로 이 하도를 보고, 천지기운의 돌아가는 이치를 깨달아 팔괘로 형상화한 것이다.

1) 태극하도는 음양운동의 표현이다

　다음의 그림은 태극하도太極河圖로 알려진 그림이다.
　모든 만물은 태극에서 나왔으므로, 태극의 운동을 그대로 간직하고 있고, 이러한 운동에 의해서 만물이 창조되고 성장하며 소멸한다는 이론을 그림 안에 담고 있다.
　이 그림은 다음과 같이 크게 세 부분으로 나눌 수 있다. 안에 있는 원은

태극의 중심으로 태극 중에서도 씨알이 되는 곳이다. 야산선생은 이를 유극
有極이라고 칭하였는데, 요즈음 과학책
들이 말하는 블랙홀(Black Hole)과 화
이트홀(White Hole)의 합한 개념이라
고 볼 수도 있다. 이 씨알이 되는 가운
데 원을 중심으로 태극운동이 일어난
다. 즉 양의 기운은 밖으로 팽창하며
발산하고, 음의 기운은 안으로 응축하
며 수렴하는 것이다. 이러한 운동을 요
약한 그림이 바로 태극하도이고, 이 운
동을 통해 만물이 창조되고 소멸되는 것이다.3

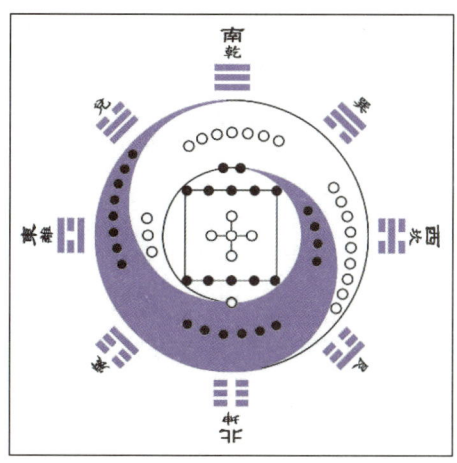

　물론 밖으로 발산하는 운동에 양만 참여하는 것은 아니다. 용오름현상에서 호수의 물고기뿐만 아니라 호수를 더럽히고 있던 오물도 함께 하늘로 치솟아 오르듯이, 주로 양의 기운이 작용을 해서 발산하지만, 그 안에는 음의 기운도 매우 많이 빨려나가는 것이다. 물론 음의 응축운동에 있어서도 상당한 양의 양陽 기운이 빨려 들어가고 있다.

---

　3 물체를 구성하고 있는 단위별 운동을 보면, 최소단위인 소립자素粒子는 태극운동을 하며, 조금 더 큰 분자는 회전운동(자전운동 및 공전운동)을 하며, 더 큰 세포는 진동 등 직선운동을 한다. 이러한 세포가 모인 생명체는 직선운동을 하며, 생명체가 모여 사는 지구나 혹성 및 별 등은 또 회전운동을 한다.
　이렇게 구성원의 크기에 따라 직선운동과 회전운동을 하면서도 전체적인 운동은 태극운동을 따르고 있다. 즉 태풍의 운동이 그러하고 지구의 자기장 운동이 그러한 형태이며, 은하계가 그러하고 전체 우주가 그러하다. 또 평소에는 직선운동에 가까운 행동을 하나, 필요에 따라 회전운동을 하는 송어와 같은 생명체도 있다.
　그것은 회전운동이 작은 힘으로 큰 힘을 응집하는데 가장 유용한 운동이기 때문이다. 송어가 폭포를 거슬러 올라가는 재주도, 깊은 호수바닥에 있던 큰 바위덩어리가 표면으로 떠오르는 기이함도, 바다나 호수에서 볼 수 있는 용오름현상도 모두 이 회전운동에 의한 것이다.

2) 태극하도의 음양운동

태극하도는 55개의 점으로 구성되어 있다. 이 중에서 양의 발산운동을 나타내는 점은 20개이며, 음의 응축운동을 나타내는 점도 20개이다. 가운데 핵(씨알)을 구성하는 점이 15개이다. 양은 안으로부터 밖으로 팽창하며 발산하므로, 수로 나타내면 1·3·7·9의 순서로 커나가고, 음은 밖으로부터 안으로 응축하며 수렴하므로, 수로 나타내면 8·6·4·2의 순서로 응축한다.

그림에서는 각기 시간적인 차이가 있는 것 같지만, 실제상으로는 수천분의 1초도 안 되는 짧은 순간에 동시에 발산하고 응축되어 현재의 우주구조가 되었다. 물론 지금 이 순간에도 태극운동은 엄청나게 빠른 속도로 진행중이다.[4]

3) 태극하도에서의 양의兩儀

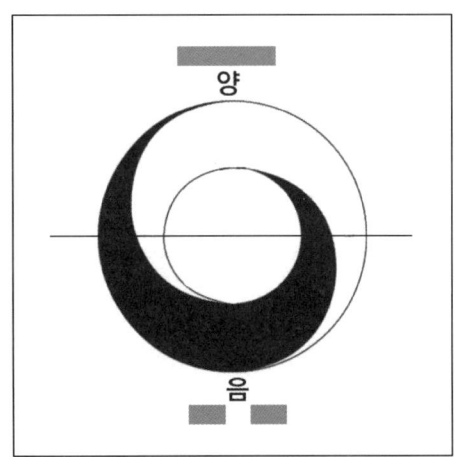

태극하도에서 55개의 점을 우주의 총넓이라고 가정한다.[5] 바깥원의 넓이(55)에서 안에 있는 원의 넓이(5+10=15)를 빼면 40이 된다. 이 40을 2로 나누면 20이 된다.

태극에서 양의兩儀가 나왔다고 할 때는 흰색으로 칠해진 양의 모습(陽儀) 20(1,3,7,9)과, 검은색으로 칠해진 음의 모습(陰儀) 20(8,6,4,2)으로 나뉜 것을

---

[4] 가운데 씨알을 나타내는 15개의 점은 양이나 음으로 미분화된 상태이므로, 실질적인 발산이나 응축운동은 하지 않는다.

[5] 원래는 3차원적인 공간이지만, 여기서는 알기 쉽게 평면으로 생각함.

뜻한다.6

즉 우주전체의 모습을 크게 둘로 나누어 보았을 때를 말하는 것이다. 이렇게 보면 우주대자연에는 음과 양이 존재할 뿐이라는 말도 성립된다. 우주대자연에 여러 가지 생명체와 무생물체가 존재하지만, 크게 나누어 보면 음과 양이 반반 나누어져 있다는 뜻이다.

4) 태극하도에서의 사상四象

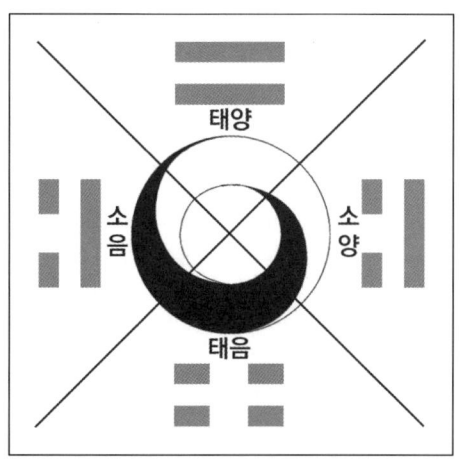

양의에서 사상四象이 나왔다고 할 때는, 안은 흰색(양이 3)이고 겉은 검은색(음이 8)으로 되어 있는 동쪽의 소음(☱), 안과 밖이 모두 흰색7으로만 된 남쪽의 태양(☰), 그리고 안은 검은색(음이 4)이고 겉은 흰색(양이 9)으로 이루어진 서쪽의 소양(☲), 안과 밖이 모두 검은색8으로만 이루어진 북쪽의 태음(☷)의 네 가지 상을 말한다.

이렇게 볼 때 우주대자연은 소양·태양·소음·태음의 사상이 고루 존재한다

---

6 여기에서는 "남쪽은 양의 기운이 많고 북쪽은 음의 기운이 많다"는 정도이지, "남쪽에 20의 양의 기운이 있고 북쪽에 20의 음의 기운이 있다"고 단정해서 말하기는 어렵다. 왜냐하면 음과 양이 정지되어 있는 것이 아니고 쉴 새 없이 태극운동을 하며, 또 음과 양으로 완전히 양분 되었다기보다는 어느 정도 혼재되어 있기 때문이다. 사상 팔괘에 있어서도 이러한 개념은 같이 적용한다.

7 사실은 음이 2이고 양이 7이나, 음은 2에서 가장 잘 응축된 상태이므로 겉으로는 잘 보이지 않는다.

8 사실은 양이 1이고 음이 6이나, 양은 1일 때 가장 미약한 상태이므로 겉으로는 잘 보이지 않는다.

는 말이 성립된다. 물론 남쪽에는 양의 기운이 많고 북쪽에는 음의 기운이 많으며, 동과 서에는 음과 양이 반반이다. 다만 동쪽에는 안은 양의 기운이 있지만 표현은 음으로 하고, 서쪽에는 안은 음의 기운이 있지만 표현은 양의 기운으로 한다는 말도 된다.

5) 태극하도에서의 소성괘 小成卦

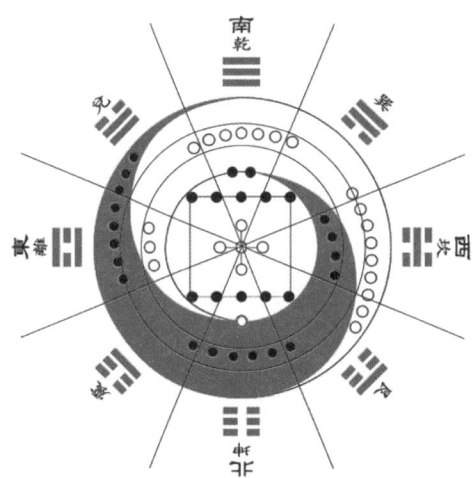

그림에서 겉의 원을 8등분하였을 때, 즉 겉의 원을 동서남북과 그 사잇방인 동남·서남·서북·동북의 8방으로 8등분을 하고 가운데 원과 바깥의 원 사이를 3등분을 한다.

그러면 동쪽의 양(안쪽)과 음(바깥쪽)이 반반이나 양이 커나가며 기승을 부리는 때이므로 리(☲), 동남쪽 안과 중간이 양이고 바깥쪽이 음이므로 태(☱), 남쪽은 안과 중간과 바깥이 모두 양이므로 건(☰), 서남쪽은 안은 음이고 중간과 바깥은 양이므로 손(☴), 서쪽은 음과 양의 비율이 같으나 음이 기승으로 부리는 때이므로 감(☵), 서북쪽은 안과 중간은 음이고 바깥은 양이이므로 간(☶), 북쪽은 안과 중간과 바깥이 모두 음이므로 곤(☷), 동북쪽은 안은 양이고 중간과 바깥은 음이므로 진(☳)이 된다.

하도는 하늘의 운행을 그대로 나타낸 것이므로, 선천이라고 부르는 복희팔괘가 그대로 형상화 된다. 하도의 태극운동을 따라 그대로 그리면 복희팔괘 방위도대로 팔괘가 배열되는 것이다. 다만 하도는 방형으로 네모나게 그리고 복희팔괘는 원형으로 둥그렇게 그렸기 때문에, 서로 무관하게 보였을 뿐이다. 이렇게 전개된 복희팔괘는 낙서에 의해 후천팔괘로 바뀌므로, 하도를 선천이라하고 낙서를 후천이라고 하는 것이다.

6) 태극하도에서의 복희육십사괘 伏羲六十四卦

태극하도에서는 팔괘가 저절로 그려진다. 태극하도 자체가 복희팔괘를 형상하고 있기 때문이다. 여기에서 한걸음 나아가 생각하면 복희육십사괘가 그려진다. 태극하도의 8방에는 각기 해당하는 소성괘가 주관하고 있다. 이 소성괘의 위에 소성괘 8괘가 그려진 것이 일정팔회법一貞八悔法이듯이, 아래 그림과 같이 태극하도 위에 여덟 개의 태극하도가 그려지면 복희육십사괘가 그려지는 것이다.

이것은 건(☰)의 방위라고 양의 기운만 있는 것이 아니어서, 그 안에서도 기운에 따라 나름대로의 팔괘가 나온다는 뜻이다. 마찬가지로 다른 일곱 괘의 방위에도 각기 팔괘가 나올 수 있는 기운이 잠재해 있는 것이다.

마치 사람의 몸을 팔괘로 나누면 머리가 건(☰)에 해당하지만, 머리를 다시 팔괘로 나누면 이마는 건(☰), 입은 태(☱), 두 눈은 리(☲), 턱은 진(☳), 머리카락은 손(☴), 두 귀는 감(☵), 코는 간(☶), 뺨은 곤(☷) 등으로 나눌 수 있는 것과 같다.

7) 태극하도와 오행

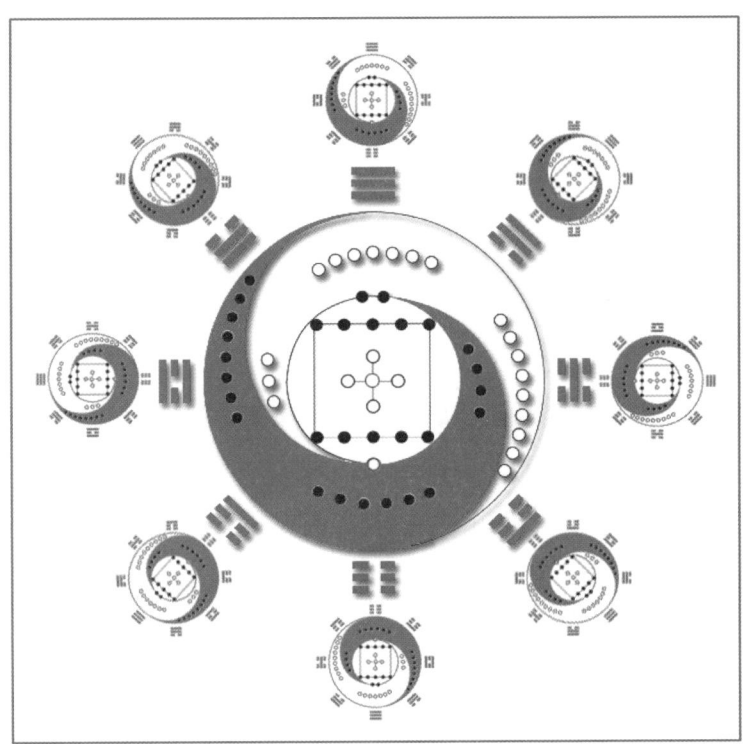

태극하도에서의 복희육십사괘(伏羲六十四卦)

지금까지 하도에서 복희팔괘가 그려지는 것을 살펴보았다. 이제는 하도와 오행과의 관계를 알아볼 차례이다.

하도의 숫자 중에서 1·2·3·4·5는 안에 있으면서 바탕이 되므로 생수라고 하고, 6·7·8·9·10은 밖에 있으면서 생수에 각기 5를 더해서 이루어진 수이므로 성수라고 한다. 생수는 씨알이 되고, 성수는 씨알이 발아하여 형체를 이룬 것이다.[9]

---

[9] 생수는 식물의 종자가 발아하기 전의 상태라 할 수 있고, 성수는 종자가 발아하여 줄기와 가지 등이 무성하게 자라는 상태라고 할 수 있다. 따라서 생수는 생장소멸이 거의 없고, 성수는 생장소멸이 눈에 띨 정도로 변화가 있는 것이다. 그래서 주역에도 변화를 표현하기 위해 성수의 대표격인 9와 6을 쓰는 것이다.

그림에서 보듯이 북쪽에서 양의 기운(1)이 생겨서 물기운(水)을 잉태하면, 음의 기운(6)은 이를 씨알로 삼아 수水를 이루게 된다. 이어 남쪽에서 음의 기운(2)이 생겨서 불기운(火)을 잉태하면, 양의 기운(7)이 이를 발아시켜 화火를 이룬다. 이어 동쪽에서 양의 기운(3)이 생겨서 나무기운(木)을 잉태하면, 음의 기운(8)은 이를 발아시켜 목木을 이룬다. 이어 서쪽에서 음의 기운(4)이 생겨서 금기운(金)을 잉태하면, 양의 기운(9)은 이를 성장시켜 금金을 이룬다. 끝으로 중앙에서 양의 기운(5)이 생겨서 흙기운(土)을 잉태하면, 음의 기운(10)은 이를 성장시켜 토土를 이루게 된다.

오행이 생기는 것은 수→화→목→금→토의 순으로 생기지만, 그 생하는 작용은 수→목→화→토→금→수의 순으로 생하고, 극하는 작용은 수→화→금→목→토→수의 순으로 된다. 하도에서는 좌선을 하면서 오행이 상생하게 된다.

이렇게 양의 생수와 음의 성수, 그리고 음의 생수와 양의 성수가 짝이 되어 결합하는 것은 음과 양이 서로 합해져야 행할 수 있기 때문이다.

① 북의 수水는 양에서 생겨서 음으로 이루므로, 위에 그 근원을 두고(1이 위에 있음) 아래로 흘러서 그 쓰임을 이루며(6이 아래에 있음), 안은 밝고 실하며(1) 밖은 어둡고 약해 보인다(6).

② 남의 화火는 음에서 생겨서 양으로 이루므로, 아래에 근본을 두고(2가 아래에 있음) 위로 타오르며(7이 위에 있음), 속은 어둡고(2) 겉은 밝은 상이다(7).

③ 동의 목木은 양에서 생겨서 음으로 이루므로, 속으로 들어갔다가(3이 안에 있음) 밖으로 자라나며(8), 안으로는 굳게 자라나는 뿌리의 강함이 있고(3) 밖으로는 연약한 잎새와 부드러운 가지가 드러나 있다(8).

④ 서의 금金은 음에서 생겨서 양으로 이루므로, 땅속에 감춰져 있다가(4가 안에 있음) 밖으로 나와 쓰이며(9가 밖에 있음), 표면은 단단하나(9) 안으로부터 삭아 부서지는 약함이 있다(4).

⑤ 중앙의 토土는 양에서 생겨 음으로 이루므로, 안으로는 두터운 흙이 굳게 엉겨 있지만(5가 안에 있음) 표면의 부드러움으로 만물을 기르며(10), 겉보기에는 고요히 그쳐있는 것 같으나(10) 실제로는 하늘의 도를 이어 굳건히

움직이고 있다(5).

8) 하도수는 태극= 음양= 오행= 팔괘= 우주

하도를 음양의 운동만으로 보면 양은 좌선하면서 팽창발산하고 음은 우선하면서 응축수렴하는 형태를 이루고 있다.

양은 발산하고 음은 수축하는 두 가지 단순한 운동을, 오행의 입장에서 살펴보면, 북에는 1·6의 수가 자리하고, 남에는 2·7의 화가 자리하며, 동에는 3·8의 목이 자리하고, 서에는 4·9의 금이 자리하며, 중앙에는 5·10의 토가 자리한다.

또 이 운동을 팔괘의 입장에서 보면 남에는 건괘가, 동남에는 태괘가, 동에는 리괘가, 동북에는 진괘가, 서남에는 손괘가, 서에는 감괘가, 서북에는 간괘가, 북에는 곤괘가 각기 자리하여 선천팔괘방위를 이루게 된다.

이렇게 보면 하도의 수리와 운동은 음양으로 보면 양의 발산과 음의 수축 운동으로 볼 수 있고, 오행으로 보면 동 서 남 북 중앙의 방위를 지키며 운행하는 오행의 활동을 볼 수 있으며, 팔괘로 보면 8방향에 각기 자리를 잡으며 8괘의 형태대로 음양이 섞여 있는 운동으로 볼 수 있다. 결국 음양 오행 팔괘는 하나의 운동을 놓고 어느 쪽 입장에서 보았냐에 따른 구분이므로, 음양이 먼저냐, 오행이 먼저냐, 팔괘를 위시한 주역이 먼저냐 하는 것은 하나의 우문에 불과하다는 것을 알 수 있다.

9) 하도와 설시법

우주대자연에 있어서의 진정한 선은 무엇일까? 그것은 균형이다. 모든 동물이나 식물 등 생명체뿐만 아니라, 사고를 하지 못하는 것으로 보이는 무생물조차도 균형을 중시한다. 태극에서 음과 양이 나뉘어져 움직이는 것도 균형을 찾기 위한 것이고, 중용中庸을 추구하며 살아가는 인간의 행동양식도 균형을 찾기 위한 것이다. 동물들은 균형잡힌 몸매를 더 선호하여, 짝짓기나 기타 행동에 있어 훨씬 성공적인 삶을 산다는 보고도 있다. 균형을 추구함으로써 자신의 행복과 종족의 번영은 물론, 나아가서 우주대자연의 유지에 일조를 하게 되는 것이다.

하도의 총수 55와 낙서의 총수 45를 합하면 100이 되고, 그 평균을 내면 50이 된다. 이 50을 모체로 만물이 나오며, 설시법의 이치도 50수에 의거하므로, 50을 크게 넓힌 수라는 뜻으로 대연수大衍數라고 한다.

하도수와 낙서수를 일월의 운행이치와 비교하면, 하도의 55수는 50대연수보다 5가 많으니 기영氣盈의 이치이고, 낙서의 45수는 오히려 5가 적으니 이는 삭허朔虛의 이치이다. 모든 일이 가득차면 줄어들고 비워지면 차오르기 마련으로, 하도는 이미 기가 가득 찼으니 어머니(10) 품속에서 어린 생명(5)이 출산하는 것이고, 낙서는 자식이 태어난 뒤 자라서 가업을 계승 발전시키는 과정이 된다.

또 대연의 수 50으로[10] 64괘를 지어서 점치는 것은, 여성으로서의 역할을 마치는 49(7×7:폐경기)세로 남성으로서의 역할을 마치는 64(8×8:노쇠기)세를 조명하는 것이다. 각기 음과 양으로서의 주기가 마쳐지는 때로, 남도 여도 아닌 중성의 기운을 띠었기 때문에 천지의 운과 개인의 운명을 점칠 수 있는 것이다.

---

[10] 50은 대연수의 체이고 49는 용이 된다. 1은 태극처럼 본체가 되어 변하지 않는다.

2장 | 낙서洛書

1. 낙서의 유래

> 낙서는 낙수에 나타난 신령스런 거북이(神龜)의 등에 45개의 점으로 된 무늬가 있었는데, 하우씨夏禹氏는 이 무늬에서 오행이 서로 상극하며 조절하는 작용을 깨우쳐 9년 동안의 홍수를 다스릴 수 있었다고 전한다.

낙서는 낙수洛水(황하의 지류)에 나타난 신령스런 거북이(신구神龜)에서 유래한다. 하우씨夏禹氏가 순舜임금의 명을 받아 9년 동안 치수治水할 당시에 신령스런 거북이가 낙수에서 출현하였으며, 그 등에 나타난 45개점의 무늬에서 신묘한 이치를 깨달아 치수사업에 성공하였다고 전한다.

'서書'[11]라고 표현한 것은 문자가 없었던 복희씨 때의 그림으로써 표현한 「하도」와는 달리, 하우씨 당시는 문자를 사용하던 시대였기 때문에 「낙서」

---

[11] 현재 도서圖書(책, 서적)라고 하는 낱말도 하도의 '圖'와 낙서의 '書'에서 연유한다.

라고 이름한 것이다.12

2. 낙서의 수리

> 총 45개 점이 아홉 개 부분(九宮)으로 나뉘고, 이것이 각기 오행을 이루면서 상극하는 형태를 이룬다. 양이 정방향에 있고 음이 사잇방향에 있어서 얼핏 양이 운행을 주도하는 것처럼 보이지만, 음과 양이 각자의 자리를 잡아 운행하면서 중앙의 5수를 중심으로 조화를 이룬다.

1) 낙서의 수배열

안이 밖을 생성하는 관계로써 구성된 하도와는 달리, 낙서는 5를 중심으로 팔방에 수가 배열된 구궁九宮의 상이다. 낙서를 거북이의 몸에 비교하여 살피면, 등 한가운데의 5를 중심으로 꼬리부분의 1과 머리 부분의 9, 좌측의 3과 우측의 7이 각기 상하좌우로 마주하여 있고, 어깨의 좌우에 4와 2가, 발에 해당하는 8과 6이 좌우에 있으면서 총 45개점이 구궁으로 나뉘어 배열되어 있다.

① 양수가 음수를 주도하는 상이다

---

12 역의 근본바탕을 이루는 하도와 낙서가 모두 하수·낙수 등 물에서 출현한 것은, 물이 만물 생성의 시원이 되는 이치와 상통한다. 또한 '하도는 용마가 짊어지고 나왔다(용마부도龍馬負圖)'고 한 것은, 실재하지 않는 용마로써 선천 형이상의 도를 나타낸 것이고, '낙서의 무늬가 신구의 등에 나타남(신구배문神龜背文)'은 실존하는 거북이로써 후천 형이하의 법을 보인 것이라고 할 수 있다.
실은 이때 순임금의 명을 받아 홍수를 다스리던 우가 방법을 몰라 조선의 단군께 가르침을 청하자, 이미 홍수를 다스린 단군이 태자 부루를 시켜 우에게 홍범구주洪範九疇의 이치를 가르침으로써 홍수를 다스릴 있게 되었다고 한다. 이것을 글로 가르쳤다 하여 하도와 달리 '서'라고 하였다고 한다.

정방(동서남북)에는 홀수인 1·3·7·9가 자리하고, 사잇방(동북,서북,동남, 서남)으로 짝수인 2·4·6·8이 놓인 상으로, 양(홀수)이 근본이 되고 음(짝수)이 이를 도와주는 모습이다. 그러나 엄밀히 말하면 5(중앙수)가 한가운데 있으면서 팔방의 1·3·7·9와 2·4·6·8을 통합 조정하는 상으로, 5수인 황극수

(황극皇極:대중大中)를 중심으로, 음과 양이 각자의 방향을 얻어서 조화를 이루는 상이다.

② 양은 좌선하고 음은 우선한다.

하도에서 보면 양은 왼쪽으로 돌면서 팽창발산하고, 음은 오른쪽으로 돌면서 응축수렴한다. 그러는 가운데 자연스럽게 동남과 서북으로 음양이 나뉘고, 이를 세분해서 특성대로 보면 동의 목과 남의 화(이상은 양), 서의 금과 북의 수(이상은 음), 그리고 중앙의 토로 이뤄지는 오행체계를 갖추게 되며, 또 이를 팔방으로 세분하면 선천팔괘방위도에 나오는 대로 팔괘가 배치된다.

낙서에서도 양은 왼쪽으로 돌면서 팽창발산하고, 음은 오른쪽으로 돌면서 응축수렴하는 원칙은 그대로다. 다만 낙서는 중앙의 5를 중심으로 음양이 운동하되, 중앙의 5가 하나의 중심축일 뿐이지 뿌리의 역할은 없다.

생사여탈권을 쥐고 있는 전제군주시대 황제의 역할이 하도의 5·10이라면, 요즘처럼 그저 여러 직업 중 하나로써의 대통령의 역할은 낙서의 5라고 할 수 있다.

㉠ **양의 팽창발산** 양은 팽창발산하기 때문에 숫자가 작은 것이 시작이고 숫자가 클수록 오래된 것이다. 따라서 북의 1이 가장 어린수가 되고 양의 팽창발산의 시발점이다. 북의 1부터 왼쪽으로 돌아서 동의 3, 남의 9, 서의 7, 다시 북의 1로 돌아오면 양의 팽창발산작용이 1회전을 마치게 된다. 이러한 주기를 반복하는 것이 양의 팽창발산운동인데, 이를 수리상으로 보면 다음과 같다.

양은 3배씩 늘어나고 음은 2배씩 늘어난다(삼천양지參天兩地). 따라서 양의 운행은 '1→3→9→7→1'의 주기로 반복된 회전을 하게 되는데, 이 숫자는 대표적 수만을 표시한 것이다.

즉 1주기는 '1→3→9→7(27)→1(81)', 2주기는 '1(81)→3(243)→9(729)→7(2187)→1(6561)', 3주기는 '1(6561)→3(19683)→9(59049)→7(177147)→1(531441)'… 등으로 진행하는 것을 알 수 있다. 낙서에 표시된 것은 이들 주기 숫자의 끝자리 숫자만 표시한 것이다. 양이 아무리 확장해 나가도 끝자리는 '1→3→9→7'의 주기에서 벗어나지 않는 것이다.[13]

㉡ **음의 응축수렴** 음은 응축수렴하기 때문에 숫자가 큰 것이 시작이고 숫자가 작을수록 오래된 것이다. 따라서 동북의 8이 가장 어린수가 되고 음의 응축수렴의 시발점이다. 동북의 8부터 오른쪽으로 돌아서 서북의 6, 서남의 2, 동남의 4, 다시 동북의 8로 돌아오면 음의 응축수렴작용이 1회전을 마치게 된다. 이러한 주기를 반복하는 것이 음의 응축수렴작용인데, 이를 수리상으로 보면 다음과 같다.

음은 2배씩 늘어나므로, 음의 운행은 '8→6→2→4→8'의 주기로 반복된 회전을 하게 된다. 이 '8→6→2→4→8'의 주기는 대표적 수만을 표시한 것이다.[14]

---

13 이렇게 끝자리 수만을 대표로 쓴 것은, 끝자리 수는 수의 성질을 나타내는 가장 겉의 수이기 때문이다. 앞의 수가 무엇이건 간에 끝자리 수가 홀수면 양수가 되고 짝수면 음수가 되는 것은, 사람의 내면에 어떤 성질을 가졌건 겉에 드러나는 성기가 양물이면 남자이고, 음물이면 여자라고 보는 것 등과 같은 이치이다.

이를 자세히 들여다보면, 1주기는 '8→6(16)→2(32)→4(64)→8(128)', 2주기는 '8(128)→6(256)→2(512)→4(1024)→8(2048)', 3주기는 '8(2048)→6(4096)→2(8192)→4(16384)→8(32768)'… 등으로 진행하는 것을 알 수 있다. 낙서에 표시된 것은 이들 주기 숫자의 끝자리 숫자만 표시한 것이다. 음이 아무리 확장해 나가도 끝자리는 '8→6→2→4'의 주기에서 벗어나지 않는다.15

③ 불규칙한 가운데서도 조화가 있다.

또 낙서의 수는 불규칙하게 배열해 있는 것 같지만, 종횡의 합수가 15로 (대칭된 수의 합이 15이다. 즉 1+5+9, 3+5+7, 2+5+8, 4+5+6의 합수가 각기 15가 된다) 중앙의 5를 중심으로 각기 제 위치를 잡고 있다. 하도(선천)의 중앙수 15(5+10)에서 10이 없어진 대신에, 밖으로 발현되어 운용되고 있는 것이다.

수로 말하면 생수(1+2+3+4+5=15)가 모체에서 출산하여 성수가 되었지만, 모체에서 간직하고 있던 수인 15(노양수+노음수=9+6, 소양수+소음수=7+8)를 운용하여 쓰고 있는 것과 같은 이치이다.

---

14 봄·여름·가을·겨울의 실제 현상작용으로 보면 오히려 2배씩 응축수렴작용을 한다. 즉 초봄(동북)에 8, 초여름(동남)에 4, 초가을(서남)에 2, 초겨울(서북)에 6(12÷2)으로 응축수렴하는 것이다.

15 하도에서는 1→3→7→9의 양적 팽창작용을 하고, 8→6→4→2의 음적 응축작용을 했지만, 낙서에서는 양은 3배씩 늘어나고 음은 2배씩 늘어나는 보다 규칙적이고 체계적인 음양작용을 하게 된다. 이것은 하도가 우주만물의 시작을 설명하는 것이라면, 낙서는 우주만물의 운용을 설명하는 까닭이다. 즉 생겨나기는 하도의 원리처럼 자연스럽고 순차적인 원리에 의해서 생겨났지만, 살아가는 것은 낙서처럼 수리적으로 누구나 이해할 수 있게 정해진 규칙에 의해서 영위해 나가는 것이다.

낙서에서 양은 왼쪽으로 돌며 3배씩 늘어나고, 음은 오른쪽으로 돌면서 2배씩 응축하는 원리는 곧바로 태극의 무한팽창운동에 응용할 수 있고 일상생활에도 쓸 수 있다. 쓰면 쓸수록 에너지가 없어지는 것이 아니라 쓰면 쓸수록 에너지가 늘어나는 무한동력을 개발하는 이론의 밑받침이 되는 것이다. 후천에는 낙서를 응용한 소규모의 자가발전시설을 만들어 어느 장소든 쓸 수 있는 세상이 올 것이다.

④ 낙서는 쓰임을 위주로 한다.

또 하도의 극수極數는 10으로 선천(체體)의 이치가 있고, 낙서의 극수는 9로써 후천(용用)으로써의 이치가 있으니, 마치 뱃속에 있을 때는 열 개의 구멍이 있고 특히 열 번째 구멍인 배꼽을 통해 모든 삶을 영위하다가, 태어나서는 배꼽이 막히고 쓰이지 않던 나머지 아홉 개의 구멍으로 살아가는 것과 같다.

하도와 낙서의 중앙을 관찰하여도 하도는 10(母)의 품속에 5(子)가 들어있어 태중에 아기가 있는 상이라면, 낙서는 모체인 10으로부터 벗어나 자식인 5가 스스로 독립된 주체로써 활동하는 상이다.[16]

---

[16] 하도의 수는 1~10이고, 낙서의 수는 1~9이다. 하도는 수의 체로 음양이 서로 합하여 만물을 만들어내는 것이고, 낙서는 수의 용으로 그 운용을 나타낸 것이므로, 10수를 쓰지 않고 9수만 쓰는 것이다. 태양광선은 7개의 가시광선과 적외선 및 자외선을 합하면 9개의 광선으로, 낮에 쓰이는 광선이다. 밤에는 이 9개의 광선이 반사되어 빛나는 달의 광선(통합광선)이 더해져서 10개가 된다. 이 10번째 광선에 의해 여자의 월경 등 조수간만의 생식작용을 하게 된다.

또 사람으로 볼 때도 남자는 겉으로 드러나 보이는 7개의 구멍과 2개의 숨은 구멍(생식기와 항문)이 있고, 여자에게는 이 9개의 구멍 외에 음양이 교합하여 출산하게 되는 구멍이 더 있어서 10개가 된다. 물론 남자도 생식할 때만 작용하는 구멍까지 치면 10개이다. 이처럼 자연계에도 평소에 쓰이는 것 아홉과, 평소에 잘 쓰이지는 않으나 음양이 합덕하는 데 필요한 열 번째 수가 있게 된다.

3. 낙서의 오행

> 하도와는 달리 금(4·9金)과 화(2·7火)가 자리를 바꿈으로써, 오행이 상생하는 형태에서 상극하는 형태로 바뀌었다. 음이 주도하는 후천시대를 맞아, 서로 인仁으로써 생해주기 보다는 의義로써 서로를 조절하는 작용을 하는 것이다.

하도는 상생의 이치로 되어 있고 낙서는 상극의 이치로 되어 있는 것은, 하늘의 천역天易이 지상에 펼쳐질 때 좌선(양이 진행해 가는 길)의 상생에서 우선(음이 진행해 나가는 길)의 상극으로 자리잡았다고 볼 수 있다. 즉 만물이 만들어질 때는 양이 주도하지만, 서로 조화를 이루고 균형을 이루기 위해서는 음이 주도하게 되는 것이다. 그러다보니 금과 화가 바뀌게 되었고, 이를 다시 상생의 위치로 놓아야 한다는 금화교역金火交易의 이론이 나오게 되었다.

그러나 엄밀히 말하면 양은 양대로 좌회전 운동을 하고 음은 음대로 우회전 운동을 하다 보니, 자연스럽게 금과 화가 바뀌게 된 것이지, 인위적으로 음양의 주도권이 바뀐 것이 아니다. 이렇게 양은 양대로 움직이고 음은 음대로 움직이는 가운데 저절로 오행의 조화를 이루는 형태가 바로 무한동력을 얻는 틀이 된다.

하도의 운동에서는 양과 음이 어느 정도 마찰을 하고 중앙의 5·10이 뿌리로써의 역할을 하여 속도조절이 가능하지만, 낙서의 운동에서는 음양의 마찰 없이 각기 독립된 형태로 진행되므로 갈수록 운동이 빨라진다. 마치 현재의 1년 동안의 문명발달이 과거 1만년의 문명발달 보다 더 많은 변화를 가져오듯이 갈수록 속도가 빨라지는 것이다. 금화교역이란 바로 이 무한성장의 길에서, 속도를 조절하고 조화를 성숙시키기 위해 억제와 조절의 기능을 살리는 방편일 뿐이다.[17]

금과 화는 전쟁과 다툼을 통한 개혁을 의미한다. 이런 다툼의 조정기능을 하는 것이 토土이기 때문에, 낙서를 바탕으로 자리잡은 후천팔괘에서는 토에 속하는 곤괘와 간괘가 대각선으로 마주보면서 조절작용을 한다.

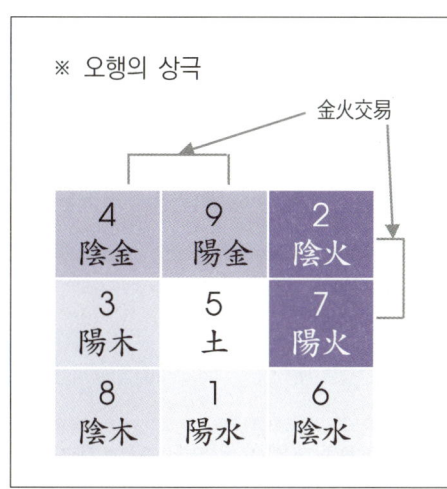

오행으로 볼 때 좌선(순행順行)하며 상생하는 하도와는 반대로, 낙서는 우선(역행逆行)하면서 상극한다. 즉 낙서는 수극화(1·6수가 2·7화를 극함), 화극금(2·7화가 4·9금을 극함), 금극목(4·9금이 3·8목을 극함), 목극토(3·8목이 5토를 극함)의 순서로 상극작용을 한다.

이러한 이치는 하도의 금(4·9금)과 화(2·7화)가 서로 자리를 바꿈으로써 생긴 것이다. 즉 선천이 양의 작용이 주도해서 양의 길로 진행하며 상생했다면, 후천은 음의 죽이는 작용이 주도하므로 음의 길로 가면서 상극하는 것이다.

하도와 낙서를 비교하면 다음과 같다.

	하 도	낙 서
수	1~10	1~9
움직이는 방향	양은 좌선하며 팽창(1→3→7→9), 음은 우선하며 수축(8→6→4→2)	양은 좌선하며 커짐(1→3→9→7), 음은 우선하며 수축(8→6→2→4)
맡은 일	우주의 생성(선천)	생성 이후의 균형과 조화(후천)
오행	좌선하며 상생	우선하며 상극
8괘	선천팔괘와 배합	후천팔괘와 배합
음양	음양이 섞여 있음	음양이 구별됨

---

17 소강절선생의 『황극경세』에 의하면, 하우씨가 낙서를 얻어 치수할 때는 음이 성하는 시기였으므로, 생하기 보다는 극하는 기운이 성하였다고 볼 수 있다.

3장 | 선천팔괘에서 후천팔괘로

1. 건괘 문언전 구오의 이론

> 건괘 문언전 구오의 이론에 의해 선천팔괘에서 후천팔괘의 방위대로 괘가 움직이고, 그 숫자는 낙서의 삼천양지법으로 양은 좌선하고 음은 우선하는 수리에 의해 붙여졌다.

하도에 의해서 선천팔괘가 나오는 것은 이미 살펴보았다. 이제는 낙서에서 후천팔괘가 나오는 것을 살펴볼 차례다.

하도나 낙서 모두 양은 좌선하며 팽창발산하고 음은 우선하며 응축수렴하는 운동을 하고, 삼천양지의 법칙에 의해 양은 3배씩 커지고 음은 2배씩 커지는데, 하도에서는 오행이 상생하고 낙서에서는 상극하는 이유는 무엇일까?

하도는 10이 중앙에 있으면서 음양을 통제하기 때문이고, 낙서는 10이 분산되어 각 운행에 직접 참가함으로써 중앙수로써의 통제기능을 잃었기 때문이다. 하지만 하도는 상생하면서도 스스로 조절하여 균형을 이루고, 낙서는 상극하면서도 종횡으로 15를 이루며 균형을 이루게 된다. 즉 항상 상생만 하고 항상 상극만 하는 것이 아닌 자체적인 제어기능이 있다는 뜻이다.

공자께서 건괘(䷀) 문언전 구오효에 "① 같은 소리는 서로 응하며, ② 같은 기운끼리는 서로 구해서, ③ 물은 젖은 데로 흐르며, ④ 불은 마른 데로 나아가며, ⑤ 구름은 용을 좇으며, ⑥ 바람은 범을 따른다. 성인이 일어나 정치를 함에 만물이 바라본다. ⑦ 하늘에 근본한 것은 위하고 친하고, ⑧ 땅에 근본한 것은 아래와 친하니, 곧 각기 그 류를 따르는 것이다."라고 하셨다.

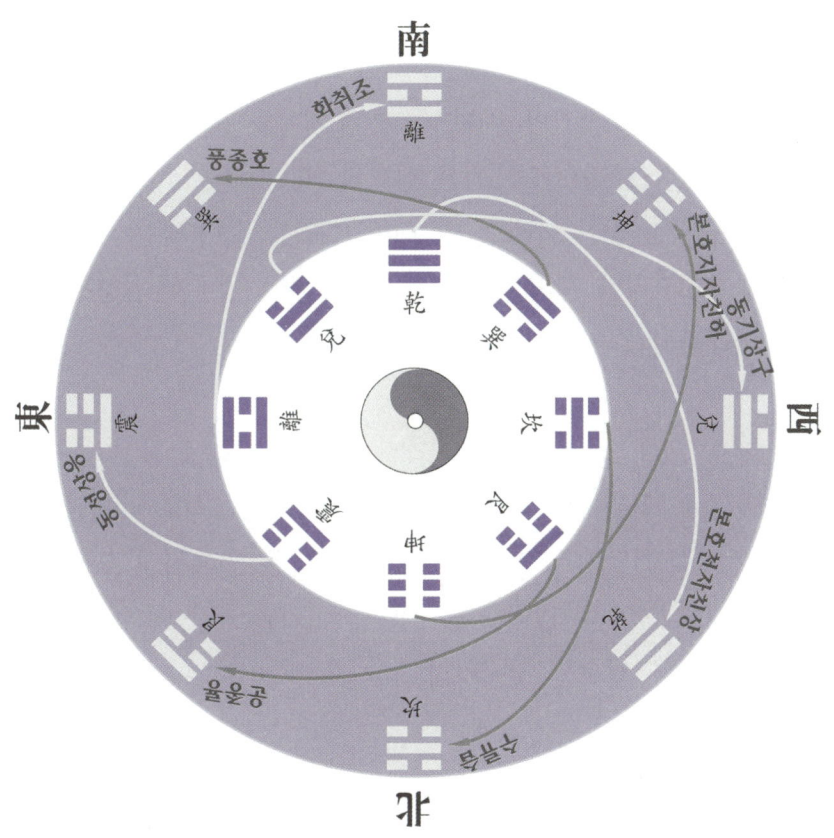

야산선생은 이를 공자께서 선천팔괘에서 후천팔괘로 바뀌는 과정을 설명하신 것이라고 하면서

"① 번개(☲)가 치면 곧이어 우레(☳)가 울리듯이 선천팔괘의 리(☲) 자리에 진(☳)이 온다.

② 샘(☵)의 물이 흐르면 큰 물(☱)을 이루듯이 선천팔괘의 감(☵) 자리에 태(☱)가 온다.

③ 낮고 습한 땅(☷)으로 물(☵)이 모이듯이 선천팔괘의 곤(☷) 자리에 감(☵)이 온다.

④ 마른하늘(☰)로 불(☲)이 타오르듯이 선천팔괘의 건(☰)자리에 리(☲)가 온다.

⑤ 용(☳)이 승천하면 구름(☶)이 따라 일어나듯이 선천팔괘의 진(☳) 자리에 간(☶)이 온다.

⑥ 범(☱)이 치달리면 바람(☴)이 따라 일어나듯이 선천팔괘의 태(☱)자리에 손(☴)이 온다.

⑦ 하늘(☰)은 자신의 성기인 산(☶)을 통해 기운을 통하게 하니, 선천팔괘의 간(☶)자리에 건(☰)이 온다. 간은 상효가 양효이다.

⑧ 땅(☷)에 근본한 것은 아래로 부는 바람(☴)과 같이 낮은 데를 친하니, 선천팔괘의 손(☴)자리에 곤이 옴으로써 후천팔괘의 방위가 완성된다"고 하였다. 손은 아래가 음효이다.

부모괘인 건이 위에 놓이고 곤이 아래에 놓이며 기준을 잡던 선천팔괘에서, 음과 양의 중을 얻은 감과 리가 기준을 잡는 후천팔괘로 바뀌었지만, 사실 선천팔괘에서 후천팔괘로 방위가 바뀌는 것에는 인위적인 요소가 있다. 그래서 공자께서도 "성인이 일어나 정치를 함(이치를 세움)에 만물이 바라본다"는 구절을 중간에 넣으신 것이리라.

2. 후천팔괘와 낙서

낙서는 땅의 형상이고 삼재三才가 이루어진 후 실질적으로 일을 주관한다. 그래서 점법占法과 방위에 낙서의 수를 쓰는 것이다. 앞서 말한대로 양은 세 배씩 커지면서 좌선하고, 음은 두 배씩 커지면서 우선하며, 그 시작점은 만물이 생명을 마치기도 하고 시작도 하는 간방艮方(동북방) 또는 만물이 수렴된 북방이다. 그래서 28수 중에 북쪽을 맡은 허수虛宿가 제일 먼저 생긴 것이다.

후천팔괘를 낙서에 배당하면 아래 도표와 같다. 건괘 문언전 구오에 의해 선천팔괘에서 후천팔괘로 방위를 바꾸어 놓고, 낙서의 수리에 의해 괘에 숫자를 붙인 것이다. ( )안의 괘명은 선천팔괘의 괘명이다.

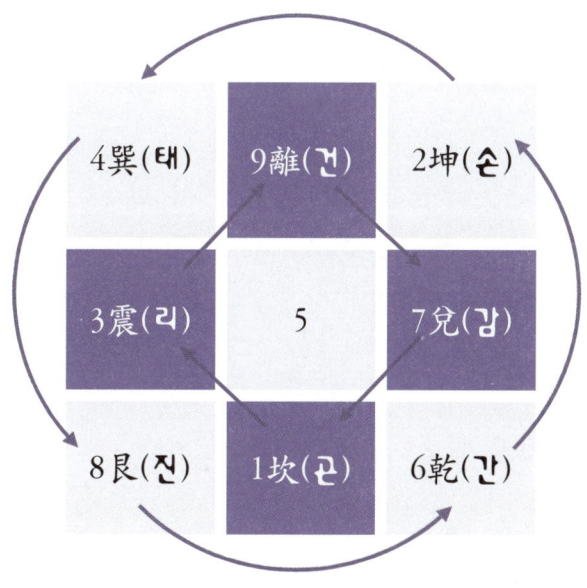

이렇게 괘의 방위를 바꾸고 낙서의 수리(양은 세 배씩 커짐, 음은 두 배씩 커짐)에 따라 숫자를 붙이면, 왜 감의 수는 1이고 곤의 수는 2며, …, 리의 수가 9인지가 자명해진다. 건괘 문언전의 "성인이 일어나 이치를 세움에 만물이 바라본다."라고 한대로 문왕이 약간의 인위적인 요소를 더한 것 같지만, 건을

위시로 동북방은 양괘(건, 감, 간, 진)가 놓이고 곤을 위시로 서남방은 음괘(손, 리, 곤 태)가 놓이는 등 나름대로의 이치가 있는 것이다.

즉 하도에서 선천팔괘가 나오듯이 '상象 수數 리理'의 세 측면으로 명쾌하게 설명되는 것은 아니지만, 어느 정도는 부합된다는 뜻이다. 이것이 바로 건괘 구오효사의 "나는 용이 하늘에 있으니 대인을 봄이 이로움"인 것으로, 용이 하늘에 있어서 풍운조화를 부리더라도 이를 이해하고 활용하는 대인이 있어야 비로소 빛나게 된다는 것이다.

부 록

부록

1장 용어의 고찰
1. 음양의 상대성 293
2. 주역에서의 중에 대한 용례 296
3. 대연수와 책수 301
4. 12월괘 307
5. 역법과 때의 변화 309

2장 도본
1. 고하도古河圖 312
2. 하도의 선형旋形무늬 313
3. 태극하도太極河圖 314
4. 대성태극하도大成太極河圖 315
5. 고낙서古洛書 316
6. 대성낙서大成洛書 317
7. 삼태극도三太極圖 318
8. 복희 64괘 방원도 319
9. 일정팔회도一貞八悔圖 320
10. 36궁도宮圖 321
11. 24절기방위도節氣方位圖 322
12. 호괘원도互卦圓圖 323
13. 64괘 차서 - 주역책의 괘명순 324
14. 64괘 차서 - 선천팔괘 생성순 325
15. 64괘 차서 - 팔궁괘차도 326

1장 | 용어의 고찰

1. 음양의 상대성

> 음양은 고정된 개념이 아니고 상대적인 용어이다.

우주의 삼라만상에는 상대가 있다. 생성이 있으면 소멸이 있고, 높은 것이 있으면 낮은 것이 있으며, 긴 것이 있으면 짧은 것이 있고, 실한 것이 있으면 허한 것이 있다. 옛날 선현들의 우주관도 이와 같은 상대적 관점에서 출발했다. 주역의 음양은 곧 이 상대성을 의미하는 것으로서, 양과 음을 서로 비교해야만 설명이 가능하다. 음과 양은 서로 상대적인 용어이기 때문이다.[1]

실례를 들어 설명한다면 양이 높다면 음은 낮은 것이고, 양이 밝다면 음은 어두우며, 양이 현명하다면 음은 어리석고, 양이 단단하다면 음은 부드러우며, 양이 남자라면 음은 여자이고, 양이 동動적이라면 음은 정靜적이며, 양이 낮이라면 음은 밤이고, 양이 위로 올라가는 것이라면 음은 아래로 내려오는

---

[1] 음양의 개념은 고정적인 것이 아니라 상대적이다. 음양이라는 글자는 모두 「언덕부 : 阜: 阝」에 쓰는데, 언덕을 중심으로 한쪽은 볕이 드는 양이고(陽), 다른 쪽은 그늘지는 음지를(陰) 뜻한다. 이렇게 쓴 이유는 음양의 동시성을 말하면서 해의 진행에 따라 명암이 바뀐다는 상대성을 같이 표현하기 위해서이다.
또 「陽양」자의 오른쪽에 있는 「昜」는 해와 달의 밝음을 뜻하고(日+月), 「陰음」의 오른쪽에 있는 「侌」는 구름을 나타내는 글자로 해를 가려 응달진 것을 뜻한다. 지금은 양일지라도 상황에 따라 음으로 변하고 다시 양으로 바뀔 가능성을 내포한 글자이다.
글자의 획에 있어서도 「陽」은 「阝」에 홀수인 9획을 더 붙이고, 「陰」은 짝수인 8획을 쓴다.

것이며, 양이 드러나는 것이라면 음은 감추어진 것이고, 양이 차있다면 음은 비어있는 것이며, 양이 건조하다면 음은 습기 찬 것이다.

이러한 예는 이외에도 얼마든지 들 수 있다. 다만 주의할 것은 양이 항상 양이고 음이 항상 음을 상징하지는 않는다는 점이다. 즉 앞서 말한 현명하다 어리석다 등의 평가는 상대적인 평가로써, 기준을 어디에 설정하느냐에 따라 지금의 양이라고 평가된 것이 음이 될 수도 있고, 지금의 음이라고 평가된 것이 양이 될 수도 있다. 이것은 궁극적으로 보면 양과 음은 어디까지나 상대적인 비교이고, 더욱이 음과 양은 시간과 환경에 따라 그 성쇠를 달리하기 때문이다.

1) 음과 양은 서로 사귀고 변한다.

음양은 서로 사귀고 변한다. 천지가 사귀어 만물이 나오고 남녀가 사귀어 아들·딸이 나오며, 양이 생겨서 성한 때를 지나면 변하여 음이 생겨나는 때가 되고, 음이 생겨서 성한 때를 지나면 변하여 양이 생겨나는 때가 된다.

한낮에 음이 자라 어두워지고, 한밤에 양이 자라 동이 터오듯이, 음의 전성기에 양이 발동을 시작하고, 양의 전성기에 음이 시작하는 것이다.

겨울의 추위 속에도 양의 조燥함이 있고, 여름 더위 속에도 음의 습濕함이 있으며, 남자 중에도 여자의 성격이 있고, 여자 중에 남자의 성격이 있으니, 음속에 양이 있고 양속에 음이 있는 셈이다.

남자와 여자가 성장하면 서로 음과 양의 극한 부분으로 결합하여 피를 흘리나, 이러한 대립을 통해 소중한 자식을 생산하듯이, 음양은 대립을 통해 화합하여 자연을 창조하고 계속 진화하게 된다. 음양이 대립하면서 화합하여 만물을 내고 우주가 편안하듯이, 사람도 너와 내가 대립하면서 화합을 이룰 때 사회가 안정되고 발전한다.

2) 음양의 조화

음양은 대자연 속에 흐르는 한줄기 기운이다. 이 기가 움직이면서 천둥 번개를 치며, 바람도 불고 비도 오게 하는 것이다. 만물을 대표하는 사람의 몸에도 음양의 기가 흐르고 있으며, 몸밖에 흐르는 우주의 기와 교류하며 삶을 영위하는 것이다.

사람의 기는 마음이 어떻게 움직이느냐에 따라 다르게 발생하는데, 좋은 생각으로 움직이면 좋게 나타나고 나쁜 생각으로 움직이면 나쁘게 나타난다. 그래서 맹자는 "호연지기浩然之氣를 잘 기르면 몸에 가득 차게 됨은 물론이고 천지 사이에도 가득찬다."고 하여, 그 좋은 영향이 자신뿐만 아니라 우주 끝까지 미친다고 하였다.

2. 주역에서의 중에 대한 용례

64괘의 중中이 언급된 괘는 55괘인데, 이것을 단전 및 효의 자리별로 분류하면 다음과 같다. 주역에서 중은 매우 길한 것으로, 중이 언급되었다면 길한 사건으로 해석한다.

1) 단전, 2효, 5효에 모두 중을 말한 것은 5괘이다.

- 수천수괘(☰) 단전에 "이정중야以正中也", 구이 상전에는 "연 재중야衍在中也"라 했으며, 구오 상전에는 "이정중야以正中也"라 했다.
- 지수사괘(☷) 단전에 "강중이응剛中而應"라하고, 구이 효사및 상전에 "재사중길在師中吉"이라 했으며, 육오 상전에 "이중행야以中行也"라 했다.
- 중수감괘(☵) 단전에 "내이강중야乃以剛中也"라하고, 구이 상전에 "미출중야未出中也"라 했으며, 구오 상전에 "중미대야中未大也"라 했다.
- 택수곤괘(☱) 단전에 "이강중야以剛中也"라하고, 구이 상전에 "중유경야中有慶也"라 했으며, 구오 상전에 "이중직야以中直也"라 했다.
- 중풍손괘(☴) 단전에 "강손호중정이지행剛巽乎中正而志行"이라하고, 구이 상전에 "득중야得中也"라 했으며, 구오 상전에 "위정중야位正中也"라 했다.

2) 단전과 2효에 중을 말한 것은 9괘이다.

- 풍천소축괘(☰) 단전에 "…강중이지행剛中而志行…"이라하고, 구이 상전에 "견복재중牽復在中…"이라고 했다.

- 천택리괘(☰) 단전에 "…강중정剛中正 이제위履帝位…"라하고, 구이 상전에 "중부자란야中不自亂也"라고 했다.
- 화천대유괘(☰) 단전에 "대중이상하응지大中而上下應之"라하고, 구이 상전에 "적중불패야積中不敗也"
- 중화리괘(☰) 단전에 "유리호중정柔履乎中正"이라하고, 육이 상전에 "득중도야得中道也"
- 뇌수해괘(☰) 단전에 "기래복길其來復吉 내득중야乃得中也"라하고, 구이 상전에 "득중도야得中道也"
- 택지취괘(☰) 단전에 "강중이응剛中而應"이라하고, 육이 상전에 "중미변야中未變也"
- 풍택중부괘(☰) 단전에 "…유재내이강득중柔在內而剛得中…"이라하고, 구이 상전에 "중심원야中心願也"
- 수화기제괘(☰) 단전에 "초길初吉 유득중야柔得中也"라하고, 육이 상전에 "칠일득七日得 유득중야柔得中也"
- 화수미제괘(☰) 단전에 "미제형未濟亨 유득중야柔得中也"라하고, 구이 상전에 "중이행정야中以行正也"

3) 단전과 5효에 중中을 말한 것은 9괘이다.

- 천수송괘(☰) 단전에 "강래이득중야剛來而得中也, 상중정야尚中正也"라하고, 구오 상전에 "송원길訟元吉 이중정야以中正也"
- 수지비괘(☰) 단전에 "이강중야以剛中也"라하고, 구오 상전에 "위정중야位正中也"
- 천화동인괘(☰) 단전에 "득중이응호건得中而應乎乾, 중정이응中正而應"이라하고, 구오 상전에 "이중직야以中直也"
- 지택림괘(☰) 단전에 "강중이응剛中而應"이라하고, 육오 상전에 "행중지위야行中之謂也"
- 수산건괘(☰) 단전에 "왕득중야往得中也"라하고, 구오 상전에 "이중절야

以中節也"
- 천풍구괘(☰) 단전에 "강우중정剛遇中正"이라하고, 구오 상전에 "구오함장九五含章 중정야中正也"
- 수풍정괘(☰) 단전에 "내이강중야乃以剛中也"라하고, 구오 상전에 "한천지식寒泉之食 중정야中正也"
- 화풍정괘(☰) 단전에 "득중이응호강得中而應乎剛"이라하고, 육오 상전에 "중이위실야中以爲實也"
- 수택절괘(☰) 단전에 "강유분이강득중剛柔分而剛得中, 중정이통中正以通"이라하고, 구오 상전에 "거위중야居位中也"

4) 단전에만 중中을 말한 것은 14괘이다.

- 산수몽괘(☰) 단전에 "…몽형蒙亨 이형행以亨行 시중야時中也…"
- 풍지관괘(☰) 단전에 "…중정中正 이관천하以觀天下…"
- 화뢰서합괘(☰) 단전에 "…유득중이상행柔得中而上行…"
- 천뢰무망괘(☰) 단전에 "…강중이응剛中而應…"
- 택풍대과괘(☰) 단전에 "…강과이중剛過而中…"
- 화택규괘(☰) 단전에 "…득중이응호강得中而應乎剛…"
- 풍뢰익괘(☰) 단전에 "…중정유경中正有慶…"
- 지풍승괘(☰) 단전에 "…강중이응剛中而應…"
- 풍산점괘(☰) 단전에 "…강득중야剛得中也…"
- 뇌화풍괘(☰) 단전에 "물우의일중勿憂宜日中, 일중즉측日中則昃(육이 구삼 구사에 나오는 '日中'은 날이 밝은 동안이라는 '間'의 개념이 강하다)"
- 화산려괘(☰) 단전에 "…유득중호외이순호강柔得中乎外而順乎剛…"
- 중택태괘(☰) 단전에 "…강중이유외剛中而柔外…"
- 풍수환괘(☰) 단전에 "…왕내재중야王乃在中也…"
- 뇌산소과괘(☰) 단전에 "…유득중柔得中…"

5) 2효와 5효에 모두 중을 말한 것은 3괘이다.

- 지천태괘(☷☰) 구이 효사와 상전에 "득상우중행得尙于中行"이라하고, 육오 상전에 "이지원길以祉元吉 중이행원야中以行願也"
- 뇌지예괘(☳☷) 육이 상전에 "부종일정길不終日貞吉 이중정야以中正也"라 하고, 육오 상전에 "…항불사恒不死 중미망야中未亡也"
- 택천쾌괘(☱☰) 구이 상전에 "유융물휼有戎勿恤 득중도야得中道也"라하고, 구오 효사와 상전에 "중행무구中行无咎"

6) 2효에 중을 말한 것은 9괘이다.

- 중천건괘(☰) 구이 문언전에 "…자왈子曰 용덕이정중자야龍德而正中者也"
- 지산겸괘(☷☶) 육이 상전에 "명겸정길鳴謙貞吉 중심득야中心得也"
- 산풍고괘(☶☴) 구이 상전에 "간모지고幹母之蠱 득중도야得中道也"
- 산천대축괘(☶☰) 구이 상전에 "…중中 무우야无尤也"
- 뇌풍항괘(☳☴) 구이 상전에 "구이회망九二悔亡 능구중야能久中也"
- 뇌천대장괘(☳☰) 구이 상전에 "구이정길九二貞吉 이중야以中也"
- 화지진괘(☲☷) 육이 상전에 "수자개복受茲介福 이중정야以中正也"
- 풍화가인괘(☴☲) 육이 효사에 "…재중궤在中饋 정길貞吉"
- 산택손괘(☶☱) 구이 상전에 "구이정길九二貞吉 중이위지야中以爲志也"

7) 5효에 중을 말한 것은 6괘이다.

- 중지곤괘(☷) 육오 상전에 "황상원길黃裳元吉 문재중야文在中也"와 육오 문언전에 "황중통리黃中通理…미재기중美在其中"
- 택뢰수괘(☱☳) 구오 상전에 "부우가길孚于嘉吉 위정중야位正中也"

- 지뢰복괘(☷☳) 육오 상전에 "돈복무회敦復无悔 중이자고야中以自考也"
- 중뢰진괘(☳☳) 육오 상전에 "…기사재중其事在中 대무상야大无喪也"
- 중산간괘(☶☶) 육오 상전에 "간기보艮其輔 이중정야以中正也"
- 뇌택귀매괘(☳☱) 육오 상전에 "…기위재중其位在中 이귀행야以貴行也"

3. 대연수와 책수

1) 대연수大衍數 50

① 대연수

시초로 설시를 해서 괘를 짓는 데는 대연수 50을 활용한다. 대연수는 '크게 늘린 수'라는 뜻이다. 하도에는 1에서 10까지의 동그라미가 그려져 있는데 이 숫자를 모두 합하면 55이다. 「계사전」에서 "천지의 수가 55이니, 이것으로써 변화를 이루어 귀신의 도를 행한다."고 하였듯이, 하늘과 땅의 모든 사물을 수로 표현한 55수에 의해서 하늘의 도가 행해진다.

그런데 하늘의 도를 알기 위해 괘를 짓는 데는 55를 쓰지 않고 50이라는 대연수를 쓴다. 천수와 지수를 똑같이 25로 두고, 지수에서 5를 비움으로써 예측할 수 없는 움직임에 맡기는 뜻이다.[2] 여기에는 실질적인 쓰임이 되는 낙서수 45와 균형을 맞춘다는 뜻도 있다.[3]

한편으로는 하도의 중궁수인 5와 10은 우주의 태극역할을 하는 만물의 근원수가 되므로, 이 5와 10을 곱한 수에서 모든 물정을 알 수 있는 것이며, 낙서에서도 중궁의 5를 중심으로 모든 방향으로 뻗어나가게 되는데, 중궁 5와 합이 되는 방향의 수(10)를 곱한 수가 50이 된다.[4]

② 대연수에 대한 여러 설

대연수에 대해서는 여러 설이 있는데, 여기서는 몇 사람의 설만을 싣는다. 그 대강은 대연수는 50이 맞다는 설과, 천지의 수는 55이므로 대연수도

---

[2] 여기에서 양수인 1,3,5,7,9를 더하면 25인데 이것을 천수天數라고 한다. 또한 음수인 2,4,6,8,10을 모두 더하면 30인데 이것을 지수地數라고 한다.

[3] 하도의 총수 55와 낙서의 총수 45를 합하면 100이 되고, 그 평균을 내면 50이 된다. 즉 하도의 기영수氣盈數 5를 덜어서 낙서의 삭허수朔虛數 5에 보충한다는 뜻이다.

[4] 낙서는 가로·세로·대각선 어느 방향이든 그 합이 15이다.

55라는 설이 있다는 것이다.

    김경방金景芳은 "'대연의 수는 50'이라고 한 곳에는 빠진 글자가 있다. 마땅히 '대연의 수는 55'라고 하여야 한다."고 하여 천지의 수와 같아야 한다고 주장하였다.
    경방京房은 "50은 10간과 12지 및 28수宿의 합이다."고 하였다.
    마융馬融은 "태극이 양의를 생하고, 양의는 해와 달을 생하며, 해와 달은 사시를 생하고, 사시는 오행을 생하며, 오행은 12달을 생하고, 12달은 24절기를 생하니 이를 모두 합하면 50이 된다."고 하였다.
    순상荀爽은 "괘에는 여섯 효가 있고 이를 팔괘에 곱하면 48이 되고, 이 48에 건과 곤을 합하면 50이 된다."고 하였다.
    정현鄭玄은 "천지의 수는 55인데, 여기에 오행의 기운이 통하고 있으므로 이를 빼면 50이 된다"고 하였다.
    주자朱子는 "하도의 중궁에 있는 5와 10을 서로 곱하면 50이 나오므로, 50을 크게 넓힌 수라는 뜻에서 대연수라고 한다"고 하였다.
    이 밖에도 밑변(句)이 3이고 높이(股)가 4인 직삼각형은 빗변(弦)이 5인데, 이 구·고·현을 각기 한 변으로 한 세 정사각형의 넓이($3\times3+4\times4+5\times5=50$)가 50이기 때문에, 대연수가 50이라는 구고법句股法에 의한 설 등이 있다.

2) 책수 策數

책수란 설시법에서 괘를 지을 때 센 시초수를 말한다. 대연수가 50이므로 모두 50개의 시초를 사용하여 괘를 짓는데, 50개의 시초 중에서 하나는 태극으로 삼아 움직이지 않는 수로 하고, 나머지 49개의 시초를 세어서 괘를 짓게 된다.[5]

설시를 해서 각 효를 정할 때 얻는 숫자는 13·17·21·25 중에 하나가 된다. 이는 각기 노양·소음·소양·노음이 되고, 각 해당하는 자리에 효로 표시되는데, 노양은 '▭, ▬·', 소음은 '▬▬', 소양은 '▬', 노음은 '✕, ▬▬·'로 각기 표시한다. '·'은 동했다는 표시이다.

① 사상책수

여기서 말하는 사상책수란, 한 효를 얻기 위해서 시초를 센 숫자를 말하는 것이다. 설시를 할 때 어떤 효가 나왔는가를 알기 위해서 바닥에 세어서 놓은 시초는, 이렇게 세고 남은 나머지를 말한다. 따라서 49에서 이 나머지를 뺀 숫자가 효를 낳는 것이다.[6]

㉠ 노양책수 노양을 얻으려면 36개의 시초를 세게 된다. 따라서 노양의 책수는 36이 된다.[7]

㉡ 소음책수 소음을 얻으려면 32개의 시초를 세게 된다. 따라서 소음의 책

---

[5] 50개의 시초 중에 한 개를 태극으로 삼아 부동수로 삼는다는 것은, 하늘에 북극성이 중심을 잡음으로써 여러 별이 각기 방소를 정하고 움직일 수 있도록 한 이치와 같다. 움직이지는 않지만 나머지 49개 시초의 변화를 실질적으로 주관하는 것이다.

[6] 이때 대연수인 50에서 바닥에 놓은 시초의 총수(이 때는 태극으로 삼은 1책도 포함)를 빼도 같은 결과가 나온다. 여기에서 49에서 뺀다고 한 것은, 괘를 완전히 지을 때까지는, 태극으로 삼은 1책이 태극으로서의 역할을 하여야 하기 때문이다. 즉 태극책 1은 중심을 잡고 49개가 실질적으로 운행하는 것이다.

[7] '노양수를 얻으려면 36개의 시초를 세게 된다'는 말은 태극으로 삼은 1책 위에 모두 13개의 시초를 놓는다는 뜻이다(49-13=36). 「설시」 및 「효의 판별법 및 표시법」 참조

수는 32가 된다.8

ⓒ 소양책수 소양을 얻으려면 28개의 시초를 세게 된다. 따라서 소양의 책수는 28이 된다.9

ⓔ 노음책수 노음을 얻으려면 24개의 시초를 세게 된다. 따라서 노음의 책수는 24가 된다.10

② 360상수常數와 음양책수의 합

노양으로만 된 괘를 얻기 위한 책수와 노음으로만 된 괘를 얻기 위한 책수를 합하면 360이 된다. 또 소음으로만 된 괘를 얻기 위한 책수와 소양으로만 된 괘를 얻기 위한 책수를 합하면 360이 된다. 이 360은 음양책수의 합이 되면서, 동시에 주천도수 360이 되므로, 「계사전」에 "건乾의 책수가 216이고 곤坤의 책수가 144이다. 합하면 360이니 1년의 날에 해당하고…."라 하였다.11

㉠ 건책수乾策數와 곤책수坤策數 일반적으로 건책수란 건괘책수의 준말로, 순 노양으로만 이루어진 중천건괘(☰→䷀)를 얻기 위해 세는 시초의 갯수를 말한다. 따라서 노양책수인 36에 여섯 효를 곱한 수인 216(36×6=216)이 건책수가 된다.

일반적으로 곤책수란 곤괘책수의 준말로, 순 노음으로만 이루어진 중지곤괘(☷→䷁)를 얻기 위해 세는 시초의 갯수를 말한다. 따라서 노음책수

---

8 '소음을 얻으려면 32개의 시초를 세게 된다'는 말은 태극으로 삼은 1책 위에 모두 17개의 시초를 놓는다는 뜻이다(49−17=32).

9 '소양을 얻으려면 28개의 시초를 세게 된다'는 말은 태극으로 삼은 1책 위에 모두 21개의 시초를 놓는다는 뜻이다(49−21=28).

10 '노음을 얻으려면 24개의 시초를 세게 된다'는 말은 태극으로 삼은 1책 위에 모두 25개의 시초를 놓는다는 뜻이다(49−25=24).

11 360을 1년의 상수로 삼는 것은 기영(5와 235/940)과 삭허(5와 592/940)를 가감했기 때문이다.

인 24에 여섯 효를 곱한 수인 144(24×6=144)가 곤책수가 된다. 이 두 책수를 합하면 주천상수인 360(216+144)이 된다.12

ⓒ 소양으로만 된 건책수와 소음으로만 된 괘책수 소양으로만 된 건책수는 순 소양으로만 이루어진 중천건괘(䷀)를 얻기 위해 세는 시초의 갯수를 말한다. 따라서 소양책수인 28에 여섯 효를 곱한 수인 168(28×6=168)이 소양으로만 된 건책수가 된다.

소음으로만 된 곤책수는 순 소음으로만 이루어진 중지곤괘(䷁)를 얻기 위해 세는 시초의 갯수를 말한다. 따라서 소음책수인 32에 여섯 효를 곱한 수인 192(32×6=192)가 소음으로만 된 곤책수가 된다.

이 두 책수를 합하면 주천상수인 360(168+192)이 된다. 따라서 노양으로만 된 괘의 책수에 노음으로만 된 괘의 책수를 더해도 360이 되고, 소양으로만 된 괘의 책수에 소음으로만 된 괘의 책수를 더해도 360이 되어, 주천상수와 일치하게 되는 것이다.13

---

12 설시법에서 노양은 소음으로 변하고 노음은 소양으로 변하므로, 순 노양으로만 이루어진 괘라는 것은 용구(用九)를 말하고, 순 노음으로만 이루어진 괘는 용육을 의미한다.
전통적인 표시는 왼쪽 모양대로 하지만, 헷갈리는 분들을 위해 음양효는 그대로 그리고 동한 표시를 오른쪽 모양처럼 점을 찍는 방법으로 하기도 한다.

용구의 표시 방법

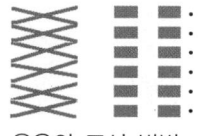
용육의 표시 방법

13 주역의 64괘는 이 음양책수인 216(乾)·144(坤)·168·192의 책수로 되어 있다. 또 64괘를 책수로 계산하면 한 번은 양하고(216 또는 168), 한 번은 음하는(144 또는 192) 순서로 되어 있다. 예를들어 첫 번째인 중천건괘의 책수는 216이고 두 번째인 중지곤괘의 책수는 144이며, 세 번째 네 번째인 수뢰둔괘와 산수몽괘의 책수는 168이고 다섯 번째와 여섯 번째인 수천수괘와 천수송괘의 책수는 192다.

③ 두 편(二篇)의 책수

두 편은 주역의 상경과 하경을 의미한다. 또 64괘의 양효와 음효의 책수를 의미하기도 한다. 「계사전」에 "두 편의 책수가 11,520으로, 세상 만물의 수에 해당한다."고 한 것으로, 11,520의 수는 세상의 모든 물상을 수로 표시한 것이 된다.

64괘는 총 384효이고, 384효에는 음효가 192효이고 양효가 192효로 각각 반을 구성하고 있다.

㉠ 노양책편수와 노음책편수 먼저 음양책수를 합하듯이 두 편을 노양책편수·노음책편수와 소양책편수·소음책편수로 나누어 볼 수 있다. 먼저 주역 384효가 노양수와 노음수로만 구성되어 있을 때를 상정해서 노양책편수와 노음책편수를 합하면 11,520이 된다.

즉 노양책수인 36에 양효의 갯수 192를 곱하면 6,912가 된다. 또 노음책수인 24에 음효의 갯수 192를 곱하면 4,608이 된다. 이 두 편의 책수를 합하면 '만물의 수'인 11,520이 된다.

㉡ 소양책편수와 소음책편수 주역 384효가 소양수와 소음수로만 구성되어 있을 때를 상정해서 소양책편수와 소음책편수를 합하면 11,520이 된다. 즉 소양책수인 28에 양효의 갯수 192를 곱하면 5,376이 된다. 또 소음책수인 32에 음효의 갯수 192를 곱하면 6,144가 된다. 이 두 편의 책수를 합하면 '만물의 수'인 11,520이 된다.

따라서 주역 384효가 노양 또는 노음으로만 구성되었을 때의 책수의 합이 「만물의 수」인 11,520이고, 소양 또는 소음으로만 구성되었을 때의 책수의 합도 11,520이 되어 음양책수의 합이 일치하는 것이다. 이렇게 책수가 우주의 운행과 일치하기 때문에 계사전」에 "시초의 덕은 둥글면서 신령스럽고, 괘卦의 덕은 방정하면서 알게 된다"고 하였다.

4. 12월괘

> 괘는 여섯 효로 되어 있는데, 초효를 시작으로 보고 상효를 끝으로 본다. 따라서 초효에 양이 있는 지뢰복괘(䷗)를 양이 처음 발생하였다고 하며, 양이 차올라서 양만으로 된 중천건괘(䷀)를 양이 극성한 괘라고 한다. 마찬가지로 초효에 음이 있는 천풍구괘(䷫)를 음이 처음 발생했다고 하며, 음이 차올라 음만으로 된 중지곤괘(䷁)를 음이 극성한 괘라고 한다. 이렇게 양과 음이 발생해서 끝나는 것이 각기 여섯 번에 걸쳐 발생하므로, 이를 12월에 배속시켜 12월괘라고 하는 것이다.

　주역 64괘를 1년 12월에 배속하고, 특히 음양소장과 관련된 12괘는 해당하는 월月의 기준이 된다.

　동짓달(冬至, 음11월) 괘인 복復괘로부터 양陽이 차츰 성장해 가서 건乾(小滿, 음4월)괘에서 양이 극성해진다. 이렇게 양이 극성해지면 그 밑에서 다시 음이 생겨난다. 이것이 절기로는 하지夏至(음5월)이고 괘로는 구姤괘에 해당한다. 이로부터 음陰이 성장해 가서 곤坤(小雪, 음10월)괘에 이르면 음이 극성해지는 것이다.

　즉 양이 커나가면 음이 물러나고, 음이 커나가면 양이 물러나며, 양이 극성하면 어느 틈에 그 밑에서 음이 자라고, 음이 극성한가 하면 어느 샌가 양이 자라나는 음양 소장消長의 원리에 따라 변화한다. 결국은 한 번은 양의 세상이 되고, 한 번은 음의 세상이 되는 음양의 도道에 귀일하는 것이다.[14]

　주역은 건괘(䷀)와 곤괘(䷁)를 부모괘로 해서 64괘가 나오는데, 건괘와 곤괘를 포함한 12월괘(제후괘)가 중심이 되어서 다른 괘들이 파생되며 운행하는 구조로 되어 있다. 특히 12월괘는 양이 자라는 때인가 음이 자라는 때인가가 중요하기 때문에, 정응관계 보다는 '양의 편이냐, 음의 편이냐'를 더 중

---

[14] 송宋나라의 소강절선생은 그의 저서 『황극경세皇極經世』에서 양이 성장하는 과정을 선천先天으로 보고, 음이 성장하는 과정을 후천后天으로 보았다.

요하게 여긴다.

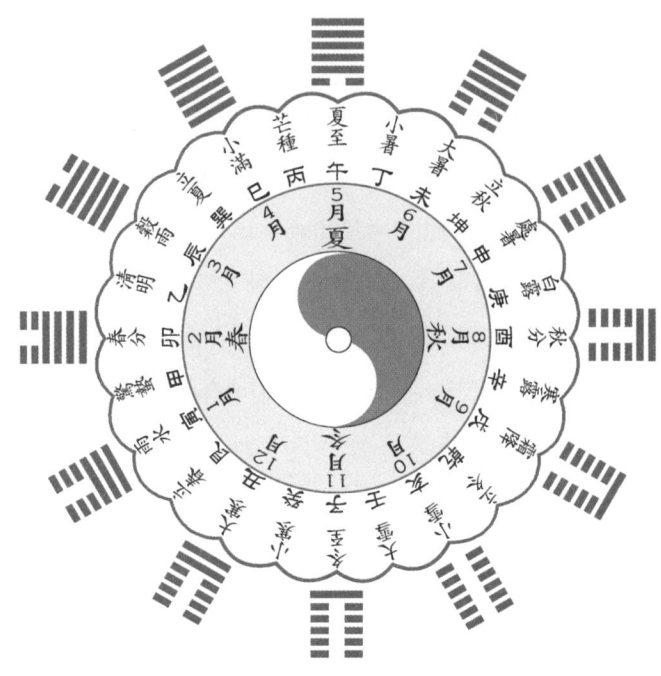

※ 12월괘 음양소장도陰陽消長圖와 24절기

〈양의 성장과정〉

復	臨	泰	大壯	夬	乾
11(子)月	12(丑)月	1(寅)月	2(卯)月	3(辰)月	4(巳)月

〈음의 성장과정〉

姤	遯	否	觀	剝	坤
5(午)月	6(未)月	7(申)月	8(酉)月	9(戌)月	10(亥)月

5. 역법曆法과 때의 변화

> 역易에서 밝힌 우주의 운행을 책력册曆으로 표시한 것이 역법이다. 일반적으로 역법은 12개월·1년 혹은 60년을 주기로 하는 등 짧은 시기의 계절과 기후변화를 설명한 것이고, 이를 우주의 생장소멸로 확대해서 본 것이 역으로 관찰하는 때의 변화이다. 하루에 낮과 밤이 있듯이 우주의 주기에도 낮과 밤이 있으며, 24절기와 사계절의 변화가 존재한다. 이러한 순환도 결국은 한 번은 양이 성행하고 한 번은 음이 성행하는 틀 속에 있는 것이다.

1) 계절과 기후

1년이 사시(춘하추동春夏秋冬)로 크게 나누어지는 것은, 양의에서 사상(四象)으로 분화하는 원리이고, 다시 8절(八節:동지冬至, 입춘立春, 춘분春分, 입하立夏, 하지夏至, 입추立秋, 추분秋分, 입동立冬)로써 기본 마디를 이루니, 이는 사상에서 8괘로 분화하는 것이다.

8절이 각기 3등분 되어 24기氣를 이룸은, 8괘가 각기 3효(爻)씩 총 24효로 이루어지는 원리이며, 24기 역시 각기 3등분 되어 72후(候)를 이룸은 음양이 소장하는 기본괘인 12괘가 총 72효로써 구성되는 원리이다.15

1년 360일(주천상수周天常數)은 4시·8절·24기·72후로 차츰 세분되므로, 각기 계절(季節)는 90일, 절은 45일, 기는 15일, 후는 5일 간격으로 배열된다. 역으로써 살피면 태극에서 양의兩儀가 나뉘어짐으로써 선천(봄.여름)과 후천(가을.겨울)이 생기고, 나아가 4상(사계절)과 8괘(8절)를 이루며, 8괘의 24효(24기)와 12월괘의 72효(72후)가 되는 이치이다.

---

15 음양이 소장하는 기본괘인 12괘 : 양이 처음 생하는 지뢰복괘로 부터 임·태·대장·쾌·건의 양이 성장하는 괘와, 음이 처음 생하는 천풍구괘로부터 돈·비·관·박·곤의 음이 성장하는 12괘를 말함.

2) 년월일시와 원회운세 元會運世

1년을 12월·360일·4,320시(360×12)로 나누어 볼 수 있는데, 이러한 개념을 우주가 태어나서 소멸하는 주기로 넓혀 볼 수 있다. 이러한 개념을 처음으로 체계화한 소강절선생은 우주의 생성소멸주기를 1원元으로 보고 이를 각기 12회會·360운運·4320세世로 나누어 조명하였다.

즉 1세는 30년이므로 4,320세는 129,600년이 된다. 이에 따라 계산하면, 1운은 360년이고, 1회는 10,800년이 된다.

역에서 말하는 선후천의 의미는 1원을 12지지로 표시한 후, 이를 삼등분하여 각기 43,200(4개 地支에 해당함)년으로 나누어 각기 선천·후천·휴지기로 보는 것이다. 즉 술회반戌會半으로부터 인회반寅會半까지는 천지 만물의 휴지기休止期로 삼고, 만물의 실제활동기간인 인회반寅會半으로부터 오회반午會半까지를 선천, 오회반午會半으로부터 술회반까지를 후천으로 보는 것이다.

이를 24절기로 본다면 상강霜降이후부터 우수雨水까지는 휴지기, 우수 이후로부터 하지夏至까지는 선천, 하지 이후로부터 상강까지는 후천이라 할 수 있다.

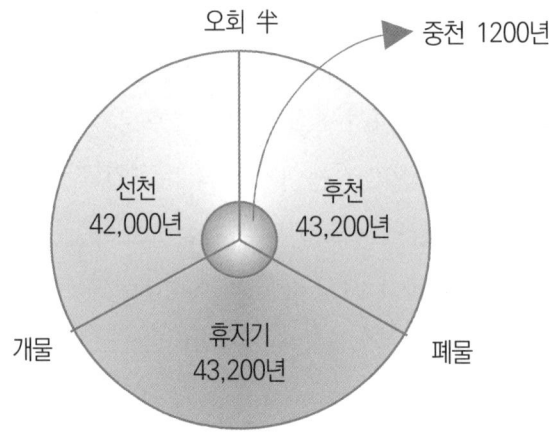

❖ 야산 선생의 선천·중천·후천

3) 태양력·태음력·제3의 역

해와 달의 운행 도수로써 주야晝夜와 한서寒暑의 변화를 밝혀 때를 아는 것이 역의 역할이며, 태양력과 태음력의 역법원리도 역의 이치를 바탕으로 한다.

태양력은 그 운행주기가 극히 정확하므로 시차가 거의 없어 사용하기 간편하다.16 그러나 현행 양력은 그 구성체계가 불합리한 점이 많고,17 정월正月인 1월이 실제적으로는 한 겨울에 속하여 계절 변화와 합치하지 못한다.

이에 비해 태음력은 조수간만의 때를 정확히 알 수 있고 농경 생활에 유용한 책력이나, 태양년에 비해 운행주기가 열흘 이상 차이가 생겨 시차가 크다.18 따라서 3년이나 5년 간격으로 불규칙적인 윤달閏月을 두어야 하는 번거로움이 있고, 계절순환주기와 잘 부합되지 못한다.

주역의 혁괘革卦 대상전에 "治歷明時(책력을 다스려 때를 밝힘)"라 하였고 혁괘 구삼효사에도 "革言三就(고친다는 말이 세번 나아감)"라 하여 더 나아갈 바가 없음을 설명하였으니, 이는 태양력과 태음력을 부모로 하여 후천의 때를 밝히는 제 3의 역曆이 나와야 한다고 생각한다.19

---

16 태양년은 대략 365.2422일, 지구가 태양을 한 바퀴 도는 공전 주기.

17 예를 들면 달마다 30일, 31일을 불규칙적으로 두고, 2월의 경우 평년엔 28일, 윤년엔 29일을 두는 것.

18 태음년. 지구를 달이 한 바퀴 도는 공전주기, 29.5일로써 1년이 평균 354.37일임. 태양력과 10.87일의 간격이 있다.

19 역의 이치로 볼 때 양은 실(기영氣盈)하고 음은 허하니(삭허朔虛), 해의 주천도수 보다 달의 주천도수가 부족하며, 양의 도를 음이 따르므로 양(日)은 음(月)의 근본이 된다.
이러한 원리로 야산也山선생이 태양의 공전주기를 체로 삼고, 음력의 60간지법을 병용하는 동시에 선천과 후천의 변혁기를 밝힌 「경원력」을 만들었으니 음미해 볼만 하다.

2장 | 도본

1. 고하도 古河圖

> 고하도라고 불리는 그림은 여러 종류이며, 천도를 나타낸 것이므로 대개가 둥글게 원을 이루고 있다. 위의 고하도 그림은 래구당來瞿唐이 지은 『주역집주周易集注』에서 따와 재편집한 것이다.

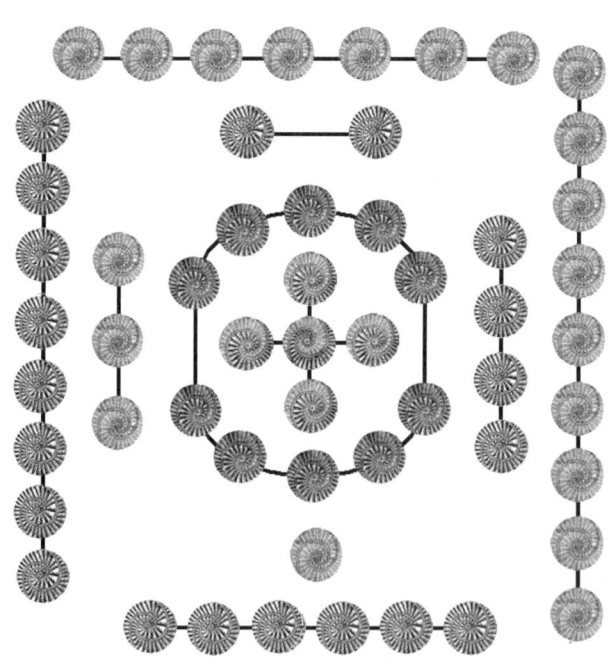

2. 하도의 선형旋形무늬

하도를 구성하고 있는 점은 색깔뿐만 아니라, 휘돌아치는 무늬도 다르다. 모두 다섯 종류의 무늬로 나누어지는데, 그 모양은 다음과 같다.

① 하도의 중앙에 다섯 점을 구성하고 있는 것 중에서도 한 가운데 있는 한 점의 무늬이다. ② 중앙에 다섯 점을 구성하고 있는 무늬 중에서 주변 네 점의 무늬이다. ③ 중앙에 10을 구성하고 있는 무늬로 검은색이다. ④ 중앙의 5와 10을 제외한 양의 무늬로 흰색이다. ⑤ 중앙의 5와 10을 제외한 음의 무늬로 검은색이다.

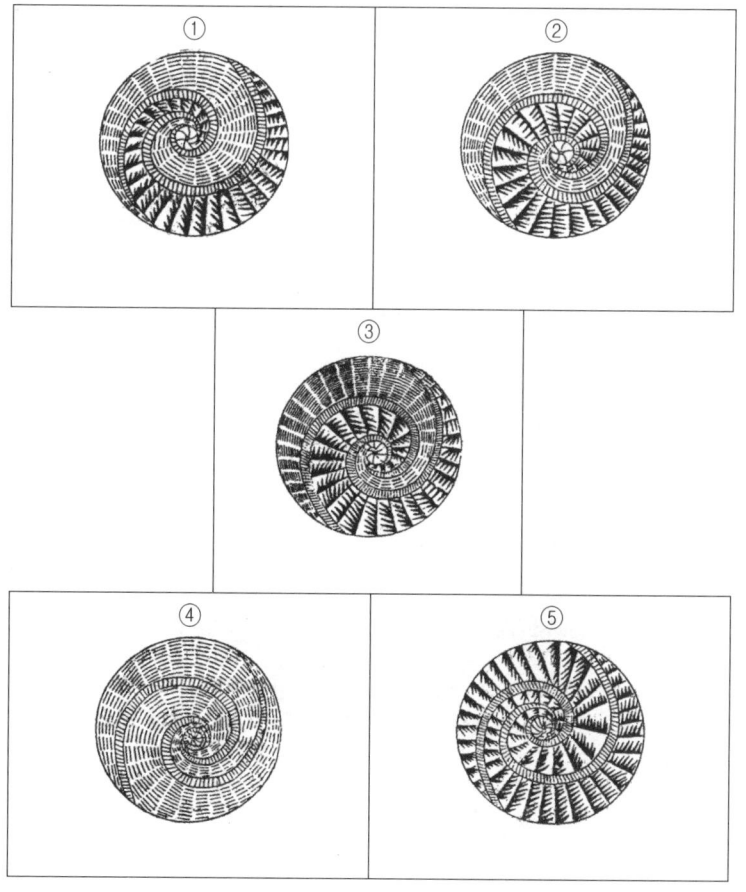

3. 태극하도 太極河圖

> 하도는 본체를 의미하므로 낙서와는 달리 8괘를 생성하는 원리가 담겨있다. 1·3·5·7·9는 양이 팽창하는 것이고, 10·8·6·4·2는 음이 응축하는 모습을 표상한다. 이러한 태극운동 속에 저절로 팔괘가 형상되니, 5·10토는 태극의 씨알(유극有極)이며, 건은 유극을 제외한 모든 부분이 양인 남방에, 태는 아래로 ⅔3부분이 양이고 위로 ⅓이 음인 동남방에, 진은 아래로 ⅓은 양이고 위로 ⅔는 음인 동북방에, 손은 아래로 ⅓은 음이고 위로 ⅔은 양인 서남방에, 간은 아래로 ⅔는 음이고 위로 ⅓은 양인 서북방에, 곤은 모든 부분이 음인 북방에 배당된다. 음양이 각각 반인 동과 서에서, 동은 양이 커나가는 방소이므로 리가 배당되고, 서는 음이 성해나가는 방소이므로 감이 배당된다. 현재 쓰이고 있는 태극은 용이므로 윗 그림과는 운동방향이 반대이다.

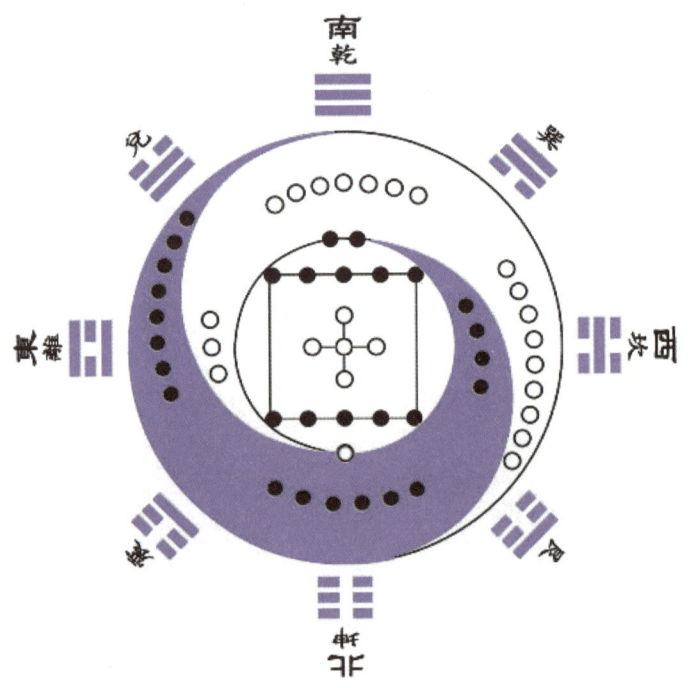

4. 대성태극하도 大成太極河圖

> 태극하도의 8방에는 각기 해당하는 소성괘가 주관하고 있다. 일정팔회법에 의해서 소성괘 위에 8개의 소성괘가 배열되어 64괘가 나오듯이, 위의 그림과 같이 태극하도 위에 여덟개의 태극하도가 그려지면 복희육십사괘가 형상되어지는 것이다.

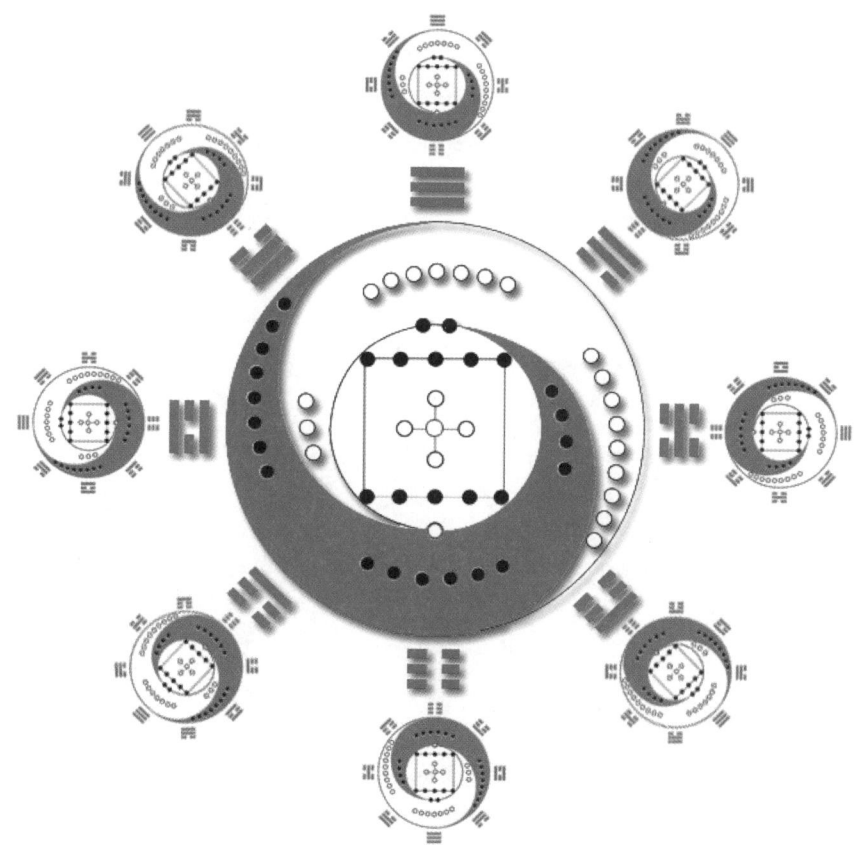

5. 고낙서 古洛書

> 낙수에 나타난 신령스런 거북이(신구神龜)의 등에 45개의 점으로 된 무늬가 있었는데, 하우씨夏禹氏가 이 무늬에서 오행이 상극하며 조절하는 작용을 깨우쳐 9년 홍수를 다스릴 수 있었다고 전한다.
>
> 안이 밖을 생성하는 관계로 구성된 하도와는 달리, 낙서는 5를 중심으로 양은 좌선하고 음은 우선하며 운행한다. 즉 양은 3배법으로 운행하니, 북에 있는 1에서 동의 3(1×3)으로 나아가고, 3에서 남의 9(3×3)로 나아가며, 9에서 서의 7로 나아가며(9×3=27→7), 7에서 북의 1(27×3=81→1)로 나아가는 순환을 반복한다.
>
> 음은 2배법으로 운행하니, 서남인 2에서 동남인 4(2×2)로, 4에서 동북인 8(4×2)로, 8에서 서북인 6(8×2=16→6)으로, 6에서 다시 서남인 2(6×2=32→2)로 운행하며 순환한다.

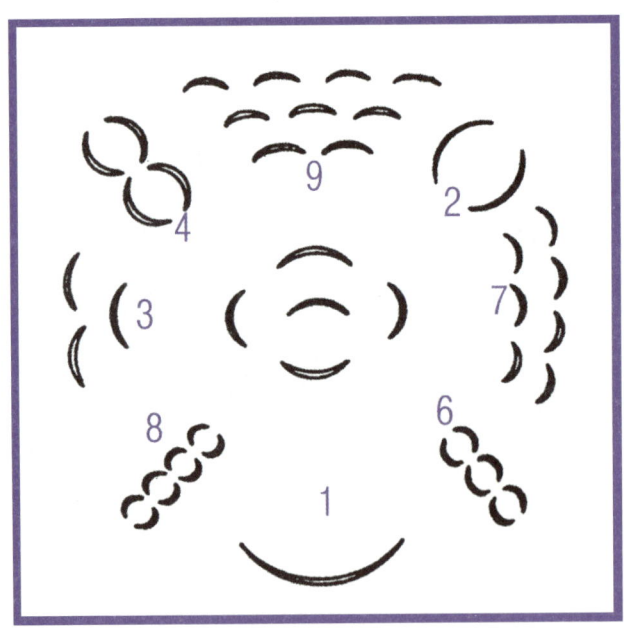

6. 대성낙서 大成洛書

위의 그림은 9궁으로 되어 있는 낙서를 81궁으로 확장한 것으로, 이름을 대성낙서大成洛書라고 지었다. 한자로 쓴 1에서 9까지의 숫자는 낙서에 있는 순서이다(왼쪽 위에 있는 낙서 참조). 낙서는 일생삼법一生三法에 의해서 돌아가므로, 아홉 개의 수로 1주기를 이룬다.

위의 도면은 81(9×9)개의 궁을 9개 부문으로 똑같이 나눈 후, 낙서의 순서대로 1부터 81의 숫자를 배열한 것이다. 즉 1부터 9까지는 1주기로 낙서의 1에 해당하는 부분에 낙서의 순서대로 배열한다(한자). 10부터 18까지의 수는 2주기로, 낙서의 2에 해당하는 부분에 역시 낙서의 순서대로 배열한다.

19~27, 28~36, 37~45, 46~54, 55~63, 64~72, 73~81까지가 각기 3·4·5·6·7·8·9주기로, 앞의 방법대로 차례대로 배열한다. 낙서의 합은 종횡으로 15이고 대성낙서의 합은 종횡으로 369가 되므로, 이 둘이 합하면 384가 되어 64괘 384효와 일치한다(9개 부문별 합은 왼쪽 아래의 도표 참조).

四	九	二
三	五	七
八	一	六

120	135	114
117	123	129
132	111	126

31	76	13	36	81	18	29	74	11
22	40	58	27	45	63	20	38	56
67	四	49	72	九	54	65	二	47
30	75	12	32	77	14	34	79	16
21	39	57	23	41	59	25	43	61
66	三	48	68	五	50	70	七	52
35	80	17	28	73	10	33	78	15
26	44	62	19	37	55	24	42	60
71	八	53	64	一	46	69	六	51

7. 삼태극도 三太極圖

> 아래의 삼태극도는 원래 적색·황색·청색의 세 색으로 되어 있는 것이나, 여기서는 단색으로 표현되었다. 적색은 양으로 하늘을, 황색은 중中으로 인간을, 청색은 음으로 땅을 각기 나타낸다. 우주 안에 천지인 삼재三才가 병립하고 있는 상으로, 모든 만물이 이 셋을 기본단위로 이루어졌음을 상징한다. 이 삼태극도는 상징하는 것만큼이나 신비해서, 평면의 그림안에서 조차도 생명력을 3배 정도 증가시키는 힘을 가지고 있다. 물론 회전방향과 배색을 달리 함에 따라 차이는 있다.

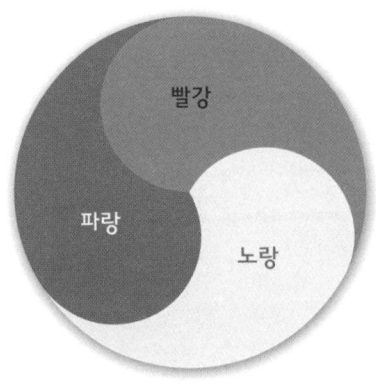

좌선 삼태극 : 팽창발산하며 점점 커지고 힘도 세진다. 주로 사람이 많이 출입하는 대문에 그려서 출입하는 사람에게 기운을 주도록 한다.

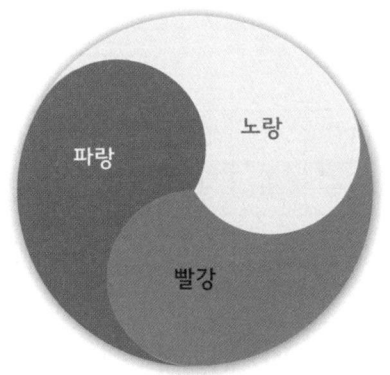

우선 삼태극 : 응축수렴 작용을 하며 안으로 기운을 모은다. 주로 사당 등 조용히 할 곳에 그려서 분위기를 엄숙하게 한다. 색깔도 빨강 노랑 파랑의 색을 무채색 같이 만들어 쓴다.

8. 복희伏羲 64괘卦 방원도方圓圖

> 복희씨의 64괘가 전개되는 과정은 일생이법에 의하여, 태극으로부터 양의·사상·팔괘로 삼변하여 이루어진 복희팔괘를, 일정팔회법에 의해 거듭함으로써 완성된다. 밖의 원도는 상하(남북)의 정점에 건괘(☰)와 곤괘(☷)를 놓아 체를 세우고, 복괘(☳)로부터 건괘(☰)까지 좌측은 양이 자라는 것을, 구괘(☴)로부터 곤괘(☷)까지 우측은 음이 자라는 음양의 소장원리로 괘가 놓였으며 서로 마주보는 괘끼리 배합관계로 이루어졌다. 안의 방도는 서북과 동남에 각기 건괘(☰)와 곤괘(☷)를 놓고 중간에 복괘(☳)와 구괘(☴)를 놓아 역시 음양이 소장하는 원리를 밝혔다.
>
> 하늘은 둥글고 동적이며 땅은 모나고 정적이므로, 원도는 하늘을 방도는 땅을 상징한다.

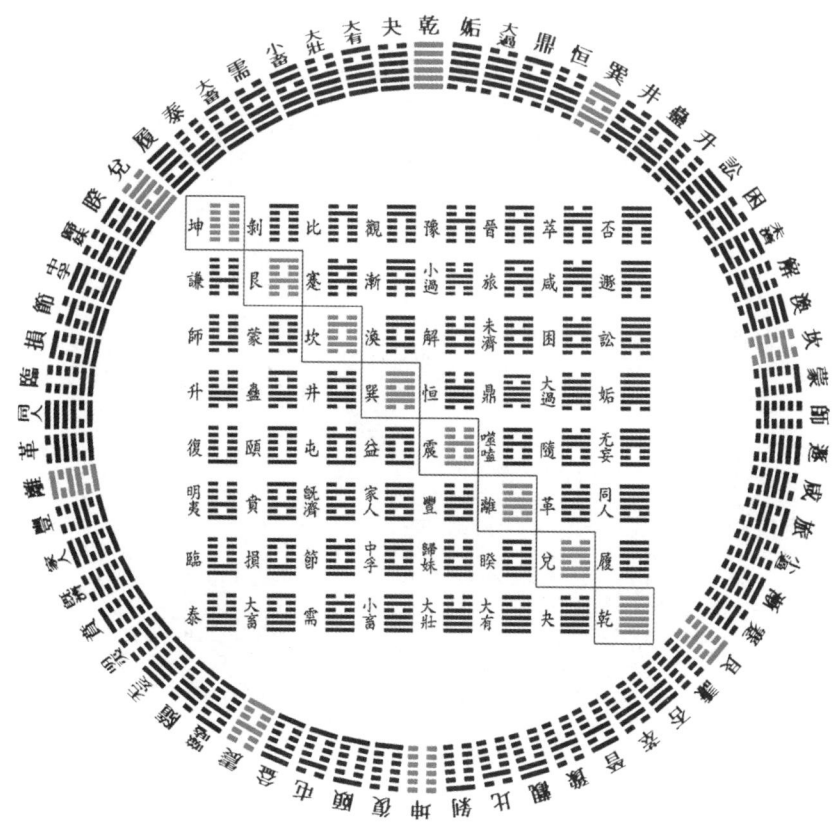

9. 일정팔회도―貞八悔圖

> 복희 64괘의 생성원리이자, 대성괘의 생성원리이다. 위의 그림과 같이 건(☰)을 밑에 두고 8괘를 차례로 배열하면, 건乾·쾌夬·대장大壯·소축小畜·수需·대축大畜·태泰괘의 여덟 괘가 나오고, 태(☱)를 밑에 두고 8괘를 차례로 배열하면 리履·태兌·규睽·귀매歸妹·중부中孚·절節·손損·임臨괘의 여덟 괘가 나온다.
>
> 이러한 방법으로 여덟 번 반복하여 64괘를 얻는 방법을 일정팔회라고 한다. 즉 기본이 되는 아랫괘는 그대로 있고(일정―貞), 위에만 여덟번을 바꾸어(팔회八悔) 64괘(8×8=64)를 이루는 것이다.

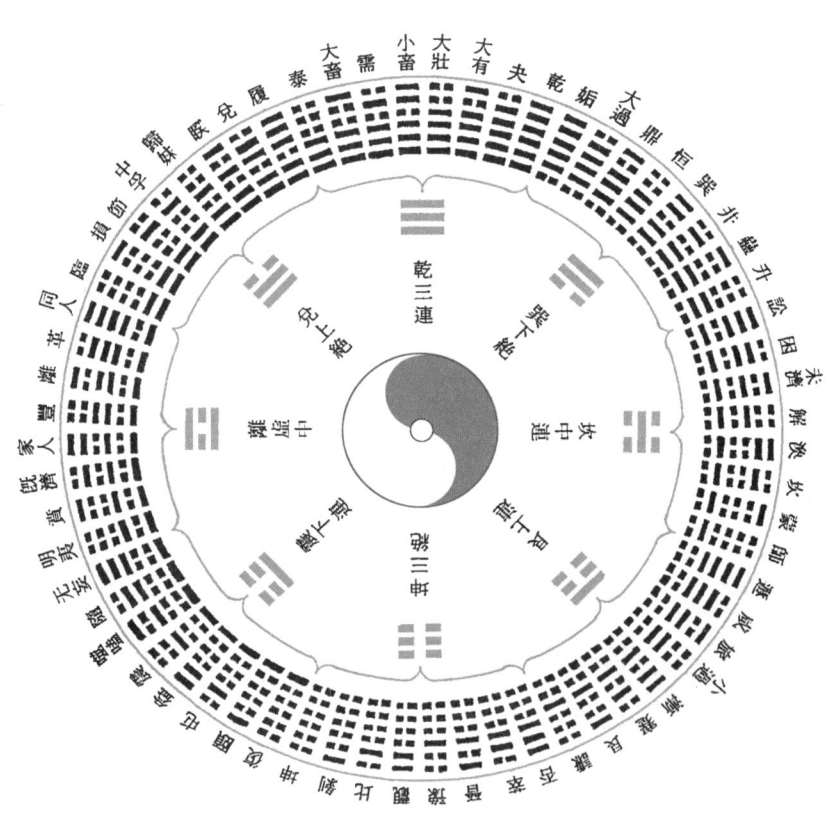

10. 36궁도宮圖

> 64괘는 모두 8개의 부도전괘(건乾·곤坤·이頤·대과大過·감坎·리離·중부中孚·소과小過)와 28개의 도전괘(56괘는 두 괘씩 서로 도전관계이므로, 실제로는 28괘이다)로 표현할 수 있다. 위의 그림은 후천팔괘방위에 의해 부도전괘를 배열하고(부도전괘의 내괘가 후천팔괘방위와 합치됨), 밖으로 주역의 순서에 따라 28개의 도전괘를 베풀어 놓았다. 이는 북극성을 중심으로 28수宿가 자리하고, 이를 7정(七政)이 운행하는 상이다.

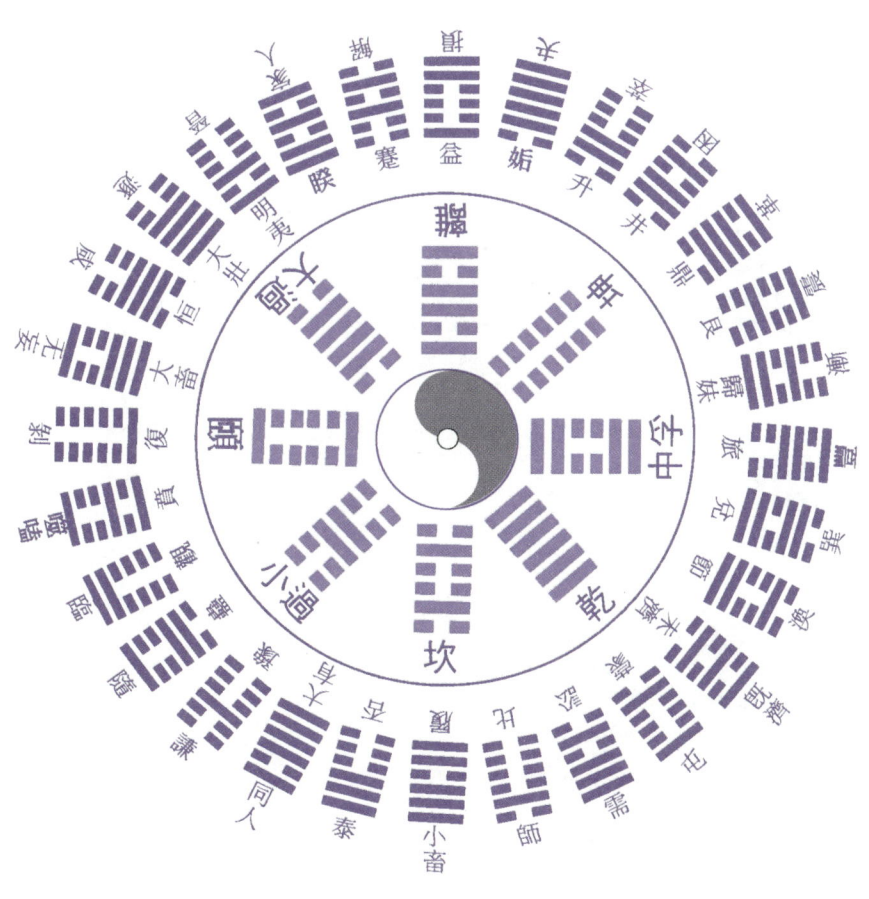

11. 24절기방위도 節氣方位圖

위의 그림은 24방위에 1년의 24절기 및 12월, 그리고 12월괘를 배당한 것이다. 복괘(☷☳)는 양이 처음 나오는 때이므로 자월(子月, 음 11월)이며, 절기로는 동지에 해당한다. 임괘(☷☱)는 양이 조금 더 자란 때이므로 축월(丑月, 음 12월)이며 절기로는 대한이다. 이하 나머지 괘도 같은 방법으로 본다. 방위를 24방위로 세분할 때는, 12지지와 10간(무기戊己는 제외), 그리고 후천팔괘방위상의 건乾·곤坤·손巽·간艮을 사용한다.

※ 예를 들어 복괘는 자방(子方, 북방)이고, 손방巽方은 동남방이다.

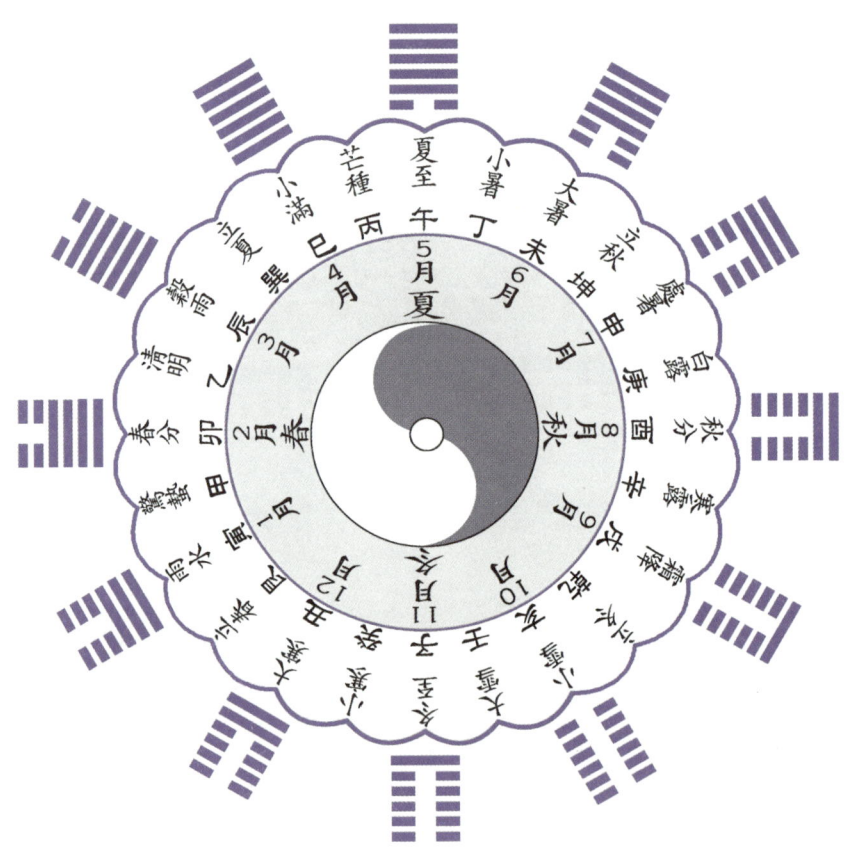

12. 호괘원도互卦圓圖

여섯 효로 이루어진 괘에서 이·삼·사·오효를 중간에 있다고 해서 中爻라고 하는데, 이 중효가 괘의 성격을 좌우한다. 64괘에서 중효로 이루어지는 호괘는 16괘이며, 이 16괘는 다시 건·곤·기제·미제의 4괘로 귀결된다. 이는 64괘의 본체가 사상四象이라는 것을 의미하는 말로, 노양(⚌)을 세 번 반복하면 건(☰)이 되고, 노음(⚏)을 세 번 반복하면 곤괘(☷)가 되며, 소음(⚍)을 세 번 반복하면 기제괘(䷾)이고, 소양(⚎)을 세 번 반복하면 미제괘(䷿)가 된다.

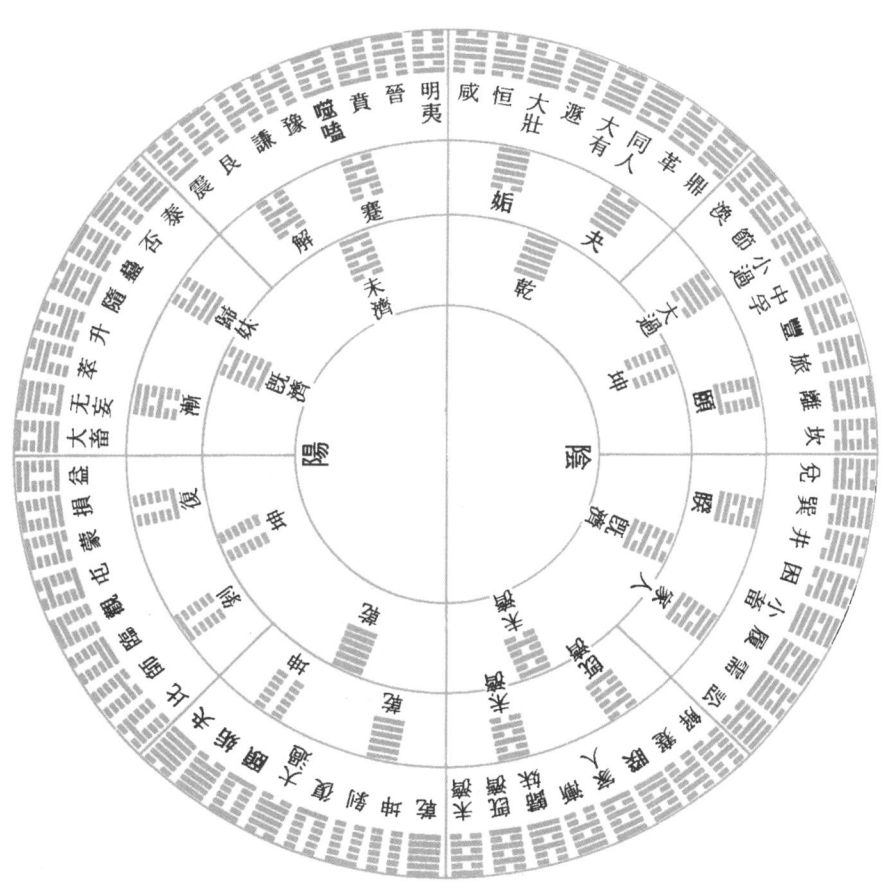

13. 64괘 차서도 - 주역책의 괘명순으로

|괘순
괘명| 가장 보편적으로 쓰는 순서로 주역책은 모두 이 순서대로 되어 있으므로 외워 두어야 찾기 편리하다. 외울 때는 괘명만 넷씩 끊어 '건곤둔몽 수송사비 소축리태비…' 순으로 외우고, 다 외운 후에는 '중천건 중지곤 수뢰둔 산수몽…'처럼 괘명 앞에 괘상을 붙여 외운다.

1 건乾	2 곤坤	3 둔屯	4 몽蒙	5 수需	6 송訟	7 사師	8 비比
9 소축小畜	10 리履	11 태泰	12 비否	13 동인同人	14 대유大有	15 겸謙	16 예豫
17 수隨	18 고蠱	19 림臨	20 관觀	21 서합噬嗑	22 비賁	23 박剝	24 복復
25 무망无妄	26 대축大畜	27 이頤	28 대과大過	29 감坎	30 리離	31 함咸	32 항恒
33 돈遯	34 대장大壯	35 진晉	36 명이明夷	37 가인家人	38 규睽	39 건蹇	40 해解
41 손損	42 익益	43 쾌夬	44 구姤	45 취萃	46 승升	47 곤困	48 정井
49 혁革	50 정鼎	51 진震	52 간艮	53 점漸	54 귀매歸妹	55 풍豐	56 려旅
57 손巽	58 태兌	59 환渙	60 절節	61 중부中孚	62 소과小過	63 기제旣濟	64 미제未濟

14. 64괘 차서도 - 선천팔괘 생성순으로

괘	괘순
	괘명

상괘와 하괘를 찾아 64괘를 찾을 때 사용한다.
상괘가 리(☲)이고 하괘가 건(☰)이면 14번째 괘인 화천대유괘가 된다. 만약 상괘 손(☴)이고 하괘가 진(☳)이면 42번째괘인 풍뢰익괘가 된다.

상괘 하괘	건/天	태/澤	리/火	진/雷	손/風	감/水	간/山	곤/地
건天	1 건乾	43 쾌夬	14 대유大有	34 대장大壯	9 소축小畜	5 수需	26 대축大畜	11 태泰
태澤	10 리履	58 태兌	38 규睽	54 귀매歸妹	61 중부中孚	60 절節	41 손損	19 림臨
리火	13 동인同人	49 혁革	30 리離	55 풍豐	37 가인家人	63 기제旣濟	22 비賁	36 명이明夷
진雷	25 무망无妄	17 수隨	21 서합噬嗑	51 진震	42 익益	3 둔屯	27 이頤	24 복復
손風	44 구姤	28 대과大過	50 정鼎	32 항恒	57 손巽	48 정井	18 고蠱	46 승升
감水	6 송訟	47 곤困	64 미제未濟	40 해解	59 환渙	29 감坎	4 몽蒙	7 사師
간山	33 돈遯	31 함咸	56 려旅	62 소과小過	53 점漸	39 건蹇	52 간艮	15 겸謙
곤地	12 비否	45 취萃	35 진晉	16 예豫	20 관觀	8 비比	23 박剝	2 곤坤

15. 64괘 차서도 - 팔궁괘차도

육효점을 칠 때 사용한다. 팔순괘는 모두 상효가 세효가 되며, 초효로 내려와 순서대로 5효까지 올라간 후 유혼괘는 사효, 귀혼괘는 삼효가 세효가 된다. 세효가 양효인 경우 자子월에서 시작해서 세효까지 세고, 음효인 경우는 오午월에서 시작해서 세효까지 센다.

예) 중천건괘는 팔순괘라서 세효가 상효에 있는데 양효이다. 초효를 자로 시작해서, 이효 축, 삼효 인, 사효 묘, 오효 진, 상효 사로 끝나므로 사월이 된다.

本宮	八純卦	一世 1변	二世 2변	三世 3변	四世 4변	五世 5변	遊魂 6변	歸魂 7변
金	1 乾 4월	44 姤 5월	33 遯 6월	12 否 7월	20 觀 8월	23 剝 9월	35 晉 2월	14 大有 1월
金	58 兌 10월	47 困 5월	45 萃 6월	31 咸 1월	39 蹇 8월	15 謙 9월	62 小過 2월	54 歸妹 7월
火	30 離 4월	56 旅 5월	50 鼎 12월	64 未濟 7월	4 蒙 8월	59 渙 3월	6 訟 2월	13 同人 1월
木	51 震 10월	16 豫 5월	40 解 12월	32 恒 1월	46 升 8월	48 井 3월	28 大過 2월	17 隨 7월
木	57 巽 4월	9 小畜 11월	37 家人 6월	42 益 7월	25 无妄 2월	21 噬嗑 9월	27 頤 8월	18 蠱 1월
水	29 坎 10월	60 節 11월	3 屯 6월	63 旣濟 1월	49 革 2월	55 豊 9월	36 明夷 8월	7 師 7월
土	52 艮 4월	22 賁 11월	26 大畜 12월	41 損 7월	38 睽 2월	10 履 3월	61 中孚 8월	53 漸 1월
土	2 坤 10월	24 復 11월	19 臨 12월	11 泰 1월	34 大壯 2월	43 夬 3월	5 需 8월	8 比 7월

16. 찾아보기

- 10신의 상생　　　　　　　　　243
- 12분야설十二分野說　　　　　 52
- 12월괘　　　　　　　　　　　307
- 12율려(律呂)의 상생법　　　　 52
- 24절기방위도　　　　　　　　322
- 2효에 中　　　　　　　　　　296
- 360상수　　　　　　　　　　 304
- 36궁도　　　　　　　　　　　321
- 5효에 中　　　　　　　　　　296
- 60간지의 오행배속　　　　　　255
- 64괘 차서도-선천팔괘 생성순　325
- 64괘 차서도-주역책의 괘명순　324
- 64괘 차서도-팔궁괘차도　　　326

ㄱ

- 각 효의 의미　　　　　　　　111
- 간艮　　　　　　　　　　　　 83
- 간상련艮上連　　　　　　　　 83
- 간이簡易　　　　　　　　　　 25
- 간지干支　　　　　　　　　　253
- 간지의 오행배속　　　　　　　255
- 감坎　　　　　　　　　　　　 82
- 감중련坎中連　　　　　　　　 83
- 갑골문甲骨文　　　　　　　　 24
- 갑자표　　　　　　　　　　　254
- 건乾　　　　　　　　　　　　 78
- 건문언전(乾文言傳)　　　　　 171
- 건삼련乾三連　　　　　　　　 78
- 건원형이정乾元亨利貞　　　　216
- 건책수와 곤책수　　　　304~306

- 경經과 전傳　　　　　　　　 159
- 경도잡지:京都雜志　　　　　　 53
- 경락설　　　　　　　　　　　 52
- 경문　　　　　　　　　　　　169
- 경문해석에 필요한 용어　　　 215
- 경방京房　　　　　　　　 50,302
- 경방의 효진설爻辰說　　　　　 50
- 계사상전繫辭上傳　　　　　　171
- 계사전·설괘전·서괘전·잡괘전　187
- 계사하전繫辭下傳　　　　　　172
- 고낙서古洛書　　　　　　　　316
- 고려사:高麗史　　　　　　　　 54
- 고하도古河圖　　　　　　262,312
- 곤坤　　　　　　　　　　　　 84
- 곤문언전坤文言傳　　　　　　171
- 곤삼절坤三絶　　　　　　　　 84
- 곤책수坤策數　　　　　　304~306
- 공자세가:孔子世家　　　　　　170
- 괘 기운의 쇠왕(卦氣衰旺)　　 252
- 괘기卦氣　　　　　　　　　　 50
- 괘를 해석함　　　　　　　　 113
- 괘변설卦變說　　　　　　　　 50
- 괘사卦辭　　　　　　40,169,175,181
- 괘사와 효사를 지음　　　　　 40
- 괘에 따른 경문의 구성체계　　165
- 괘와의 관계　　　　　　　　 115
- 교역交易　　　　　　　　　　 25
- 구九와 육六　　　　　　　　 219
- 군자君子　　　　　　　　　 2225
- 귀장역　　　　　　　　　　　 20
- 금金　　　　　　　　　　　 238
- 금생수金生水　　　　　　　　242
- 길무구吉无咎　　　　　　　　226
- 길무불리吉无不利　　　　　　226

- 길흉·회린·이해 222
- 김경방金景芳 302

ㄴ

- 낙서洛書 278
- 낙서의 수리 279
- 낙서의 수배열 279
- 낙서의 오행 284
- 노양책수 304, 305
- 노양책편수와 노음책편수 306

ㄷ

- 단경彖經 169
- 단전彖傳 165, 171, 176
- 대상전大象傳 182, 186
- 대성괘 읽는 법 107
- 대성괘 98, 168
- 대성괘의 주효 155
- 대성낙서大成洛書 317
- 대성태극하도大成太極河圖 315
- 대연수 301
- 대인大人 224
- 도전괘 140, 142
- 동국세시기 53
- 동극:洞極 54
- 동動과 정靜의 의미 221

ㄹ

- 라이프니쯔 52
- 리離 80

ㅁ

- 마융馬融 302
- 마의상서:麻衣相書 192
- 멸蔑과 멸滅 230
- 명리정종 192
- 명협蓂莢 197
- 목木 228
- 목생화木生火 241
- 巫(무당 무) 191
- 무불리无不利 226
- 문언전文言傳 178, 183
- 후천팔괘 방위도 75

ㅂ

- 방도·직도·원도 98
- 배합괘·도전괘·착종괘 138
- 백이와 숙제 42
- 변역變易 25
- 변화의 책:Book of Changes 27
- 복卜과 점占 191
- 복서정종:卜筮正宗 192
- 복희64괘 방원도 319
- 복희씨 37
- 복희여와도 37
- 복희육십사괘방위도 102
- 복희팔괘방위도 74
- 본괘·지괘·호괘 116
- 본주本註 174, 181, 185
- 부孚와 신信 228
- 분서갱유焚書坑儒 47
- 불역不易 25
- 블랙홀 61
- 비간 기자 미자 40
- 비比 152
- 비직費直 50

ㅅ

- 사구평대 48
- 사상에서 팔괘로 분화됨 69
- 사상의학 52
- 사상책수 303
- 사진뢰四震雷 81
- 삼리화三離火 80
- 삼역三易 20
- 삼재三才 16
- 삼천양지參天兩地 64
- 삼태극 318
- 상극의 응용 245
- 상생의 응용 243
- 상서:尙書 34
- 상수역象數易 50, 235
- 상전象傳 177
- 서경書經 44
- 서괘 18절도 104
- 서괘전 172
- 서적의 복원작업 48
- 석척설蜥蜴說 24
- 선왕·대인·후·상·군자 224
- 선왕先王 224
- 선천팔괘에서 후천팔괘로 286
- 說(열 또는 설) 231
- 설괘전說卦傳 172
- 설시법과 용어 189
- 설시揲蓍 196, 199
- 소성괘의 주효 154
- 소양책편수와 소음책편수 306
- 손巽 82
- 손하절巽下絶 82
- 수생목水生木 242
- 수水 239
- 순상荀爽 50, 302
- 술이부작述而不作 45
- 승乘과 승承 229
- 시경:詩經 29, 33
- 시초蓍草 192, 197
- 십익十翼 45, 170

ㅇ

- 안연顔淵 33
- 야也 227
- 양괘陽卦 75
- 양은 좌선 280
- 양의 팽창발산 281
- 양의에서 사상으로 분화됨 67
- 양혜왕 32
- 언정蝘蜓 24
- 여조겸呂祖謙 166
- 역과 역경 27
- 역법曆法과 때의 변화 309
- 역易의 뜻 11, 23
- 「역易」자를 택한 이유 23
- 연산역과 귀장역 20
- 영자팔법도永字八法圖 52
- 오손풍五巽風 82
- 오운육기설 52
- 오행과 간지 233
- 오행과 신체 247, 248
- 오행과 오장육부 250
- 오행과 태아 248
- 오행대의 249
- 오행의 상극相克 244, 285
- 오행의 상생相生 240
- 오행의 상생순서도 240
- 오행이란 235
- 오회중천시대:午會中天時代 45
- 왕往 229
- 용구用九와 용육用六 220

- 용마 261
- 우번虞翻 50
- 우탁禹倬 54
- 원도 101
- 원형이정 215~217
- 원회운세元會運世 310
- 육감수六坎水 83
- 음괘陰卦 77
- 음양의 상대성 293
- 음양효 승강설 50
- 음의 응축수렴 281
- 이사李斯 47
- 이섭대천利涉大川 231
- 이야산李也山 61
- 이以와 용用 227
- 이정李靖의 고허조점 52
- 이천역전:伊川易傳 51
- 이태택二兌澤 79
- 이해利害 223
- 이허중離虛中 80
- 일건천一乾天 78
- 일생이법一生二法 66
- 일월설日月說 23
- 일정팔회一貞八悔圖 23, 320

ㅈ

- 자미원紫微垣 52
- 잡괘전雜卦傳 172
- 재災와 생眚 226
- 점은 판결하는 것이다 196
- 정正 144
- 정征 229
- 정자와 주자의 역 51
- 정현鄭玄 302
- 제갈량諸葛亮의 팔괘진八卦陣 52

- 조열지晁說之 166
- 종길終吉과 종흉終凶 228
- 주공이 384효사를 지음 44
- 주나라의 건국과 홍범 43
- 주역 64괘의 순서 체계 161
- 주역과 점 191
- 주역본의:周易本義 51
- 주역분야설周易分野說 51
- 주역 열개의 날개(十翼) 45
- 주역에서의 중에 대한 용례 296
- 주역은 모든 학문의 모체가 됨 52
- 주역은 점서인가? 192
- 주역의 구성 157, 159
- 주역의 생성역사 36
- 주역전의대전周易傳義大全 51
- 주역책 보는 법 167
- 주왕의 폭정 40
- 주자식 점해석방법 204
- 주자朱子 302
- 주효主爻 154
- 중과 정 142
- 중中·정正·응應·비比 142
- 지괘之卦 133
- 지재내야志在內也 228
- 지재외야志在外也 228
- 지지地支의 오행배속 256
- 직도 100
- 진시황에 대비한 공자 46
- 진시황의 분서갱유焚書坑儒 47
- 진震 81
- 진하련震下連 81

ㅊ

- 착종괘 141
- 책수策數 303

- ◆ 척전법擲錢法 212
- ◆ 천간天干의 오행배속 255
- ◆ 천부경:天符經 54
- ◆ 천역天易·서역書易·인역人易 20
- ◆ 체와 용을 판별 204
- ◆ 초씨역림焦氏易林 50, 208
- ◆ 초연수焦延壽 50
- ◆ 칠간산七艮山 83

ㅌ

- ◆ 태극 79
- ◆ 태극과 음양 62
- ◆ 태극방위 60
- ◆ 태극에서 양의兩儀로 분화됨 66
- ◆ 태극의 뜻 60
- ◆ 태극하도太極河圖 268
- ◆ 태극하도는 음양운동의 표현이다 268
- ◆ 태극하도에서의 복희육십사괘 274
- ◆ 태극하도에서의 사상 271
- ◆ 태극하도에서의 소성괘 272
- ◆ 태극하도에서의 양의 270
- ◆ 태극하도와 오행 274
- ◆ 태극하도의 음양운동 270
- ◆ 태상절兌上絶 79
- ◆ 태양력·태음력·제3의 역 311
- ◆ 태현경:太玄經 54
- ◆ 토생금土生金 241
- ◆ 토土 237

ㅍ

- ◆ 팔곤지八坤地 84
- ◆ 팔괘를 오행에 배속 246
- ◆ 팔괘의 생성순서 66
- ◆ 팔괘의 요약 78, 85
- ◆ 팔괘八卦 33, 63

ㅎ

- ◆ 하도 261
- ◆ 하도수와 음양 오행 팔괘 276
- ◆ 하도와 낙서 259
- ◆ 하도와 설시법 279
- ◆ 하도의 다섯 종류 262
- ◆ 하도의 선형旋形무늬 313
- ◆ 하도의 수리數理 263
- ◆ 한 번 음하고 한 번 양함 74
- ◆ 한단고기 37, 53
- ◆ 호괘원도互卦圓圖 323
- ◆ 호괘互卦 135, 136
- ◆ 홍범구주 44, 279
- ◆ 화火 236
- ◆ 화생토火生土 241
- ◆ 화주림법火珠林法 50
- ◆ 환역桓易 53
- ◆ 황극경세:皇極經世 43, 285
- ◆ 회린悔吝 222
- ◆ 효사 169
- ◆ 효의 명칭 109
- ◆ 효의 지위와 양효 음효 156
- ◆ 효의 판별법 및 표시법 202
- ◆ 후천팔괘와 낙서 289
- ◆ 후后와 상上 224

참고문헌

◇ 『大山周易講解』, 『周易傳義大全譯解』, 『미래를 여는 周易』,
　『大山周易占解』 金碩鎭著, 대유학당刊.
◇ 『오행대의』, 金秀吉 尹相喆 共譯, 대유학당刊.
◇ 『매화역수』, 金秀吉 尹相喆 共編譯, 대유학당刊.
◇ 『周易正解, 河洛衍義』 崔碩基著, 白山資料院刊
◇ 白山學報, 37호 『天符經과 檀奇兩朝의 고찰, 崔碩基』 白山學會刊
◇ 『易經來註圖解』 來知德著, 巴蜀書社編輯部編, 巴蜀書社刊
◇ 『易本義附錄纂註』 胡一桂著, 흠정사고전서 經部 16책
◇ 『周易辭典』 呂紹綱 主編, 吉林大學出版社刊
◇ 『同人, 8호學易雜記, 張俸赫』 洪易學會刊
◇ 『三才圖會』 王圻, 王思義편집, 上海古籍出版社刊
◇ 『甲骨文字典』 徐中舒主編, 四川辭書出版社刊
◇ 『周易이란 무엇인가』 다카다 아쓰시著, 李基東譯, 여강출판사刊
◇ 『한국 민속대사전』 한국 민속사전편찬위원회 민족문화사刊
◇ 『주역연구』 I.K. 슈츠스키著, 오진탁 옮김, 흔겨레刊
◇ 『음양오행이란 무엇인가?』 謝松齡著 김홍경·신하령共譯, 연암출판사刊
◇ 『註解 桓檀古記』 金殷洙著, 기린원刊

대유학당 출판물 안내

자세한 사항은 대유학당으로 문의해 주십시오.
전화 : 02-2249-5630/ 010-9727-5630
입금계좌 : 국민은행 805901-04-370471   예금주 (주) 대유학당
블로그 https://blog.naver.com/daeyoudang   서적구입 : www.daeyou.or.kr

분류	제목	저자	가격
주역	▸ 주역입문(2024 개정)	윤상철 지음	20,000원
	▸ 대산주역강의(전3권)	김석진 지음	90,000원
	▸ 주역전의대전역해(상/하)	김석진 번역	90,000원
	▸ 주역인해	김수길·윤상철 번역	20,000원
	▸ 시의적절 주역이야기	윤상철 지음	15,000원
	▸ 대산석과(대산의 주역인생 60년)	김석진 지음	20,000원
	▸ 우리의 미래(대산선생이 바라본)	김석진 지음	10,000원
주역 활용	▸ 황극경세(전5권) 2011년 개정	윤상철 번역	200,000원
	▸ 초씨역림(상/하) 2017년 신간	윤상철 번역	180,000원
	▸ 하락리수(전3권) 2009개정	김수길·윤상철 번역	90,000원
	▸ 하락리수 전문가용 CD	윤상철 총괄	550,000원
	▸ 대산주역점해	김석진 지음	35,000원
	▸ 매화역수	김수길·윤상철 번역	25,000원
	▸ 팔자의 시크릿	윤상철 지음	16,000원
	▸ 육효 증산복역(전2권)	김선호 지음	40,000원
음양 오행학	▸ 오행대의(전2권)	김수길·윤상철 번역	44,000원
	▸ 운명, 사실은 나도 그게 궁금했어	윤여진 지음	20,000원
	▸ 어디 역학공부 좀 해 볼까?	이연실 지음	20,000원
	▸ 쉽게 시작하는 사주명리	손서후 지음	45,000원
	▸ 박창원의 구성학 강의	박창원·이연실 지음	30,000원
	▸ 천문류초(전정판)	김수길·윤상철 번역	30,000원
	▸ 천상열차분야지도 그 비밀을 밝히다	윤상철 지음	25,000원
	▸ 태을천문도(2008 개정판)	윤상철 총괄	100,000원
	▸ 연해자평(번역본)	오청식 번역	50,000원
	▸ 작명연의	최인영 편저	25,000원

	▸ 관상학사전	박중환 편저	50,000원
	▸ 2023~2025택일민력	최인영 지음	17,000원
	▸ 자연풍수입문	정완수 지음	20,000원
불교 미학	▸ 마음이 평안해지는 천수경	윤상철 편저	10,000원
	▸ 마음의 달(전2권)	만행스님 지음	20,000원
	▸ 항복기심(전3권) 2018년 신간	만행스님 지음	60,000원
	▸ 선용기심	만행스님 지음	30,000원
	▸ 동화선	만행스님 지음	15,000원
	▸ 덕행천하	만행스님 지음	10,000원
	▸ 동양미학과 미적시전	손형우 지음	20,000원
	▸ 겸재 정선 연구	손형우 지음	23,000원
기문 육임	▸ 서산스님의 기문이야기	서산스님 지음	30,000원
	▸ 이것이 홍국기문이다(전2권)	정혜승 지음	53,000원
	▸ 육임입문123(전3권)	이우산 지음	80,000원
	▸ 육임입문 720과 CD	이우산 감수	150,000원
	▸ 육임상담소 1. 연애와 결혼편	이우산 지음	45,000원
	▸ 육임필법부	이우산 지음	35,000원
	▸ 대육임직지(전6권)	이우산 지음	186,000원
사서류	▸ 집주완역 대학	김수길 번역	25,000원
	▸ 집주완역 중용(상/하)	김수길 번역	50,000원
자미 두수	▸ 자미두수 전서(상/하)	김선호 번역	100,000원
	▸ 실전 자미두수(전2권)	김선호 지음	50,000원
	▸ 자미두수 입문	김선호 지음	25,000원
	▸ 자미두수 전문가용 CD	김선호/김재윤	500,000원
	▸ 중급자미두수(전3권)	김선호 지음	60,000원
	▸ 자미심전(전2권)	박상준 지음	55,000원
	▸ 별자리로 운명 읽기(전5권)	이연실 지음	125,000원

손에 잡히는 경전		
❶ 주역점		❼ 절기체조
❷ 주역인해(원문+정음+해석)		❽~❾ 맹자(원문+정음+해석)
❸ 대학 중용(원문+정음+해석)		❿ 주역신기묘산
❹ 경전주석 인물사전		⓫ 자미두수 ⓬ 관세음보살
❺ 도덕경/음부경		⓭ 사자소학 추구 ⓮~⓰ 시경(1~3)
❻ 논어(원문+정음+해석)		각권 288~336p 10,000원

족자 & 블라인드	❶ 천상열차분야지도 ❷ 태을천문도(한문판, 한글판, 우리말판) ❸ 42수 진언 ❹ 신묘장구대다라니	족자(가정용) 120,000 족자(사찰용) 150,000 블라인드(120*180cm) 250,000원 블라인드(150*230cm) 300,000원